내러티브 연구의 현황과 전망

연세대학교 언어정보연구원 인문언어학총서 ②

내러티브 연구의 현황과 전망

초판 인쇄   2014년 6월 5일
초판 발행   2014년 6월 13일

발 행 인   연세대학교 언어정보연구원
펴 낸 이   박찬익
편 집 장   김려생
책임편집   김경수
펴 낸 곳   도서출판 **박이정**
주   소   서울시 동대문구 천호대로 16가길 4
전   화   02) 922 - 1192~3
팩   스   02) 928 - 4683
홈페이지   www.pjbook.com
이 메 일   pijbook@naver.com
등   록   1991년 3월 12일 제1-1182호

ISBN   978-89-6292-655-2 (93700)

* 책값은 뒤표지에 있습니다.

이 총서는 2009년 정부(교육부)의 재원으로 한국연구재단의 지원을 받아 수행된 연구
성과임(NRF-2009-361-A00027).

인문언어학총서 ②

내러티브 연구의 현황과 전망

연세대학교 언어정보연구원 엮음

도서 출판 박이정

차례

제3부 언어학과 내러티브 연구의 전망

머리말

서상규(언어정보연구원장)

　연세대학교 언어정보연구원 인문한국(HK)사업단의 네 번째 '인문언어학총서'인 「내러티브 연구의 현황과 전망」을 세상에 내어 놓는다. 이 책은 "복합지식으로서 '내러티브'와 '소통'"을 주제로 하는 우리 인문한국사업단이 제2단계의 학술활동을 전개하는 한 방법으로 수행한 기획·공동 연구의 결실이다.

　널리 알려진 바와 같이 '이야기', '서사' 등으로 번역되는 '내러티브'는 인간이 자신의 행동, 사고, 기억, 욕구, 심성 등을 언어로 구조화하고 표상하여, 지식과 가치, 사회와 문화를 구성하는 원리이다. 일찍이 롤랑 바르트(Roland Barthes)도 말한 바와 같이, 내러티브는 인간의 삶의 모든 영역에 현재하면서, 언어와 매체를 통해 생산, 소통되며, 인간의 삶과 정체성을 구성하는 방법을 제공한다. 또한 정치, 사회, 문화, 교육 등 온갖 영역에서, 다양한 사유방식, 가치판단의 준거, 실천규범을 정당화하는 기능을 지닌다. 또한 이러한 '내러티브'는 개인이나 집단마다 서로 다른 기억, 경험, 욕망, 심성을 반영하고, 그것에 기반한 소통 과정에서 공감과 갈등을 수반하게 마련이다. 특히 후기자본주의사회, 지식기반사회, 다문화·다언어사회에서 인간은 전례 없이 다양한 내러티브를 생산·

소비하고 있거니와, 그 소통 양상 또한 다면적이고 복잡하게 이루어지고 있다.

우리 인문한국사업단은 이러한 '내러티브'와 '소통'이라는 키워드를 중심으로 다양한 방면에서 학술활동을 전개하면서, 근대 이후 한국인의 언어적·비언어적 텍스트 속에 투영된 삶의 사건들을 구성하고, 자기정체성을 형성하며, 지식과 가치, 사회와 문화를 구성하는 원리를 규명하고자 노력하고 있다. 이것은 우리 연구원의 중심 학문인 언어학의 확장과 쇄신을 위한 도전의 도정이다.

그 가운데에서 우리 인문한국사업단은 국내외 인문사회과학 전 영역에서 이루어지고 있는 '내러티브' 연구의 현단계를 조망하여 그 성취를 기반으로 삼는 한편, 그것이 언어학이 이루어낸 담화, 화용, 교육 분야의 성과들과 회통(回通)하는 가운데, 복합지식을 창출하는 가능성을 전망하고자 했다. 그 궁극적인 목적은 한국인이 산출해 낸 무수한 텍스트를 기반으로 인간과 사회, 담론과 담화, 역사와 현대성을 규명하는 인문사회과학의 여러 분야들과의 제휴와 협업을 통해 새로운 인문사회과학의 학문적 의제, 방법론, 연구 분야를 개척하는 데에 있다.

주지하는 바와 같이 이른바 '거대 서사(master narrative)의 종말' 또는 '언어론적 전회(linguistic turn)' 이후 국내외 인문사회과학의 각 영역들은 문헌을 중심으로 한 실증적, 해석학적 연구로부터, 구어(구술)를 비롯하여 대중매체 등 다양한 의사소통 매체로 재현된 언어와 기호의 표현을 대상으로 삼아 텍스트와 담화, 담론 연구, 매체(사) 연구로 나아갔다. 그 가운데 부상한 연구의 대상이 바로 '내러티브'와 '소통(communication)'이고, 이야기와 이야기하는 행위를 통해 지식과 가치, 사회와 문화를 재현하고 구성하는 인간의 능력과 인지 구조이다. 그에 따라 언어로 구성되지 못한 인간의 행동, 사고, 기억, 욕구, 심성 등이 현현하는 사회적, 문화적 함의의 규명은 새로운 연구의 목적이 되었다.

'내러티브로의 전회'라고도 할 이러한 경향은 저마다 인간의 언어능력과 언어수행을 둘러싼 본질적 문제에 접근하고 있다는 점에서 공통점을 지닌다. 그래서 우리 인문한국사업단은 바로 이 '내러티브'와 '소통'을 거점으로 삼아, 언어학과 인문사회과학의 각 영역이 회통할 수 있다고 본다. 감히 말하건대 '언어론적 전회'를 추동했던 것은 바로 지난 세기 언어학, 즉 생득적이고 보편적인 인간 언어능력의 법칙과 인지 구조의 해명을 목표로 삼아 온 언어학 고유의 연구방법론이었다.

언어학의 중추 연구기관으로서 우리 연구원의 인문한국사업단은 이제 언어학 고유의 방법론과 학문 영역을 넘어서, 인문사회과학이 '내러티브로의 전회' 이후 산출한 주요 의제, 연구방법론과 보조를 나란히 하는 한편으로, 그것을 새로운 동력으로 삼아 복합적인 지식과 이론을 구현하고 새로운 지식 소통의 인문학적 허브를 창출하고자 한다. 그리고 이 책은 바로 그러한 언어학의 자기 쇄신과 인문학적 허브 창출을 위한 시발점 가운데 하나이다.

이러한 기획 의도에 따라 이 책은 크게 총 3부로 구성했다. 우선 제1부 "국외 내러티브 연구의 동향"에서는 언어론적 전회 이후 영미, 프랑스, 독일, 일본에서 이루어진 내러티브 연구의 이론적 배경과 최근 연구의 동향을 소개한다. 이 가운데 "내러티브 분석의 이론 동향"은, 내러티브를 둘러싼 영미권의 사회언어학, 대화분석, 담화분석의 연구들이 1970년대부터 최근에 이르기까지 개인 경험담의 이야기 구조 분석에서 사회문화적 변이성 연구, 상호작용적 대화에서의 이야기 연구, 내러티브가 발생하는 담화 맥락적 연구를 거쳐, 내러티브와 정체성 연구로 변천해 간 추이를 소개한다. "서사성: 프랑스 서사학의 시선"은 구조주의적 서사론을 거쳐 화용론적 서사 텍스트론으로 이어지는 서사학에서 서사성의 개념이 '구조'에서 '전략'으로 변천해 왔음을 소개한다. "인문-사회과학의 핵심 주제로서의 '서사'의 의미와 독일철학에서의 연구동향"은 최근 독일 학계에서 서사를 학문의 주제로 받아들인 배경과, 특히 철학의 영역에서 내러티브가 다뤄지는 양상을 다룬다. 프랑스에서 다분히 해체론적 전통에서 다뤄지는 서사가 독일에서는 해석학적 전통에서 다루어지는 이유, 서사가 철학적 주제로서 다루어지는 방식을 '정체성' 문제 중심으로 소개한다. "이론과 실천의 거점, 중심으로서 내러티브 연구"는 언어론적 전회 이후 저마다 다양한 지적 원천을 배경으로 한 일본의 인문사회과학의 각 영역들이 이른바 '역사인식논쟁'을 거치는 가운데 내러티브 연구라는 학제간 연구를 촉발하고 지식사회학적 실천으로 나아간 사정을 소개한다.

　다음으로 제2부 "국내 내러티브 연구의 현장"에서는 지난 10여 년간 한국의 인문사회과학 각 영역에서 내러티브 연구와 관련하여 첨예한 문제의식을 드러낸 도전적이고도 괄목할 만한 성과들을 엄선해서 소개한다. 이 가운데 "언어적 전회와 내러티브의 철학적 기반"은 담론과 자아, 텍스트와 독자, 재현과 타자, 역사성과 정치성이 내러티브 연구의 중요한 철학적 전제임을 제시한다. "역사학, 구술사를 만나다"는 망각되고 억압된 기억의 발굴과 재구성, 역사 서술 주체의 확장, 기억의 현재성과 구성성의 대화로서 구술사 서술과 연구가 역사학의 새로운 비전일 수 있음을 제안한다. "서술의 유형학에서 발화 행위의 프락시스로"는 서사학이 서술 이론의 차원을 넘어서 발화 행위 이론, 화자와 담화의 유형학에서 실천의 윤리학으로 이행하는 가운데 새로운 존재 의의와 유효성을 지닐 수 있음을 전망한다. "질병체험과 서사"는 질병서사 연구를 통해 현대의학이 과학적, 생물학적 측면에 경도한 가운데 소홀히 한 의학의 인간적 차원을 회복하려는 시도를 하고 있으며, 이야기를 매개로 한 의학과 인문사회과학의 소통 가능성에 대해 탐구하고 있다.

마지막으로 제3부 "언어학과 내러티브 연구의 전망"에서는 한국어 사용 소수자를 중심으로 전개된 질적 연구, 한국어교육, 말뭉치언어학의 영역에서 이루어진 내러티브 연구의 성과들을 조망하는 한편 내러티브와 소통 문제와 관련한 응용언어학의 전개 방향을 전망한다. 이 가운데 "개인 경험 이야기를 통한 대안적 내러티브 연구의 실제"는 최근 한국 사회문화의 질적 변화에 따른 대안적 연구로서 관심이 집중되고 있는 내러티브 연구의 현황을 살펴본다. 그리고 한국어 사용 소수자들의 언어 문제와 사회·문화 적응 문제에 주안점을 둔 경험 이야기 연구로, 언어교육, 교육학 분야에서 현장의 교육 경험을 둘러싼 내러티브 탐구로 이루어지는 양상을 검토한다. 이로써 개인의 '삶'의 이야기가 지니는 반실증주의적 연구로서의 가치를 재조명하고, 인문학언어학에서 지향하는 학제간 연구로의 가능성을 모색한다. "한국어교육에서의 내러티브 연구 동향과 상호 소통의 한국어 교육 실천 가능성"은 2000년대 이후 한국어교육 분야의 내러티브 개념과 연구방법론의 변천 과정을 면밀하게 소개한다. 그리고 내러티브와 의사소통의 본질적 측면인 경험과 담화의 구성, 사고와 문화 양식의 타자성 이해에 기반한 교수학습모델 개발의 가능성과 의의를 제시한다. "구어 내러티브 말뭉치의 연구 동향"은 최근 말뭉치언어학, 전산언어학의 양적분석에 기반한 내러티브 연구의 동향을 소개한다. 아울러 구어 내러티브 말뭉치를 통해 대화형 내러티브 연구의 범주와 방법론을 제시한다.

철학을 비롯하여 역사학, 문학, 의학에서 언어학까지, 한국을 비롯하여 영미, 프랑스, 독일, 일본까지 내러티브 연구의 도정과 전망은 이처럼 다기하다. 그래서 이 책은 일견 서로 다른 입장들의 층위와 지역의 차이를 드러내고 있는 것처럼 보일지도 모른다. 하지만 이 책에 수록된 글들이 제시하고 지향하는 바는 대체로 몇 개의 지점에서 일치한다. 그것은 우선 저마다 인간의 본질이자 의사소통의 중심으로서 이야기와 이야기하는 행위 연구야말로 새로운 학문의 과제임을 역설하고 있다는 점이다. 또한 그러한 내러티브와 소통을 거점으로 삼아, 문어로 기록되지도, 구어로 발화되지도 않은 것을 서술하고 연구한다는 아포리아(aporia)로부터 새로운 학문의 가능성을 모색하고 있다는 점이다. 아울러 그러한 새로운 학문이야말로 언어로 구성된 텍스트나 그 속에서 살아가는 인간만이 아니라, 그 텍스트가 가로놓인 맥락을 진단하고 이해하는 길임을 제시한다는 점이다.

우리 인문한국사업단은 바로 이 지점들이야말로 내러티브와 소통을 둘러싸고 서로 다른 분야의 연구성과가 다층적으로 축적되어 질적 변화를 일으키고, 나아가 입체적인 지식으로 발전해 나아갈 지적 향연의 풍경이라고 자부한다. 그리고 그 가운데에서 우리 인문한국사업단이 궁극적으로 제시하고자 하는 복합지식의 이론과 인문언어학도 점차 구체적인 형상으로 드러나리라 믿어 의심치 않는다.

제1부

국외 내러티브 연구의 동향

내러티브 분석의 이론 동향
― 영미권 사회언어학, 담화 연구의 주요 논의를 중심으로

이정은

1. 들어가는 말

이야기는 인간이 자신의 경험을 의미화하고, 다른 이들과 이를 공유하며 서로의 이해 기반을 마련하는 중요한 수단이다. 이야기의 이러한 표현적 차원과 의사소통의 기능은 언어 연구자들이 내러티브 연구로서 이야기를 연구하고자 관심을 갖게 만드는 부분이다.[1) 언어 연구자들은 처음에는 구어 이야기로서 내러티브에 주목하였는데, 살아있는 구어 연구의 풍부한 자원으로서 언어 사용의 다양한 문제를 살펴볼 수 있기 때문이다. Labov의 내러티브 연구가 개인 경험 이야기에서 시작된 것도

---

1) 이글에서는 이야기와 내러티브의 용어 사용을 엄격히 구분하지 않고 쓰겠다. '내러티브'가 학제적으로 널리 쓰이는 통칭이기는 하나, 논의의 차원이나 지칭할 때의 강조점에 따라 다른 의미로 쓰일 수 있고 분야에 따른 이론적인 규정을 하기 어렵다. 그러므로 의사소통 참여자들이 인식할 수 있는 구체적인 산물로서 지칭할 때는 '이야기'를 사용하고, 연구 패러다임이나 연구 방법 등으로 지칭하는 등 추상적이거나 포괄적인 용어로 쓸 때는 '내러티브'라는 말을 주로 사용하겠다. 그리고 구성의 과정을 지칭할 때는 '내러티브', '내러티브화'라고 하겠다.

바로 이러한 것에 기인한다. 내러티브는 서로 다른 시간과 공간의 경험들을 현재적 시간 속에 재구성하며 이야기를 만들고, 스스로에게나 다른 이들에게 자신을 설명하기 위해 경험을 이야기함으로써 구성된다. 우리는 내러티브를 통해, 인간은 경험을 '어떻게' 재구성하여 이야기를 만들고, 다른 사람에게 이야기하는가뿐만 아니라, 경험에 대한 의미화 과정과 서로의 이해에 이르게 하는 의사소통 상호행위를 탐구할 수 있다. 바로 이러한 점 때문에 많은 연구자들이 내러티브를 매력적인 연구 대상으로 바라보는 것이다. 내러티브가 인문학의 과제를 탐구하는 중요한 지적통찰로서 자리를 잡으면서, 언어 연구 분야로서 사회언어학, 대화분석, 담화분석 등은 내러티브를 구어의 풍부한 자원으로 보는 시각에서 사회적 행위 의미 차원으로 그 연구 주제를 확장하여, 학제적 연구를 해왔다. 이들의 관점이나 방법론은 내러티브의 체계적 분석과 이론화에 기여하며, 다른 내러티브 연구 지형에도 영향을 끼치고 있다.

이 글에서는, 내러티브 분석의 이론으로서 자리 잡은, 영미권의 사회언어학, 대화분석, 담화분석의 1970년대부터 최근에 이르기까지 이론적 동향을 살펴보고, 주요 연구를 소개함으로써 내러티브 연구에 대한 이해를 높이고자 한다. 사실 국내의 내러티브 연구 지형의 경우, 언어 연구 분야에서 이루어진 논의들이 적극적으로 소개되지 않았고, 내러티브를 인식 패러다임이나 경험을 통한 인간의 이해의 목표를 달성하기 위한 수단으로서 바라보는 관점을 중심으로 받아들이고 있기 때문에, 이야기의 분석 차원의 문제나 체계적인 분석 이론에 대한 논의가 활발하지 않은 실정이다. 이에 내러티브 분석 이론으로서 사회언어학과 담화 연구의 이론적 추이를 고찰함으로써, 이야기 분석의 주요 쟁점들을 짚어보고 국내 내러티브 연구에서 언어 연구와 질적 연구의 협력적 연구 지점을 탐색해 보겠다.

2. 내러티브와 내러티브 분석에 대한 이해

내러티브 분석에 대한 이론들을 살펴보기 위해서는 그 연구의 정체성을 결정짓는 것이 무엇인지를 짚어볼 필요가 있다. 인간의 세계에 대한 인식과 경험을 이해하기 위한 차원의 다양성과 복합성만큼이나 내러티브가 무엇인가에 대한 견해 또한 다양하며, 그 개념 정의 또한 모호하다. 내러티브 연구자들은 인간의 세계에 대한 인식과 경험을 연구하기 위해 내러티브를 의사소통적 산출물로서 대상화하기도 하고, 특정 대상을 탐구하기 위한 연구방법으로서 이해하기도 한다. 전자는 '내러티브 분석(narrative analysis)'으로, 후자는 '내러티브 탐구(narrative inquiry)'로 일컫기도 하는데, '내러티브 분석'이 이야기가 '어떻게' 구성되는가에 관심을 기울인다면, '내러티브 탐구'는 연구 목적을 달성하기 위해 내러티브를 하나의 방법 내지는 도구로 활용하며 '누가, 무엇에 대하여 이야기하고, 내러티브의 무엇을 보는가'에만 관심을 갖는다.(Freeman, 2003; Georgakopoulou, 2006) 내러티브 연구자들의 다양한 연구들에 대한 분류는 바로 이 두 가지 차원, 이야기에서 '무엇'과 '어떻게'를 연결하는 연속선상에서 자리잡는다고 볼 수 있다.(De Fina and Georgakopoulou, 2012) 그리고 여기에서 어느 쪽을 향하는가에 따라 연구방법론이 달라질 것이다.

사실 내러티브를 연구하는 데에는 하나의 보편적인 방법론이 없다. 내러티브 연구 지형이 다양하고 복잡한 것만큼이나 다양한 접근과 그에 따른 방법론이 적용될 수 있다. 내러티브 연구를 하고자 하는 대다수 연구자들이 맞닥뜨리는 가장 큰 어려움이 바로 이것일 것이다. 연구자에게 성공적인 연구 수행을 보장해 주는 절대적 방법이 있는 것이 아니라 연구자 나름대로의 방법론적 선택을 해야 한다. 즉, 연구 문제에 부합하는 지적 통찰을 발휘할 수 있는 여러 학문의 연구 결과와 개념들을 연구자가 선정하여 적용해야 하는 것이다. 그래서 내러티브 연구자들은 늘 자신의 연구 대상을 분석하고 정의할 수 있는 방법론을 찾기 위해 고민에 빠지게 마련이다.

연구자들이 자신의 연구 대상에 적합한 내러티브 분석의 방법을 찾기 위해서는 '나의 연구의 정체성은 무엇인가?' 하는 질문에 답할 수 있어야 한다. De Fina and Georgakopoulou(2012:24-25)가 제시하는 내러티브 연구의 정체성을 규정하는 연구의 패러미터와 그 변수들을 살펴봄으로써, 이에 대한 대답의 준거를 찾고, 동시에 내러티브 연구와 그 분석의 지형에 대한 이해를 도모해보자.

(1) 연구 목적
   ㄱ. 텍스트/장르로서 내러티브
   ㄴ. 사건, 정체성, 사회적 현상(이야기말하기 사건(storytelling event) 밖에 있는 맥락)
   ㄷ. 의사소통적/상호행위적/과정으로서 이야기하기

(2) 일반적 방법론 접근:
   ㄱ. 질적 접근(작은 표본에 초점두기, 기존 가설에 의문 던지기, 관찰에 중점을 두면서 참여자에 대한 이해 분석하기, 분석의 단위 발견하기)
   ㄴ. 실험적/양적 접근(연구 환경에서 가설 검토하기, 큰 자료 표본, 미리 정해진 단위와 분석모형 사용하기)
   ㄷ. 절충적 접근(질적인 요소와 양적인 요소 둘 다 있음)

(3) 자료수집 방법:
   ㄱ. 유도해낸 자료
   ㄴ. 유도해내지 않은 자료

ㄷ. 연구로부터 독립적인 자연적 맥락

ㄹ. 연구에 의해 통제된 실험적 맥락

(4) 자료 종류:
  ㄱ. 구어적/상호작용적
  ㄴ. 문어적
  ㄷ. 다매체적(multimodal)

(5) 자료 분석:
  ㄱ. 언어/스타일에 집중(어떻게 이야기하는가?)
  ㄴ. 내용/주제에 집중(무엇을 이야기하는가?)
  ㄷ. 상호행위적 과정과 사회적 관습/실제에 집중(어떻게 그리고 왜 내러티브 행위에 참여하는가?)

위 내용은 De Fina and Georgakopoulou(2012)의 오랜 연구 경험과 성과를 바탕으로 정리한 것으로서 내러티브 연구를 결정짓는 변수를 비교적 명료하고 상세하게 밝혀주고 있다.[2] 그리고 이때 연구 목표 단계에서부터 구분이 이루어져야 할 문제로서, 이는 연구의 지향성과 관련된다. 내러티브 연구에서는 (1)에 제시된 것처럼 내러티브를 담화나 텍스트의 단위, 인지적 구성물, 사회적 행위/실천/관습 등으로 바라보는 연구자들이 있는데, 그들에게 내러티브는 도구를 넘어서는 중요한 의미와 역할을 한다. 그러므로 그 텍스트와 의사소통 차원에서 의미화 과정을 밝히기 위해서 이야기를 분석하게 된다. 반면에 다른 연구자들 중에는 내러티브 그 자체가 하나의 방법으로서, 다른 현상을 설명하기 위한 도구로 여겨진

---

2) De Fina와 Georgakopoulou(2012)가 제시하는 자료 분석, 자료 수집 및 내러티브 개념에 대해 다양한 이견과 논란들이 있을 수 있고, 내러티브 분석에서뿐만 아니라 내러티브 탐구 진영 내에서도 이에 대해서는 여러 논의들이 존재한다.

다. 따라서 질적 연구를 지향하는 연구자들에게는 내러티브의 자원들을 가지고 이야기를 만들어가는 것이 중요한 작업이다. 앞서 언급한 것처럼 내러티브에 대한 이렇게 다른 관점에서 비롯되는 두 연구 유형을 내러티브 분석과 내러티브의 탐구로 구분해 일컫는데, Freeman(2003)은 전자를 생산주의자(productivist)로, 후자를 표현주의자(expressivists)로 지칭한 바 있다. 그는, 생산주의자는 인간의 언어에 관심을 갖고 사람들의 말을 분석하지만, 표현주의자는 사람들에게 '내게 당신의 이야기를 해주세요'라고 요청함으로써 그 사람들을 연구한다고 보았다. Bamberg(2006)는 특히 내러티브 분석에 대해 '사람들은 그들의 말로써 무엇을 하는가?'라고 할 수 있는데, 즉 '이야기말하기의 대화에 참여할 때 자아의 의미를 어떻게 수행하는가'를 연구하는 것이라고 보았다.

내러티브 연구 경향의 이 두 가지 구분에서부터 논의를 시작하는 것은, 내러티브 연구에서 두 지형의 별개임을 강조하기 위한 것이 아니라, 내러티브 연구를 더 깊이 있게 이해하기 위한 것이다. 이러한 구분에서 봤을 때 사회언어학자나 담화 연구자들의 내러티브 연구는 내러티브 분석의 이론화에 기여한 논의들로서, 복잡한 내러티브 연구 진영에서 이들의 논의 범위를 한정해준다. 언어 연구자들의 내러티브 분석에 기여한 주요 논의들과 그 이론적 추이를 집중적으로 살펴보는 것은 내러티브의 구성과 그 기능에 대한 심층적인 이해에도 도움을 줄 것이다.

언어 연구자들의 내러티브 분석은, 역사학자, 사회학자 등의 내러티브 분석과 달리, 내러티브의 언어 사용의 차원과 담화 구성의 차원을 정교하게 관찰하고 분석한다. 특히 사회언어학, 대화분석, 담화분석과 같은 연구 분야에서는 의사소통의 산출물로서 내러티브 분석의 차원들은 무엇이고, 이로써 의사소통 과정에서 내러티브가 어떻게 만들어지는가에 대한 다른 차원의 통찰력을 보여준다. 이들은 인간에 대한 경험을 이해하는 것을 목적으로 다양한 방식으로 이야기를 구성하는 것을 살펴보고, 이야기를 분석하는 것이다.

내러티브는 다양한 형식(전형적인 내러티브와 여러 매체를 통한 이야기, 이야기 조각)로 이루어지며, 내러티브의 산출과 이해의 과정에서 벌어지는 다층적인 차원들(화자의 인지, 상호작용, 문화적인 차원)들이 있다. 그렇기 때문에 사회언어학, 대화분석, 담화분석 등 언어 연구에서도 다양한 관점과 방법론이 내러티브 분석에 동원되며 이론적인 발전을 해왔다. Georgakopoulou(2006)는 언어 연구에서 내러티브 분석의 이론적 논의를 70년대 Labov and Waletzky(1967)의 연구 이래로 이야기 구조와 텍스트로서 분석에 논의의 중심을 두는 시기, 80년대와 90년대 사회문화적 언어학적인 내러티브 연구로서 맥락에서의 내러티브(narrative-incontext)에 대한 연구로 이행하는 시기, 세 번째로 내러티브와 정체성 연구에 중점을 두는 시기의 셋으로 나누어 본다. 시기적으로는 서로 중첩되는 부분도 있으나 연구 주제의 변화와 발전 차원에서 이 세 차원이 내러티브 분석의 큰 흐름을 형성하고 있다. 따라서 이 글에서는 Georgakopoulou(2006)의 논의를 따르되, 텍스트로서 이야기 구조 분석에 대한 연구에서 사회문화적 변이성의 연구를 함께 살펴보고자 한다. 말하기의 민족지학 차원의 연구는 70년대에서 80년대로 넘어갈수록 사회문화적 맥락에 대한 연구들로 발전하지만 초기 연구와 이후 연구의 전개사를 함께 보기 위해 여기에 넣었다. 그리고, 맥락에서의 내러티브에 대한 논의에서는 이야기말하기와 상호작용 차원의 연구들을 중심으로 살펴볼 것이며, 이후 90년대 후반에서 최근에 이르기까지 주목받고 있는 내러티브와 정체성에 대한 연구를 살펴보겠다.

3. 텍스트로서 내러티브
- 이야기 구조와 사회문화적 변이성 연구

내러티브 분석의 이론 중에서 고전으로 여겨지며 가장 많이 인용되는 연구는 Labov and Waletzky(1967)와 Labov(1972)일 것이다. 이것은 Labov가 구어 내러티브로서 개인 경험 이야기(personal experience narrative)를 연구 대상으로 하였고, 당시 이야기 구조에 대한 개척적 연구를 수행하였기 때문일 것이다. 인간 경험에 대한 구어 내러티브는 언어 연구자들에게 가장 관심을 끄는 대상이었는데 특히 Labov와 같이 언어 변이에 관심을 두는 사회언어학자들에게 내러티브는 음운이나 어휘 차원의 언어 요소들을 살펴볼 수 있는 자연스러운 발화의 원천 자료이다.3) Labov and Waletzky(1967) 연구가 세운 가설은, 인간의 기본적인 이야기 구조는 개인적인 경험에 대한 구어 내러티브에서 찾을 수 있다는 것에서 출발한다. Labov(1972)는 이야기 구조를 논의하기 위해, '시간 순차 순으로 두개의 구절이 연속 배열된 것'으로서 최소 내러티브에 대한 정의를 내린다. 내러티브의 구조로서 일시적으로 순서화된 두 절의 포함을 주장하였고, 잘 구성된 내러티브는 '개요(abstract), 오리엔테이션(orientation), 복합 행동(complicating action) 평가(evaluation), 해결(resolution), 종결(coda)'의 6가지 구성요소로 이루어진다고 보았다. 그리고 아래 질문에 대한 일련의 대답들로서 내러티브를 볼 수 있다고 한다.

---

3) Labov는 사람들에게 '죽을 뻔한 이야기'와 같은 개인 경험 이야기를 인터뷰하는 방법을 사용하였다. Labov는 연구 인터뷰를 수행하는 환경이지만, '이야기할 만한' 경험담을 말할 때 피면담자들에게서 자연스러운 감정 표출이 이루어지며, 자연스러운 구어 발화가 산출된다고 보았다, 이와 같은 인터뷰 방식은 대표적인 언어변이 연구 방법론으로서도 크게 기여하였으며, 사회언어학적 인터뷰로 불리며 부르며 다양하게 활용되었다.

(6) 내러티브의 구성요소(Labov, 1972:370)
- 개요(abstract): 이 스토리는 무엇에 대한 것인가?(what was this about?)
- 오리엔테이션(orientation): 누가, 언제, 어디서, 무엇을?(who, when, what, where?)
- 갈등의 행동(complicating action): 그 때 무엇이 발생했는가?(then what happened?)
- 평가(evaluation): 이것은 무엇이, 어떻게 흥미로운가?(so what?)
- 갈등의 해결(resolution): 결국 어떻게 되었는가?(what finally happened?)
- 종결(coda): 이야기를 끝마치고 현재 상황으로 되돌아와서 '그것을 연관 짓기'(that's it, I've finished and am 'bridging' back to our present situation)

이것은 내러티브 구조 분석의 개척자라고 할 수 있는 구조주의자인 Propp(1968)의 플롯 연구와도 비교될 수 있다. Propp(1968)가 러시아 민담 형태론의 플롯의 구성요소들의 반복적 출현이나 변화를 탐색하였다면, Labov(1972)는 미국인들의 개인 경험에 대한 구어 내러티브의 연쇄 절의 기능을 중심으로 연구하였다.

Labov의 연구성과는 내러티브의 고전적인 정의로 자리잡으며 개인 경험 내러티브 연구는 후속 연구의 모범이 되었다. 하지만 Labov의 모형은 실제로 일어난 것과 이야기된 것을 일대일로 대응시키는 것이며, '시작, 중간, 끝'이 분명한 완결된 이야기에서만 가능한 구조이다. 이것은 이상화된 이야기를 가정하는 것으로, 자연스러운 일상 대화 환경에서 다양한 형식으로 존재하는 실제 발화에서는 동일하게 적용할 수 없는 한계를 갖는다. 사람들이 이야기를 할 때 때로는 개요가 없을 수도 있고 구성 요소 중 일부가 잘 드러나지 않거나 빠질 수도 있다. Labov의 내러티브 구조에 들어맞는 잘 짜여진, 원형적인 내러티브 데이터는 일상 대화에 존재하기도 하지만 쉽게 발견할 수 없고, 인터뷰에서도 마찬가지로 발견하기 어렵다. 이에 내러티브 연구 진영뿐만 아니라 담화 연구자들도 사람들이 일상적으로 주고받는 소통행위로서 '이야기말하기'에 주목하게 된다. 그리고 일상생활 속 대화에서 발생하는 이야기들에 대한 연구는, '독백적 텍스트'를 분석하는 구조적 접근과 질적으로 다른 분석틀을 요구하게 됨에 따라 내러티브 분석의 방향은 맥락과 상호작용적 차원으로 나아간다.(Ochs and Capps, 2001; Geogakopoulou 2006)

구어 내러티브 연구의 전통은 다른 한편으로는 사회문화적 변이 연구로도 발전해 나간다. 개인 경험 이야기의 연구는, 모든 이들이 똑같이 말하지 않는데 어떤 변이를 사용하는지에 주목하고 그 언어 사용의 다양성을 밝히려는 목적에서 출발하였다. 따라서 이러한 이야기 화자의 개인적 특성이 그가 소속된 사회나 문화 집단과 관련성을 갖는지, 이야기가 사회, 문화, 상황에 따라 어떻게 변하는지 그 다양성을 밝히려는 연구들로 발전해간 것이다. 특히 1970, 80년대 말하기의 민족지학(Ethnography of Speaking) 연구자들은 Labov의 이야기 구조 연구에 비해 맥락과 상호작용적 차원의 영향도 중요하게 고려하면서 문화적 요소가 이야기에 어떤 영향을 미치는지를 살펴보았다. 특히 Hymes(1974)는 기존의 언어인류학에서 내러티브의 수집을 목표로 하는 것과 달리, 여기에서 이야기의 의사소통적 기능이나 의사소통의 문화적 패턴을 만드는 요인들에도 관심을 기울였다. 그리고 Hymes(1981)에서 민족시학(ethnopoetics)의 관점에서 운율적 자질을 고려해 구술되는 이야기의 구조를 밝히는 논의는 수행(performance)의 차원을 고려한 구조분석으로 Labov 구조 분석과 차이를 보인다. 민족지학 연구자들이 내러티브를 그 수행의 차원을 고려해 분석하여 이야기의 사회문화적 변이성을 밝힌 연구들은 Bonvilliain(2003)에 다양하게 소개되고 있다. 내러티브와 관련한 문화 양상에 대한 또 다른 연구로는 Saville-Troike(1982, 2003 3rd)의 논의에서도 발견할 수 있다. 사회문화적 요인에 따른 변이어나 전언의 형식뿐만 아니라 의사소통 사례 분석에서는 문화적 배경에 따른 해석의 규범을 살펴보고, 사례 다시 말하기와 같은 기법을 통해 이야기 산출 유형을 대조하는데, 이때 텍스트의 차원 밖에 존재하는 맥락적 요인의 고려가 중요하다고 보았다.

내러티브의 사회문화적 변이성의 초기에는 1960년대 인류학자들처럼 구전되는 이야기 텍스트의 사회문화적 변이 양상을 중심으로 논의되었지만, 우화나 신화를 벗어나 이야기말하기(storytelling)에도 관심을 둠에 따라 이야기의 수행과 상호작용의 차원에서 이야기의 맥락화나 의사소통 기능에 대한 연구로도 이어지며 발전적 논의들을 이루어낸다. 이후, 내러티브와 맥락의 관계에 집중하는 사회문화적 변이성(sociocultural variability) 연구에서는 이야기말하기의 문화적 맥락과 수행성에 연구의 중심을 두는데 Georgakopoulou(1997), De Fina and Georgakopoulou(2012)를 통해 연구의 이론과 실제를 살펴볼 수 있다. 우선 Georgakopoulou(1997)는 그리스의 아테네와 펠로폰네소스에 살고 있는 중산층 성인과 아이들의 개인 경험 내러티브를 조사하여, 그 구조와 전략, 내러티브 수행(perfomance)의 차원을 분석한 내러티브 연구이다. 현재 대화적으로 구성되는 이야기의 수행적 차원을 연구하였다.

De Fina & Georgakopoulou(2012)는 내러티브의 사회문화적 변이성에 대한 연구의 분석틀과 이와 관련한 주요 논의를 개관하고 있는데 여기에서 소개하는 연구는 다음의 세 가지 차원으로 나누어 볼 수 있다.

(7) ㄱ. 내러티브 행위의 맥락 차원에서 내러티브와 문화 간의 관계를 개념화하는 접근들
　　ㄴ. 내러티브를, 가치와 생각(ideas)들을 통해 문화와 연관지어

살펴보는 접근들

ㄷ. 의사소통적 스타일에 초점을 두는 접근들

연구의 중심은 위와 같이 세 가지로 크게 나누어 볼 수 있는데, ㄱ은 1960년대에서 1980년대 사이에 문자 사용 이전의 문화들의 구술 이야기 (oral storytelling)를 본 인류학자들의 연구로서 구조주의적 우화나 신화 연구와 달리, 수행(performance) 개념이 중요하고 의사소통 사건(com-municative events) 내에 등장하는 내러티브의 분석을 논의한다.4) ㄴ과 ㄷ은 사회언어학 연구들로서 특히 국가 집단이나 민족 집단들의 이야기 내용(story content) 및 이야기말하기의 방식(storytelling style)의 다양성을 살펴본다. 하지만 De Fina & Georgakopoulou(2012)는 이처럼 국가 공동체의 가치나 스타일의 차원에서 이루어지는 내러티브 분석이, 국부적인 맥락과 내러티브들 간의 상호적인 영향에 의해 형성될 수 있다는 사실이 배제되는 점에 대하여 비판적으로 볼 것을 제안한다.

4. 맥락에서의 내러티브(narrative-in-context)
- 이야기말하기(storytelling)와 상호작용에 대한 연구

Labov로 대표되는 내러티브 분석은 내러티브를 텍스트로서 바라보는 것으로서 한 사람의 독백적 이야기가 그 연구 대상이지만, 1970년대 Sacks(1972), Jefferson(1978) 등의 대화분석가들에게서는 대화에서 발

---

4) 이 때 내러티브 수행은(narrative performance)은 이야기를 펼치는 화자와 이야기청자의 상호작용 차원에서 바라보는 것으로서, 일상대화의 상호작용과 차이를 갖는다. Bonvilliain, Nancy(ed.)(2003 4th.)에서는 맥락 성분에 대한 논의에서, 원주민의 구비문학 연구의 예를 통해, 내러티브 수행에서는, 이야기의 극적인 효과를 높이는 위해 음성의 특질, 소리의 크기, 휴지, 관습적 표현, 얼굴 표정, 성대모사의 운율 효과, 노래 사용하기, 청자 끌어들이기와 요소들이 필요함을 보고하고 있다.

생하는 이야기가(story) 주목의 대상이었다. Sacks(1995)의 70년대 강의 주제들을 살펴보면 이야기(Story)의 서두(preface), 이야기 조직화(orga-nization), 대화에서의 파편적인 이야기 간의 관련성, 이야기의 공동 참여자(co-participants), 맥락(context) 정보 등 내러티브를 대화에서의 말하기로서, 대화 참여자들의 상호행위의 산물로서 바라보고 있음을 확인할 수 있다.

발화 체계를 중심으로 연구하는 대화분석가에게, 이야기는 한 화자가 발화의 주도권을 갖고 길게 말하는 특별한 경우라고 할 수 있다. 그렇기 때문에 대화의 발화 순서 체계에서 주도권을 갖고 발화 순서를 길게 유지하는 방식, 이야기를 소개하고 끝맺는 방식, 이야기에 대한 청자의 반응 등이 상호행위 차원의 문제들이 내러티브 분석의 관심으로 들어서게 된다. 내러티브는 대화맥락에서 고립적인 하나의 완성물이 아니고, 화자와 청자의 참여구조에서 이루어지는 협의 과정을 통해 그 구조가 형성된다(Goodwin 1984).

1970년대 후반에서 80년대에, 담화 연구자들에 의해 대화에서 발생하는 이야기에 대한 연구들이 활발히 이루어졌다. Tannen(1989)는 구두 발화에서의 반복이나 어눌함과 같은 특성들이 대화상의 이야기말하기를 조직화하는 데 어떻게 기여하고, 청자와의 이해의 과정에서 어떤 발화행위들이 행해지는지를 미시적으로 분석한다. Chafe(1994)는 대화 자료의 분석을 통해, 내러티브의 산출 시, 이야기화자들이 경험을 기억해 내고(remebering) 구두화하는(verbalization) 데 동원하는 이야기화자의 전략을 규명한다. 또한 구어에서의 정보단위와 쓰기에서 정보단위의 차이와 그 중요성을 밝히는데, 이로써 내러티브에서의 억양단위를 중심으로 말의 흐름과 의식의 흐름에 대해 논의를 펼치고, 그 구조화에 대해 밝힌다. Polanyi(1985)는 대화에서 이야기말하기(conversational storytelling)의 내적인 구조화와 더불어, 이 이야기가 누군가에게 정상적이고 받아들여질 만하며 이해될 수 있게 하기 위해 무엇이 문제가 되는가를 살펴본다. 예를 들어 Polanyi(1985)는 대화에서 이야기 자체보다는 그 배경이나 태도의 기술이 더 많은 비중을 차지할 수밖에 없는 이야기가 등장하는 것이 청자와의 대화 상호작용에서 어떤 역할을 하는지 밝힌다. Norrick(2000)에서는 이야기말하기(storytelling)를 중심으로 펼쳐지는 이들의 정밀한 분석들을 화자와 청자의 이해 과정에서의 구조화를 규명해주는 중요한 성과로 평가한다.

Norrick(2000)은 대화적 내러티브에서에서 이야기말하기(storytelling)에 초점을 둔 내러티브 분석에서 구조와 수행의 차원을 아우르는 주요 논의들을 제안한다. 그는 Labov의 개인생활이야기는 면담 스타일의 나레이션(interview-style narration)과 구분되는, 대화적 이야기말하기(conversational storytelling)의 구두발화행위상의 특징에 따른 일상대화에서의 이야기의 분석 지점들을 논의한다. 즉, 일상 대화에서의 구두 발화의 본질적인 불완전성(더듬고, 어눌하며, 불완전한 표현)이 화자가 이야기를 생산하는 데 기억해내고 수행하는 과정에서 드러나는 특성이라고 보고, 이 불완전성을 발화 행위를 수행하는 과정에서 보완해가는 이야기화자(teller)의 전략을 분석함으로써 청자와의 이해 과정의 구조를 밝혀내고 있다.

이러한 담화 연구의 흐름은 내러티브 분석의 고전으로 일컬어지는 Labov의 개인 경험담의 이야기 구조 분석의 비판 지점과 맞닿아 있다. 내러티브의 산출 과정이 구어 발화 행위를 통해 이루질 때는 완결된 이야기 대신 이야기의 다른 형식으로 구성되며, 이때 '이야기말하기 (storytelling)'라는 구두 발화 교환의 특성들이 영향력을 행사한다. 그러므로 대화에서 수행되는 행위의 차원에 대한 고려가 필요할 뿐만 아니라,

이야기를 통한 상호 이해라는 의사소통 과정의 문제들도 내러티브 분석의 연구 문제로 들어오게 되는 것이다.

　내러티브 분석이 대화의 상호작용에 주목하게 된 것은, 잘 짜여진 이야기 텍스트로서 내러티브가 아니라 일상생활 대화 중에 만나게 되는 내러티브를 분석하면서 행위적 차원의 연구를 위한 새로운 접근이 필요하였기 때문이다. 더 이상 텍스트로서 이해되고 분석되는 내러티브가 아니라 맥락에서의 내러티브로 분석의 시각이 전환된 것이다.(Georgak-opoulou, 2006) 이러한 문제의식에 대한 심도있는 논의는 언어인류학적 관점에서 내러티브에 대해 논의한 Ochs and Capps(2001)에서 만날 수 있다. 이들은 기존의 내러티브 분석이 문어 내러티브를 기준으로 하는 틀에 매달려 정작 구어 내러티브의 본질을 파악하지 못한 채 간과한 문제들에 대해 비판적 논의를 펼친다. 그리고 연구자의 시각을 이야기 전형에 얽매인 내러티브에서 일상에서 벌어지는 개인 경험의 대화 내러티브(everyday conversational narratives of personal experience)로 전환하기 위하여 자료 분석에서 재인식해야 할 문제를 면밀히 검토한다.

　Ochs와 Capps(2001)은 내러티브 구성 요소로서 배경(setting), 예기치 않은 사건(unexpected event), 정신적/물리적 반응(a psychological/physical response), 계획되지 않은 행동(unplanned action), 시도(attempt), 결과(a consequence)를 제안한다. 그리고 이와 관련하여 이야기화자 권한(tell-ership), 보고성(tellability), 내포성(embeddedness), 선형성(linearity), 도덕적 관점(moral stance)의 다섯 가지 차원을 통해 다양한 장르, 행위로서 내러티브를 검토할 수 있다고 보았다. 즉, 자연스러운 환경에서 일반적인 화자들로부터 생산된 내러티브는 잘 짜여진 이상적 이야기와 달리, 이야기를 만들어가는 화자의 권한이 한 사람인가 여러 사람인가, 의도한 이야기를 잘 전달할 만한가, 이야기가 담화 속에 잘 내포되었는가 따로 분리되는가, 시간적인 관계와 의미적 관계에서의 이어짐이나 도덕적 관점이 어떤가 등에 따라 달라질 수 있기에 이 차원들을 고려해서 살펴야 한다는 것이다. Ochs와 Capps(2001)의 논의와 예시들에 대한 설명은 인류학과 심리학의 이론적 배경 속에서 펼쳐지는 것으로, 언어 사용, 담화뿐만 아니라 문화와 인류학적 차원에서 내러티브를 분석하고 이해할 수 있는 기반을 제공해 준다.

De Fina & Georgakopoulou(2012)가 논의하고 있는 다음의 항목들을 살펴보면 상호행위적 산물로서 내러티브의 분석에서 연구의 중심이 되는 연구 주제들을 확인할 수 있다. 그들은 상호작용적 내러티브로서 이야기말하기(storytelling) 연구의 논의의 중심이 어떻게 이동해 왔는가를, 다음의 여섯 가지 연구 주제들을 통해 펼쳐 보인다.

(8) ㄱ. 한 화자에서 공동 화자로(from teller to co-teller)
　　ㄴ. 청자 참여(audience participation)
　　ㄷ. 내러티브에서의 협력과 갈등(Cooperation and conflict in narrative)
　　ㄹ. 이야기하기의 권한(tellng right)
　　ㅁ. 원형을 넘어서는 이야기 유형들(types of stories: beyond the prototype)
　　ㅂ. 전형적인 이야기에서 비전형적인 이야기로(from big stories to small stories)

De Fina and Georgakopoulou(2012)는 (8)의 ㄱ에서 ㅂ에 이르는 연구 주제들을 통해, 상호작용 차원의 분석에서 중요시 해야할 점은 이야기가 펼쳐지는 과정에서 매순간 대화참여자들의 참여구조(participation structures)와 대화 작업들임을 강조한다. 그리하여 여러 참여자가 이야기를 수행하는 과정에서의 협력(ㄱ), 이야기를 구성하는 데 청자가 참여하고 기여하는 방식(ㄴ), 상호작용에서 내러티브가 협력의 성과일 수도 있지만 대화의 갈등적 상황에서 논쟁의 도구가 되기도 하는 양상들(ㄷ), 이야기하기 권한에 따른 참여에서의 복합적 관계(ㄹ), 원형적 이야기의 변형이라고 할 수 있는 반사실적 내러티브나 논쟁적 내러티브 등의 유형들(ㅁ), 전형적 이야기(big story)에서 벗어난 비전형적인 이야기들(small story)(ㅂ) 등을 중심으로 내러티브의 상호작용적 차원을 면밀히 연구할 수 있다는 것이다. 이것은 내러티브의 내용을 분석하는 주제 분석이나 구조 분석과의 연구 차원의 다름을 분명히 확인시켜 준다.

여기에서 비전형적인 이야기(small story)에 대한 논의를 좀 더 살펴봄으로써 최근 주목받고 있는 상호작용적 산물로서 내러티브의 연구 문제에 대해서 짚어보겠다. Bamberg(2004)는 사회적으로 위치지워진 이야기된 정체성(socially situated approache to storied identity)을 생애 이야기와 비교하며 그 가치를 밝혀, 이를 정체성 연구나 발달 이론의 새로운 전망으로서 소개한 바 있고, Georgakopoulou(2006)는 이 논의를 한층 구체화하여 내러티브 분석에서 비전형적인 이야기(small story)의 중요성을 밝히고 있다. Georgakopoulou(2006)는 전형적인 내러티브(proto-typical narrative)가 지난 사건의 개인적 경험에 대한 이야기라면, 이에 비해 비전형적인 이야기(small stories)는 전자에 속할 수 없는 이야기 조각들, 즉 제대로 전개되지 않은 내러티브 활동들이라고 설명한다. 예를 들어, 진행 중인 이벤트들(ongoing events)에 대해 말하기(telling), 미래(future)나 가설적인(hypothetical) 이벤트에 대해 말하기, 이야기에 대한 암시(allusions)나 심지어 이야기를 거부하는 행위(refusals) 모두 비전형적인 이야기(small stories)에 포함된다고 보았다. 이와 같은 연구의 관점은 내러티브의 범위를 한층 넓게 보는 것으로서, 일상 대화에서 발생하는 이야기의 상호작용과 맥락에서의 문제를 심화시키는 과정에서 비롯되었음을 알 수 있다. 내러티브의 상호작용적 차원에서 제기된 비전형적인 이야기(small story)는 내러티브와 정체성 연구 차원에서도 중요한 연구 대상으로서 최근 논의에 중심으로 등장하고 있다.

5. 내러티브와 정체성(identity)

인간에 대한 이해의 핵심 개념인 정체성(identity)에 대한 논의가 담화 연구에서 활발히 이루어진 것은 20세기 후반부터이다. 인류학, 언어학, 심리학, 사회학, 역사학 등 다양한 분야의 연구들이 언어적 과정과 전략들이 인간이 정체성을 창출하고 협상하는 데에 중요한 역할을 담당하고 있음을 주장하였다. 이러한 관점에서는 정체성이란 사회적으로 공유된 범주화에서 드러날 수도 있고 담화 안에서 국부적으로 표현될 수도 있다 (De Fina, Schiffrin, and Bamberg(eds.), 2006) 예를 들어 '한국인, 미국인' 과 같은 민족 정체성에서부터 '의사, 환자'나 '직장 동료, 이웃' 등과 같은 특정 영역, 상황에서의 역할 관계, '친절한 의사, 질병에 대해 경험이 많은 환자' 등의 자리매김5)에 이르기까지 다양한 사회적 맥락과 상황, 관계 등에서 정체성이 규정될 수 있다. 그리고 이 때 대화의 국부적인 차원에서 매순간 이루어지는 자신이나 타인에 대한 평가의 반영, 인정, 부인, 수정 등의 상호작용들이 바로 정체성의 담화적 실천이다.

담화적 실천을 통한 역동적인 정체성 구성을 논의하기 전에, 한 사람의

---

5) 자리매김(positioning)은 어떤 사람의 행동(actions)을 사회적 행위들(social acts)로서 결정하게 하는 개인적 이야기들의 담화적 구성에서, 화자의 유동적인 부분들이나 역할들을 할당하는 것이라고 할 수 있다. 자리매김은 담화의 사회심리적 현상에 대한 설명을 가능하게 해 주며, 자리매김은 모든 형태의 언어 행위로 창출될 수 있다.(Harré, R. and van Langenhove, L.(eds.), 1999)

삶 속에서 장기적으로 유지되고 결속되는 생애 이야기의 정체성 연구를 살펴봄으로써 내러티브와 정체성의 고전적 논의와 최근 논의를 비교해 보겠다. Linde(1993)은 민속(folklore) 연구로서 생애 이야기(life story)를 통한 정체성 연구의 예를 보여준다. Linde는 생애 이야기를 한 개인으로부터 그가 사는 동안 이야기되는 것으로 정의하며, 이를 하나의 담화 단위로 보고, 이것이 개인의 일상생활을 묘사하기 위해 가장 중요한 수단임을 밝힌다. 즉, 생애 이야기는 이야기화자가 자기 삶을 돌아보며 끊임없이 자아를 구성하는 행위로서, 사람들과의 교류 속에서 장기간에 걸쳐 여러 번 되풀이되면서 형성된다. Linde는 특히 직업의 선택에 대한 이야기들에 관심을 기울이는데, 그 이야기를 구성할 때 화자나 청자가 어떻게 그 이야기의 결속성을 세우는지 탐구한다. Linde의 결속성(coherence)은 사회문화적으로 공유되는 믿음 체계를 통해 획득되며, 화자와 청자의 협력의 성과물이다. 그는 결속적인 담화 단위의 구성 방식을 밝히기 위해 언어학, 사회언어학, 담화분석, 대화분석의 기제를 동원하였다.

담화 연구의 다양한 관점과 방법론을 바탕으로 이루어진 정체성 연구의 지형은 De Fina, Schiffrin, and Bamberg(eds.)(2006)에서 집약적으로 살펴볼 수 있다. 이 책에서는 내러티브 분석을 비롯하여 대화 분석, 상호작용적 사회언어학(Interactional Sociolinguistics), 비판담화분석(Critical Discourse Analysis) 등 담화 연구의 다양한 이론적 접근들과 방법론의 차원에서 정체성 구성에 대한 논의를 전개함으로써 이들 간의 분석 차원의 비교와 논의 내용들을 비교하여 살펴볼 수 있다. 경험의 기억된 시간과 이야기가 구성되는 대화의 실제 시간에서의 정체성 구성, 대화의 상호작용에서 사회적 영역과 참여자들의 관계에 따른 개인적인 정체성과 공적인 정체성의 운영과 구성이나 사회적 성 역할이나 자리매김의 양상, 상호작용적 내러티브에서 순간순간의 국부적 정체성과 담화 상황을 넘어서는 정체성의 연계적 고찰, 정체성 구성 과정의 의미 협상의 문제 등에 대한 논의는, 내러티브와 정체성 연구에서 언어 사용의 미시적 분석들이 거시 담론과 교차 논의되는 지적 통찰들을 보여준다.

이러한 일련의 논의들은 내러티브가 언어와 정체성 간의 연결의 교차점을 만들어내는 데 유용한 것임을 확인할 수 있게 해 준다. 또한 내러티브의 이러한 가치는 지금까지 이 글에서 살펴본 사회언어학과 여러 담화 연구 분야의 이론사를 통해서도 확인할 수 있다. 이야기에는 개인적 삶과 사회적 삶의 경험이 재구성되고 그에 대한 의미화가 드러날 뿐만 아니라, 이야기 화자와 청자의 관계, 의미의 사회문화적 맥락이 이야기의 구조와 내용 결정에도 영향력을 행사하므로, 이야기 분석을 통해 국부적인 정체성과 사회문화적 차원의 정체성의 의미와 구성 문제들을 함께 논의할 수 있기 때문이다.

사회언어학과 대화분석, 담화분석 등의 연구들에서 담화적 실천으로서 정체성 연구의 중요한 기반 논의들이 이루어져왔지만, 특히 Bamberg, De Fina, Georgakopoulou의 90년대와 2000년대에 계속되는 저작들에서 내러티브 분석과 정체성 연구의 발전을 주도하는 핵심적 논의들을 확인할 수 있다. 여기에서는 이들의 대표적인 논의 몇 가지를 소개함으로써 내러티브와 정체성에 대한 최근 동향을 전하고자 한다.

우선 내러티브 분석과 정체성의 밀접한 관련성은 Bamberg(2006)가 내러티브 분석을 규정한 설명에서 확인할 수 있다. 그는 내러티브 분석은 사람들이 이야기말하기(storytelling)의 대화에 참여할 때 자아의 의미를 어떻게 수행하는가를 연구하는 것이라고 설명한다. 즉, 사람들이 타인에게 자신이 누구인지를 보이기 위해 이야기를 말하는 것이며, 그들의 말에서 내러티브가 언제 사용되는가를 분석하는 것이 바로 내러티브 분석이라는 것이다. Bamberg의 연구는 담화적 실천으로서 정체성의 관점을 견지하며, 내러티브 분석의 방법론적 정교함과 정체성에 대한 인문학적 논의를 결합한 내러티브 탐구를 지향한다.

De Fina(2003)와 Georgakopoulou(2007)는 이러한 관점에 따른 구체적이고 정밀한 연구 성과들이라고 할 수 있겠다. 우선, De Fina(2003)은 언어 사용의 다양한 차원들에서 정체성 구성이 어떻게 이루어지는지에 대한 종합적면서도 세밀한 연구 성과를 보여준다. 이 연구는 멕시코인들이 미국 국경을 넘어 이주하는 경험에 대한 내러티브를 수집하여 그들의 정체성 구성을 탐구한 것이다. De Fina는 멕시코에서 미국으로 일자리를 찾아 이주하는 사람들의 내러티브 분석을 통해, 정체성의 이야기에 드러나는 국부적(local) 표현들과 이주를 둘러싼 사회적 과정들 간의 연계를 밝히는 성과를 보여준다.

한편 Georgakopoulou(2007)에서는 말하기 상호행위에서 내러티브와 정체성을 둘러싼 논의들을 비전형적 이야기(Small Stories)를 통해 집중 탐구하고 있다. Georgakopoulou는 전형적인 이야기(prototypical narrative)와 대비되는 비전형적 이야기를 이론적으로 정의하고 그 특성과, 유형들을 제시하고, 내러티브 구조와 정체성 구성, 자리매김(positioning)의 차원으로 이에 대한 심화된 논의를 펼치고 있다. 이 연구는 상호작용적 말하기에서 국부적 정체성의 가치를 재조명하며 내러티브 연구자들에게 분석의 새로운 차원을 제시한다. Bamberg and Georgakopoulou(2008)는 자아(self)에 대한 의미 구성은 정체성의 행위로서 대화 상호작용에서의 참여 구조나 다른 사람과의 관계에 대해 의미를 부여하는 전략으로부터 추적할 수 있다고 보았다 그러므로 비전형적 이야기(small stories)의 분석을 통해 이야기의 출현 위치와 기능, 담화에서의 사회적 실천, 정체성의 구성을 살펴볼 수 있다는 것이다. 이들은 내러티브의 분석 층위를 이야기 텍스트, 상호작용 상황, 지배 담화의 세 가지로 제안하고 자리매김(positioning)의 분석을 통해 정체성 행위가 수행되는 방식과 자아에 대한 상징 의미를 밝힌다.

내러티브의 언어학적인 관점에서부터 내러티브와 정체성 연구의 최근 쟁점들을 집약하여 보여주는 연구로서는 Schiffrin, De Fina and Nylund(eds.)(2010)를 들 수 있겠다. 우선 이 책은 내러티브를 담화 연구와 사회언어학 측면에서 조명하고 있는데 이를 둘러싼 인문사회 분야의 통찰들과 연계된 논의를 함으로써 Schiffrin과 De Fina의 소개처럼 내러티브의 학제간 연구로서의 가치와 쟁점을 확인할 수 있다. 이 책은 내러티브를 둘러싼 다섯 가지 주제들로 이루어졌는데, 내러티브 연구의 전통적 주제인 도덕적 질서의 문제(Labov, Bauman, Bruner, Harre의 연구)와, 내러티브와 정체성 문제(Hansen, Cohen, Modan and Schuman의 이주자 정체성과 Shetty, Bamberg의 공적 미디어에서의 정체성 연구), 맥락에 따라 달리 구성되는 내러티브의 문제(Georgakopoulou, Mildorf의 연구) 이야기의 진실성과 재현의 문제(Carranza, Rosulek), 새로운 매체에서의 내러티브 분석(Herman, Nazikian의 연구)에 대해 논의를 펼치고 있다. 이 책의 연구들은 각기 다른 분야에서 여러 차원의 내러티브 분석을 수행함으로써 내러티브 분석의 다양한 연구 지형에 대한 이해를 돕고 있으며 각 분야에서 내러티브 연구의 의의를 확인할 수 있게 한다.

6. 내러티브 분석의 과제

지금까지 살펴본 언어 연구자들의 내러티브 분석의 이론적 전개는, 내러티브를 중심으로 의사소통, 담화 과정, 상호작용, 맥락화, 정체성의 실현 양상 등에 대한 연구로서, 인간의 이해를 위한 인문학적 과제들과 연계됨을 살펴볼 수 있었다. 사회언어학자와 담화 연구자들의 내러티브 연구는 내러티브 그 자체를 하나의 분석 단위로 간주하며 이야기말하기의 상호작용 과정이나 내러티브의 사회적 기능에 대해 다양한 차원의 분석틀을 가지고 정교한 분석을 수행함으로써 이야기를 탐구한다. 언어 연구자들의 이러한 작업의 성과들은 반대로, 질적 연구자들이 내러티브를 단지 경험의 재현이나 의식의 반영을 담은 자료로서 한정해 바라보고 체계적 분석에 집중하지 않음으로써 연구에 한계를 갖게 된 문제를 한층 두드러지게 만든다. Bamberg(ed.)(2007)는 이러한 문제에 공감하며 사회 언어학자나 담화 연구자들은 사회적 행위로서 내러티브를 인식하는 새로운 관점을 제시하였을 뿐만 아니라, 내러티브가 구성되는 맥락과의 관련 속에서 미시적이고 정교한 분석을 하는 것은 내러티브 연구의 대안적 연구모델로 평가 받을 만하다고 여긴다. 이로써 인간이 말하기의 상호작용 속에서 해석하고 이해하는 과정과 그 의미를 파악하는 과정의 실체에 한층 더 다가갈 수 있다고 보고 내러티브 분석과 탐구의 적극적인 협력을 제안한다.

Bamberg(ed.)(2007)가 내러티브 연구의 발전을 위해 두 연구 진영의 협력적 연구를 주장하는 배경에는 내러티브 행위가 인간 문화 활동과 사회적 행위의 차원에서 이루어지기 때문이다. 이러한 관점은 Ochs(1997)에서도 잘 피력되어 있는데, 그는 내러티브 행위가 실현되는 모드나 장르는 매우 다양하게 주어져, 구어, 문어, 영상, 음악 등의 재현 양식들에 의해 내러티브가 창조되며, 내러티브가 공동 화자에 의해 구성될 뿐만 아니라, 다중 양식을 통해서도 창출되기에, 내러티브는 그 자체가 더 큰 장르나 활동들 속에 융합될 수 있다고 보았다. 그리고 내러티브는 사건의 단순 배열 이상이기 때문에 과거, 현재, 미래 모두와 관계하며, 가설적인 것일 수도 있으며, 한 문화에 관습적인 것이거나 다른 문화와 관련되는 양식들과도 관련된다고 하였다. 그러므로 내러티브 연구자의 관심은 과거의 어떤 사건을 내러티브로 조직한 현재와 미래에 두게 되며, 과거를 현재의 인식으로 이끌어 내러티브는 자아와 사회에 일련의 연속성을 제공하고, 불확실한 미래는 운영하는 데 도움을 준다는 것이다. 내러티브에 대한 Ochs(1997)의 이러한 통찰과 내러티브 연구자의 지향점에 대한 언급은 내러티브 분석가나 내러티브 탐구자 모두가 유념해야 할 것이다. 이런 점에서 언어 연구를 중심으로 한 내러티브 분석의 이론이, 하나의 텍스트 담화 단위에 대한 관심에서 사회적 행위와 질서에 대한 논의로, 그리고 인간의 정체성 연구로 발전해 온 것은 당연한 귀결일 것이다. 앞으로 인간 이해의 통섭적인 시야에서 협력적 연구를 수행하기 위해 노력하는 것이 모두에게 남은 과제가 될 것이다.

참고문헌

Bamberg, M.(ed.)(1997), *Narrative Development-Six Approaches*, Routledge.

Bamberg, M.(ed.)(1997), *Oral Versions of Personal Experience: Three Decades of Narrative Analysis*(Special Issue of *Journal of Narrative and Life History* 7)

Bamberg, M.(2004), "Talk, small stories, and adolescent identities", in *Human development* 47(6), 366-369.

Bamberg, M.(2006), "Stories: Big or small: Why do we care?", *Narrative inquiry* 16(1), 139-147.

Bamberg, M.(2007), *Narrative: State of the Art*, John Benjamins.

Bamberg, M.(2012), "Why narrative?", *Narrative Inquiry* 22(1), 202-210.

Bamberg, M. and Georgakopoulou, A.(2008), "Small stories as a new perspective in narrative and identity analysis", *Text & Talk* 28(3), 377-396.

Blum-Kulka, Shoshana(1993) "You Gotta Know how to tell a story: telling, tales, and tellers in American and Israeli Narrative Events at Dinner", *Language in Society* 22, 361-402.

Bonvilliain, Nancy(ed.)(2003 4th.) *Language, Culture, and Communication: The Meaning of Message*, Prentice Hall.

Chafe, W. L.(1994), *Discourse, Consciousness, and Time: The Flow and Displacement of Conscious Experience in Speaking and Writing*, University of Chicago Press.

Cortazzi, Martin(2001), "Narrative Analysis in Ethnography", in Atkinson, Coffey, Delamont, Lofland and Lofland, 2001/2007 *Handbook of Ethnography*, 384-394, SAGE.

De Fina, Anna(2003), *Identity in Narrative-A Study of Immigrant Discourse*, John Benjamins.

De Fina, A. and Georgakopoulou, A.(2012), *Analyzing narrative: Discourse and Sociolinguistic Perspectives*, Cambridge.

De Fina, Schiffrin, and Bamberg(eds.)(2006), *Discourse and Identity*, Cambridge University Press.

Freeman, M.(2003), "Identity and difference in narrative interaction", a commentary, *Narrative Inquiry* 13, 331-346.

Georgakopoulou, A.(1997), "Narrative Performances: A Study of Modern Greek Storytelling", *Pragmatics & Beyond New Series 46*. Amsterdam /Philadelphia: John Benjamins.

Geogakopoulou, A.(2006), "Thinking big with small stories in narrative and identity analysis", *Narrative Inquiry* 16(1), 131-138.

Georgakopoulou, A.(2007), "Small Stories, Interaction and Identities", *Studies in Narrative 8*. Amsterdam/Philadelphia: John Benjamins.

Goodwin, C.(1984) "Note on story structure and organization of Participation." in J. M. Akinson and J. Heritage(eds.), 1984/1986, *Structures of social action*, 225-246, Cambridge, UK:Cambridge University Press.

Gumperz, J. J. and Hymes D.(1972). *Directions in sociologistics-the ethnography of communication*. Holt, Reinhart and Winston.

Harré, Rom and van Langenhove, Luk(eds.)(1999), *Positioning Theory*,

Blackwell.

Hymes, Dell(1974/1979), *Foundations in Sociolinguistics—An Ethnographic Approach*, The University of Pennsylvania Press.

Hymes, Dell(1981), *In Vain I Tried to Tell You: Essays in Native American Ethnopoetics*, Philadelphia: University of Pennsylvania Press.

Jefferson, G.(1978), "Sequential aspects of storytelling in conversation", in J. Schenkein(ed.), *Studies in the Organization of Conversational Interaction*, 219-249, New York: Academic Press.

Labov, W.(1972), *Language in the Inner City*, Philadelphia: University of Pennsylvania Press.

Labov, W. and J. Waletzky(1967), "Narrative analysis: oral versions personal experience", in J. Helms(ed.) *Essays on the verbal and Visual Arts, seattle*, University of Washington press

Linde(1993), *Life story*, Oxford University Press.

Lucius-Hoene, Gabriele and Deppermann, Arnulf(2004, 2nd), *Rekonstruction narrativer Identitaat—Ein Areitsbuchm Zur Analyse narrativer interviews.*

Norrick, N.(2000), *Conversational Narrative. Storytelling in everyday talk*, Amsterdam/Philadephia: Benjamins.

Ochs, Elinor(1997), "Narrative", in Teun A. van Dijk(ed.), *Discourse as Structure and Process*, 185-207, SAGE.

Ochs, Elinor and Capps, Lisa(2001), *Living narrative-Ceating Lives Everyday Storytelling*, Havard University Press.

Ochs, Elinor and Capps, Lisa(2002), "Narrative Authenticity", in Weinberg, Darin(ed.), *Qualitative Research Methods*, 127-138, Blackwell.

Polanyi, Livia(1985), "Conversational Storytelling". in van Dijk, Teun(ed.), 1985, *Handbook of Discourse Analysis vol.3—Discourse and Dialogue*, 183-202, Academic press.

Polanyi, Livia(1985), *Telling the American story: A Structural and Cultural Analysis of Conversational Storytelling*, Norwood: Ablex.

Polkinghorne, Donald(1988), *Narrative Knowing and the Human Sciences*, The State University of New York Press.

Psathas, George(1993), *Conversation Analysis—The Study of Talk-inInteraction*, SAGE.

Riessman, Catherine Kohler(1993). *Narrative Analysis*, SAGE.

Sacks, Harvey(1972), "On the analyzability of stories by children", in J. Gumperz and D. Hyems(eds.), *Directions in Sociolinguisitcs*, New York: HRW

Sacks, Harvey(1995), *Lectures on Conversation*, Gail Jefferson(ed.), Blackwell.

Saville-Troike, Muriel(1982, 2003 3rd), *The Enthnography of Communication— An Introduction*, Blackwell.

Schegloff, Emanuel A.(1997), "Narrative Analysis Thirty Years Later", *Journal of Narrative and Life History* 7(1-4), 97-106.

Schiffrin, D., De Fina, A., and Nylund, A.(eds.)(2010), *Telling stories: language, narrative, and social life*, Georgetown University.

Schiffrin, Deborah.(1994), *Approaches to Discourse*, Blackwell.

Tannen, D.(1989), *Talking voices: Repetition, dialogue, and imagery, in conversational discourse.* Cambridge: Cambride University Press.

Toolan, Michael J.(1991/1988 reprinted) *Narrative-A Critical Linguistic Introduction*, London and New York: Routledge.

van Dijk, Teun(ed.) 1997. *Discourse Studies*, vol.1, SAGE.

"서사성(narrativity):
프랑스 서사학(narratology)의 시선"

손희연

1. 들어가는 말

1.1. 서사성(narrativity): 문제제기

'서사의 언어'에 대한 직관과 관념을 경험 과학적 기술로 수렴시키려는 '인문언어학'적 시도는 다분히 언어학자의 입장을 대변한다. 오늘날 언어학을 어떻게 정의하고 어떻게 한정하는가와 상관없이 언어학자는 '언어'를 관찰해 왔다. 그리고 관찰되는 언어는 '개념'이 아니라 '실제'였다. 언어학자에게 '서사의 언어' 또한 개념이 아니라 실제이며, 본고는 그것의 실제인 모습을 경험하고 기술하는 과제를 마주하고 있다. 물론 이러한 과제가 모든 내러티브 연구 분야에서 공유되는 것은 아니다. 언어적 서사물을 대상으로 그것의 내러티브로서의 속성이나 작용을 연구하는 다소 한정적인 영역을 전제해야 할 것이다. 이러한 내러티브 연구 영역은 '서사학(narratology)'과 깊은 관련을 맺어 왔다. 따라서 본고는 서사학을 바탕으로 하고 또 서사학을 지향하는 개념적 소고를 전개하고자 한다. 논점은 바로 '서사성(narrativity)'이다.

서사성은 서사학 분야에서 독특한 개념적 지위를 가지고 있다. 서사성(narrativity)은 "내러티브인 것의 속성(narrativeness of narrative)"(Abbott, 2009:309)으로서, 무엇인가를 내러티브로 확정하는 개념이며 내러티브로 바라볼 수 있게 하는 개념이다. 따라서 내러티브에 대한 정의 문제와 닿아 있다. 이는 서사학에서 근본적인 개념이라 할 수 있기 때문에 중요하면서, 동시에 내러티브를 발굴하는 개념일 수 있기 때문에 흥미로운 개념인 것이다. 서사성은 서사학이 초기에 주목했던 문학 텍스트의 영역에서 벗어나 스스로의 외연을 넓혀 나가는 과정에서 더욱 부각되기 시작하였다. 문학 이론이 아닌 서사 일반의 가치중립적인 이론으로서 서사학을 발전시켰던 영미권의 구조주의 서사학자 프랜스(Gerald Prince)(박진, 2005:65)에게서 서사성 논의가 두드러졌었고, 일상 언어, 일상적 대화의 영역에서 '일상 서사학(natural narratology)'를 지향하는 최근의 서사학자 플루더닉(Monika Fludernick)에게도 서사성을 재정의하는 작업이 주요했던 것을 보면 이를 잘 알 수 있다. 또한 서사학의 태동을 주도했던 프랑스의 구조주의 서사론에서 '서사성'을 가장 문제 삼았던 그레마스(Algirdas Julien Greimas)는 매체와 상관없이, 즉 언어가 아니어도 내러티브의 의미가 실현될 수 있다는 점에 주목했던 서술 기호학자였으며, 프랑스 내에서 상대적으로 최근에 전개되고 있는 화용론적 서사 분석 분야 즉 서사텍스트론의 분야에서도 서사성의 개념을 새로 정의하고 있는 것을 보아도 서사학 분야 내에서의 서사성 개념의 위치를 확인할 수 있는 것이다.

서사성은 서사학 내의 전환적 계기를 함의하는 개념일 수 있으며, 오늘날의 서사학이 보여줄 수 있는 가능성과 과제를 의미하는 개념일 수도 있을 것이다. 따라서 서사학 논의를 발달사의 관점에서 고찰해야 한다면, 또한 서사학 내에서 대단히 영향력 있는 논의들을 꽃피웠었던 프랑스 서사학을 고찰해야 한다면, '서사성' 개념은 가장 적절한 논점이 될 수 있다.

1.2. 논의의 범위 확정

본고의 논의는 프랑스의 구조주의 서사론에서 화용론적 서사 분석에 이르기까지의 서사학적 흐름 속에서 '서사성(narrativity)'이 정의되는 혹은 함의되는 양상을 고찰하는 데에 놓여 있다. 오늘날 '서사학(narra-tology)'은 "내러티브적 표상(narrative representation)의 논리, 원칙, 실제를 탐구하는 인문학 분야"(Meister, 2009:329)를 일컫는다. 내러티브에 대한 이해가 넓어지고 내러티브 방법론이 인문, 사회과학 분야 전반에서 영향력을 발휘하면서 '서사학'은 이처럼 '내러티브 연구'를 통칭하는 학문 분야로도 인식되고 있는 것이다.[1] 그러나 '서사학'의 태동을 거슬러 올라가면, 구조주의를 요체로 하는 '서사 과학'으로서의 서사학을 마주하게 된다. 프랑스의 구조주의 서사론은 이러한 '서사 과학으로서의 서사학'을 주도했다고 할 수 있는 것이다.

프랑스 구조주의 문학이론가인 토도로프(Tzvetan Todorov)가 1969년

---

1) '서사학'에 대한 이러한 이해는 소위 '비문학 분야'의 경향이라 할 수 있다. 문학 이론 분야에서 '서사학'에 대한 이해는 '구조주의 서사 이론'으로 한정되는 것이 지배적이다. 따라서 '언어학을 모델로 하는 서사적 요소들의 체계와 결합에 대한 이론이며 이는 후기구조주의적 텍스트 이론과 구분되는 것'(박진:2005)'으로 정의하는 모습을 볼 수 있는 것이다. 영미권의 비문학 분야 서사학에서는 구조 분석을 요체로 하는 '전통서사학(classical narratology)'과 구조의 문제에 맥락을 더한 해석적 작업을 중시하는 '후기전통서사학(post classical narratology)'을 구분하는 논의가 존재한다(Herman:1999). 사실 전통서사학과 후기전통서사학을 구분하는 논의에서는 '구조주의'를 완전히 부정하는 것이 아니기 때문에 구조주의와 후기구조주의를 나누는 문제와는 성격이 좀 다르다. 서사학의 정체성에서 언어적 서사물과 구조의 문제는 본질적이라 할 수 있다. 서사학의 정체성에 대한 폭넓은 논의는 Phelan and Rabinowitz(2005)를 참조할 수 있다.

에 발표한 「데카메론 문법(Grammaire du Décaméron)」에서 프랑스어 'narratolgie(narratology)'를 사용한 것은 '생물학(bilology)', '사회학(sociology)'과 같은 '과학'의 한 분야처럼 '내러티브의 과학'을 명시하기 위함이었다(Herman, 2005:416)[2]. 여기서 내러티브의 과학은 그 시작에 있어서는 특히 '문학의 과학'이었으며, 사람들이 문학적 텍스트에서 '이야기'로 인식하는 직관적인 서사 즉 내러티브의 보편성을 체계 혹은 모델로서 기술하려는 시도였다. 최근의 프랑스 서사학은 서사학 그 자체로서는 1960, 70년대 구조주의 서사학 논의가 가장 활발했던 시대만큼의 영향력을 지닌 새로운 논의를 생산하지 못하고 있다. 이에 대하여 프랑스 서사학 내부에서는 분석의 대상이 문학적 텍스트에만 과도하게 집중되어 있었다는 점이나, 일반성 혹은 보편성에 한정된 제한된 시각을 문제로 지적하고 있다(Maingueneau, 2002:484). 또한, 구조언어학적 모델이 화행론, 화용론 등의 대두와 함께 그 자체로 언어 현상에 대한 설명력을 어느 정도는 잃었기 때문이기도 하다(Herman, 2005).

과거 프랑스의 서사학은 구조주의 논의를 진행시키면서도 구조주의 이후를 예견하고 암시하는 개념과 관점들을 동시대에서 가지고 있었으며[3], 따라서 구조주의 서사론은 서사학 내에서 변주되었다기보다는 서

---

[2] 토도로프(1978)의 서사학에 대한 인식이 어떠한지는 다음에서도 볼 수 있다. "내가 소개한 유형학적 고찰은 원칙적으로는 문학적 이야기récits littéraires 뿐만 아니라 내가 제시하는 모든 예들이 그러하듯이 모든 종류의 이야기들과 관련이 있는 것이다. 그것들은 시학에 속해 있다기보다는 내가 보기에 존재권을 가질 충분한 가치가 있는 하나의 학문분야, 즉 서술학(서사학, narratologie)에 속해 있는 것이다"(송덕호·조명원 역, 2004:115).

[3] 이와 관련하여 특히 바르트와 그레마스를 주목할 수 있다. "1960년대에서 70년대 말에 이르기까지 프랑스 문화계에서 바르트만큼 강력한 논란을 야기 시켰던 인물도 없었고, 아울러 그만큼 강력한 영향력을 행사한 인물도 없었다."(서정철, 1990:345) 서사학 내에서도 바르트는 「서사물의 구조적 분석 서설」(1966)과 같은 초기 저작이 전형적인 구조주의적 서사 모델에 관한 것이라면 「S/Z」(1974)와 같은 후반기 저서는 구조주의의 경계에서 후기구조주의적 성향을 드러내고 있는 것이다. 따라서 서사의 기본 구조 모델을 제시하는 대표적 학자로서 해석되기도 하고(Toolan, 1991), "텍스트를 독서에 의해 생산되는 것으로 이해하는 관점의 전환을 보여준다는 점에서 후기구조주의적"이라고 평가

사학으로 머물지 않고 예술 및 인문사회과학 분야 전방으로 이동하였던 것이다(Herman:2005). 따라서 프랑스 서사학의 속성을 개괄하고 있는 피어(John Pier)(2011)나 멘게노(Dominique Maingueneau)(2002) 등이 명시하는 것처럼, 언어적 서사물을 중심으로 내러티브 모델을 수립하는 서사 연구 분야로서 '서사학'의 흐름은 '언어학'과 '텍스트'에 대한 지향성을 유지하면서 화용론적 흐름이 더해진 '서사 텍스트론'으로 이어지고 있는 것이다. 이러한 맥락에서 본고는 구조주의 서사론에서 서사 텍스트론까지의 흐름을 프랑스 서사학의 범주로 두었다. 이러한 프랑스 서사학의 흐름 속에서, 정교한 서사담화 분석을 통해 서사 구조 분석의 정점을 찍었던 주네트(Gérard Genette), 기호론적 서사 의미 분석을 통해 구조주의의 틀 내에서 서사성에 대한 모델을 제시했던 그레마스(Algirdas Julien Greimas), 그리고 구조주의적 서사론의 토양 위에서 오늘날 화용론적 서사 담화 분석론인 서사 텍스트론을 발전시킨 대표적 연구자로서 아담(Jean-Michel Adam)의 논의를 통해 서사성의 개념을 살피고자 한다.

2. 프랑스 서사학 개괄

구조언어학이 선도하던 구조주의적 인식과 탐구의 분위기가 지배적이었던 6,70년대 프랑스에서 토도로프(Tzvetan Todorov), 바르트(Roland Barthes), 주네트(Gérard Genette) 그리고 그레마스(A.J. Greimas) 등은 문학적 이야기와 의미에 대한 구조주의적 연구를 꽃피웠다. 당시, 이들의 구조주의 서사론에서 핵심적인 것은 '내러티브 랑그(narrative

---

되기도 하는 것이다(박진, 2005:176). 그레마스가 제시하는 서술(서사)의 심층 의미 작용 모델 '기호학적 사각형'의 경우에도 구조주의의 전형적 접근 방식인 이항대립을 넘어선 미세한 의미소(sème)들의 관계 속에서 의미를 규정하는 점에서 탈구조주의의 요소를 포함하고 있는 것이다(장도준, 2011:158).

langue)(Pier:2011)'의 개념으로 표현할 수 있을 것이다. 소쉬르의 구조언어학에서는 '랑그(langue)' 즉 추상적인 시스템으로서의 언어와, '빠롤(parole)' 즉 랑그를 기반으로 개인들이 구체적으로 실현시키는 발화를 구분한다. 소쉬르의 언어학이 언어 연구의 본질적인 대상으로서 '랑그'를 한정하듯이 구조주의 서사론이 궁극적으로 도달하고자 하는 바는 일반적이고 추상화된 본질로서의 내러티브, 즉 내러티브 랑그라고 할 수 있는 것이다.

　프랑스의 구조주의 서사론은 언어 구조에 대한 소쉬르의 인식을 차용하여 이야기 즉 스토리의 구조에 대한 인식을 확립했고, 구체적인 이야기 텍스트가 실현되는 데에 관여하는 '텍스트 전환적 기호 원리(transtextuel semiotic principles)(Herman, 2005:423)'를 기술하고자 노력했다. 구조 개념을 중심으로 하는 내러티브의 '보편 원리'는 이야기의 기본 구성 요소, 이러한 요소들이 이야기가 되고 텍스트가 되는 구조적 결합 양상과 결합의 층위를 설정하는 것으로 구체화되었다. 이러한 보편 원리의 기술에는 (구조)언어학의 개념과 체계가 직접적으로 활용되었다. 토도로프(1969)는 중세의 일반 문법(universal grammar)적 틀의 영향 하에 통사(syntactic), 의미(semantic), 언표(verbal), 세 층위에서 작용하는 내러티브의 문법을 제시하고 있다(Pier, 2011:336). 또한 토도로트(1966)는 "서술자가 이야기를 인식하는 방법"으로서 '상(相, aspect)', "서술자가 이용하는 담론(담화)의 형태"로서의 '법(法, mood)'과 같은 언어학의 범주를 사용하고 있었고, 이후 주네트(1972)는 토도로프(Todorov)의 틀을 이어받아, 법(mood), 태(voice)의 범주에 '순서(order)', '지속(duration)', '빈도(frequency)'의 범주를 더하여 내러티브 행위와 내러티브 내용(스토리)가 텍스트에 작용하는 방식을 고찰하였다. 주네트(1972)의 내러티브 구조 모델은 '동사에 관한 문법'에 주목한 결과인데, 모든 서술물(서사물)

은 하나의 사건이나 여러 가지 사건을 다루는 언어의 산물이기 때문에 이것을 문법적인 의미에서 하나의 동사를 발전시킨 형태로 다루는 것도 정당하다고 보았기 때문이다(김종갑 역, 1997:46). 그레마스(1966)의 경우에는 특히 소쉬르 이후 구조주의 언어학의 주요한 일파를 형성하는 옐름슬레우(Louis Hjelmslev) 및 테니에르(Lucien Tesnière)에게서 결정적인 영향을 받고 있다(김성도, 1992:192-193).

구조주의 서사론이 내러티브에 내재한 고유한 보편성을 기술하는 데에는 프로프(Vladimir Propp)의 러시아 민담 분석의 영향이 컸다는 것은 일반적으로 알려진 사실이다. 특히 그레마스가 서술 구조를 중심으로 기호학적 논의를 발전시키는 데에는 1928년에 처음 발표된 프롭의 대표 저작으로서 1966년에는 프랑스어로, 1968년에 영어로 번역되면서 서구 사회에 본격적으로 소개된 「민담의 형태론(Morphology of Folktale)」이 결정적인 영향을 끼쳤다(김성도, 2002:52). 러시아 형식주의로 분류되는 프롭의 민담 분석은 문학 텍스트를 대상으로 이야기에 접근하는 구조주의 연구에서 단연 주목되었다. 모든 민담의 이야기 즉 스토리가 지니는 기본적인 31개의 '기능(function)' 요소의 선별과 결합을 전제하기 때문에, 이야기의 보편 논리를 이루는 '기본 구조'의 모델을 제시하기 때문이다. 내러티브의 기본 구조에 대한 모델은 이 시기 구조주의적 서사론에서 다루어지는 핵심적인 주제였다. 바르트(Barthes)의 1966년도 논문 「서사물의 구조적 분석 서설(Introduction à l'analyse structural des récits)」에서도 이야기의 기본 구성 요소로서 '기능'의 층위에서 이야기 사건을 담당하는 고유한 기능들과 부가적인 지표들, 핵이 되는 기능과 부가되는 기능들이 이루는 위계적인 구성을 통해 서사물의 기본 구조 모델을 제시하였다.

프랑스의 구조주의 서사론에서 기본 구조의 문제와 더불어 주요하게 다루어졌던 문제는 소위 '내러티브의 층위'이다.[4] 내러티브 층위의 문제는 내러티브의 존재적 양상 중에서 기본 구조는 어떤 존재 양상인가에 대한 해답을 찾으려는 시도와 맞물려 있다고 할 수 있다. 토도로프(Todorov)가 스토리(프랑스어 'histoire')와 담화(프랑스어 'discours')를 구분하여, 뼈대가 되는 사건, 시간, 역할 등에 대한 기본적인 내러티브를 '스토리'로 두고 '담화'는 스토리가 전달되는 구체적인 실현 양상을 의미하는 것이 대표적이다. 나아가 주네트(Genette)의 경우는 내러티브를 말하는 행위의 층위를 하나 더 두고(프랑스어 'narration'), 스토리 층위(프랑스어 'histoire' 혹은 'diégège'), 구체적인 텍스트로 실현된 내러티브 층위(프랑스어 'récit')를 구분하는 것도 이와 관련된다. 위와 같은 구분에서 내러티브의 기본 구조는 사실상 스토리의 층위에 존재할 것이다. 이는 프롭(Propp)의 민담 분석에서는 '수제트'와 대응되는 '파불라'의 층위이여 그레마스(Greimas)가 기본적인 서술 구조의 통사와 의미가 존재하는 층위로 설정했던 '심층부'와도 통한다. 구체적으로 드러나는 담화, 텍스트는 이러한 기본 구조에서 비롯되고 기본 구조가 실현된 내러티브의 존재 양상인 것이다.

앞서 들었던 토도로프(Todorov), 주네트(Genette), 그레마스(Greimas)와 초기의 바르트(Barths) 외에도 신화에 대한 구조 분석을 보여주었던 레비 스토로스(Claude Lévi-Strauss)[5], 이야기의 논리를 구성하는 이야

---

4) 여기서 '내러티브 층위'는 설명의 편의를 위해 사용한 용어이다. 구조언어학에서 '랑그'와 '빠롤'을 나누고, 벤베니스트(Emile Benveniste)와 같은 전통적인 구조·기능 언어학에서 내용 혹은 이야기(프랑스어 'histoire')와 담화(프랑스어 'discours')를 나누듯이, 서사학 내에서 내러티브를 대상으로 내러티브의 구조 혹은 내러티브에 대한 인식의 지점들을 구분하는 논의가 주요하게 이루어져 왔다. 특히 프롭(Propp)과 같은 러시아 형식주의자들의 경우는 '파불라(fabula)'와 '수제트(sjuzhet)'를 나누어 기본적인 스토리(파불라)와 스토리를 전달하는 다양하고 실제적인 방식(수제트)을 구분하고 있다. 이러한 '구분'을 설명하는 용어로 '층위'를 사용한 것은 이렇게 구분된 요소들은 구조적 서사 모델 내의 서로 다른 지점에서 계층화되거나 성분화되는 것으로 설명되기 때문이다.

기 성분이나 기능을 기술하려는 브레몽(Claude Bremond)과 같은 영향력 있는 구조주의 서사론자들이 존재한다. 특히 브레몽(1973)의 내러티브 모델에서 제시된 행위 연속 구조는 아담(Jean-Michel Adam)의 서사 텍스트론이나 영미권에서 전개되고 있는 인지주의적 서사학(Fludernik, 1996)에서 주목을 받았다. 텍스트의 플롯 구조의 미시적 부분에서 결정되고 고정될 수 없는, 즉 열린 전개를 가정하는 부분이 있기 때문이다. 구조적 결정성 외에 상황적 역동성을 함의하는 구조주의 서사론의 연구로서 의미가 부여되고 있는 것이다.

지금까지 소개한 프랑스의 구조주의 서사론은 영미권에 소개되면서 문학 비평 이론으로서, 또한 내러티브에 대한 이론으로서 '서사학'을 표방하는 생산적인 논의들을 양산하는 데에 기여하였다. 프랑스 내에서도 내러티브에 대한 연구는 내러티브 인식, 내러티브 방법론의 차원에서 1980년대 리쾨르(Paul Ricoeur)의 저작들처럼 눈에 띄는 성과를 내고 있다. 그러나 언어적 서사물로서의 내러티브의 정의와 내러티브의 작용을 논의하는 서사학을 전제한다면, 앞서 밝힌 바와 같이 프랑스 내에서는 이제 '서사학'의 범주로 묶일 수 있는 논의들의 전통은 '서사 텍스트론'에서 찾을 수 있을 것이다. 구조주의 서사론에서 서사 텍스트론에 이르기까지 이러한 서사학적 분석의 존재 이유는 사람들이 이야기로 직관하는 데에 관여하는 '이야기 지식'이 무엇인지 하나의 모델로서 정의하고,

---

5) 레비 스트로스(Claude Lévi-Strauss)는 구조인류학 혹은 문화학자로 분류되며 서사학 내에서 논하는 것이 적절하지 않을 수 있다. 그러나 그가 1958년에 발표한 '구조 인류학(Anthropologie structurale)', 1973년에 발표한 「구조 인류학II(Anthropologie structurale deux)」 내에서 전개한 '신화'에 대한 분석은 다양한 문화권에서 유사하게 존재하는 신화가 그 표면적인 차이에도 불구하고 '이야기(프랑스어 'histoire')'의 단계에 존재하는 본질이 있고 이는 언어학적 구조 모델로 기술될 수 있다는 점을 말하고 있기 때문에 구조주의 서사론에서 논의되는 경우가 많다. 프랑스 서사학을 개괄하는 피어(Pier, 2011:336)는 레비 스트로스의 1958년도 논의를 "(원시)서사학적((pre)narratological)" 연구로 논의하기도 한다.

이를 통해 궁극적으로는 '내러티브 능력'을 구성하는 것이 무엇인지를 밝히는 데에 있을 것이다.

3. 프랑스 서사학에서의 '서사성(narrativity)' 개념

3.1. 내러티브 텍스트가 되는 내러티브 행위와 내러티브 스토리의 작용 원리: 제라르 주네트(Gérard Genette)

본 소절에서는 프랑스의 구조주의 서사학적 틀 내에서 주네트 (Genette)가 제시하는 내러티브 모델을 구체적으로 살피면서, '서사성' 개념이 함의되는 방식에 접근하고자 한다. 주네트(Genette)는 1966년부터 2002년에 걸쳐 총 다섯 권에 이르는 「문채(文彩, Figures)」를 발표했는데, 「Figures Ⅱ」(1972)의 주된 내용으로서 '서사담화(Discours du récit)' 부분이 1980년에 영어로 번역되고(「Narrative Discourse」), 1983년에는 「새로운 서사담화(Nouveau Discours du récit」로 발행되면서 서사 분석 방법론으로 크게 주목을 받았다. 주네트(1972)의 내러티브 모델은 프루스트(Marcel Proust)의 소설 <잃어버린 시간을 찾아서(À la recherche du temps perdu)>에 대한 분석으로서 확립되었다. 시간적 구성 순서가 난해한 소설 텍스트를 바탕으로 내러티브 텍스트에서 구현되는 내러티브의 본질을 탐구하고 있는 것이다. 이는 누구나 내러티브로 직관하는 소설(문학)의 본질에 대한 탐구이기도 했지만 궁극적으로는 내러티브 (프랑스어 'récit')의 본질에 접근하려는 시도라고 할 수 있다.

주네트(Genette)의 내러티브 모델에서 주목되는 부분은 구체적인 내러티브 텍스트가 실현되는 데에 작용하는 내러티브 원리의 문제이다. 내러티브, 즉 서사가 존재하기 위해서는 내러티브를 생산하는 행위(narration),

내러티브의 주요 스토리(histoire) 그리고 내러티브 텍스트인 서사물(récit)이 존재해야 한다. 이들은 "내러티브의 실제(narrative reality)를 구성하는 세 측면"(Genette, 1980:27)이며 '텍스트화'를 통해 가시화되는 세 층위의 관계가 서사성의 핵심이 되는 것이다.

이러한 세 층위의 내러티브 실제들의 관계는 토도로프(Todorov)의 개념들을 차용하고 동사 중심의 문법론을 바탕으로 하여[6] 다음과 같이 기술될 수 있다(Genette, 1980). 우선 스토리의 시간과 텍스트의 시간 사이의 관계를 나타내는 '내러티브 시간(narrative time)'은 토도로프의 범주를 그대로 따르는 것인데, 사건의 순서(order), 지속(duration), 빈도(frquency)의 측면에서 기술될 수 있다. 토도로프가 서사 문법을 기술하면서 도입했던 '법(mood)'이나 '태(voice)'와 같은 문법 범주 중 '법'은 주네트(1980)에서는 내러티브 스토리가 텍스트에 재현되거나 암시되는 방식을 기술하게 된다. 시간의 범주와 마찬가지로 내러티브의 스토리와 텍스트 사이의 관계를 나타내고 있으며, 특히 '법'의 범주에서 '서사의 거리(distance)' 즉 서사와 서사 대상 사이의 거리를 재현하는 두 가지 내러티브 양식, '디에게시스(diegesis, 순수한 의미에서의 서사)'와 '미메시스(mimesis, 완벽한 모방)'를 제시한다. 디에게시스는 서술자가 등장하여 이야기를 '중개하듯이(mediated way)' 말하는 것이고(Genette, 1980:163), 미메시스는 이야기하는 사람이 이야기 속의 한 인물처럼 이야기를 말하는 것이다. 따라서 디에게시스가 미메시스보다 더 많은 거리두기를 하게 된다. 이때 서사의 대상은 비언어적인 인물들의 행동을 의미하는 사건(event)과 인물들이 생각하거나 음성적으로 발화하는 말(words)로 분류된다. '법'의 범주에서 '서사의 관점(perspective)'은 내러티브적 행위와는 구분되는 시점 문제로 한정하여 '초점화(focalization)'

---

[6] 주네트(1980)가 밝히고 있듯이, 언어학적 용어나 개념을 사용하는 경우에도 언어학의 고유한 개념이 적용된다기보다는 사실상 은유적으로 기능하는 경우가 많다.

의 개념을 통해 제시하고 있다. 즉 '누가 보는가'의 시점 문제를 이야기 속의 인물 중 누구에게 이야기 초점이 맞추어져 있는가를 한정하여 분석하는 것이다. 마지막으로 '태(voice)'는 텍스트와 내러티브 행위와의 관계를 기술한다. 서술자가 언제 이야기하는지, 이야기의 안에서 혹은 밖에서 이야기하는지, 이야기에 등장하는 인물과 동일인이 되는지 등과 관련되는 것이다.

주네트(Genette)의 내러티브 모델에서 '내러티브인 것의 속성' 즉 서사성은 내러티브 텍스트를 중심으로 내러티브의 행위와 내러티브의 내용(스토리)이 서로 관계를 맺는 '텍스트화'의 작용을 통해 파악된다. 이들의 작용 원리는 텍스트라는 구체적인 서사물에서 드러나는 것이기 때문에 서사물에 대한 정교한 분석만이 내러티브의 본질에 접근하는 유일한 방법이 되는 것이다.

3.2. 내러티브의 '내재된 서사성' 개념: 그레마스(Algirdas Julien Greimas)

그레마스(Algirdas Julien Greimas)는 구조주의 기호학자, 구조의미론자 등으로 정의되는데, 그의 이론적 핵은 서술성에 대한 문제의식(김성도, 2002:190)이라는 점에서 구조주의 서사론 내에서 중추적인 연구자로서 논의된다. 1966년에 발표된 「구조의미론(Sémantique structurale: recherche et méthode)」에서 1979년에 「기호학 사전(Sémiotique: diction-naire raisonné de la théorie du langage)」의 출간에 이르기까지 '서술(서사) 기호학'을 형성하는 주요한 업적들[7]은 내러티브 모델에서 '내재적인

---

7) 국내 연구 중 김성도(2002)는 구조 의미론, 서술 기호학, 정념의 기호학으로 발전하는 그레마스의 연구사적 흐름과 주요 개념을 집대성하고 있기 때문에 그레마스의 주요 저작들이 지니는 의의 및 서지 사항에 대하여 자세한 내용을 참조할 수 있다.

보편 구조로서의 서사성'개념을 확인하게 한다.

그레마스는 서사물의 다양한 발현이 이루어지는 외양적 수준과 서사성이 위치하고 그 발현에 선행하여 조직화되는 공통의 구조적 줄기를 성립하는 내재적 수준을 구분하였다(김성도, 2002:190). 내러티브 텍스트의 외양적 수준, 즉 '표층'에서 발화체(énoncé)들은 각각의 내러티브에 고유한 스토리들 즉 의미들을 드러낸다. 사건과 존재와 행동에 대하여 서술하는 발화체들은 내러티브로 이해될 수 있을 만큼의 수준으로 결합되고 연속되면서 담화를 형성하고 서사물을 구성한다. 발화체를 중심으로 하는 표층의 내러티브를 기술하기 위해 설정되는 '행동자(actant)'의 문법은 그레마스의 서사 이론에서 주요한 축을 담당한다. 행동자는 프롭(Propp)의 '기능' 개념을 발전시킨 것으로서, 이야기 속의 실제 행위자들이 담당하는 기본적인 이야기 행위 혹은 역할이 추상화된 개념으로 이해될 수 있다. 행동자 모델에서는 우선 '주체'와 '대상'이라는 핵심적인 축을 설정하는데, 이는 무엇인가를 원하는 능동의 기능(주체)과 원해지는 존재로서의 수동의 기능(대상)을 의미하는 것이다. '대상'을 사이에 두고 '발신자'와 '수신자'가 설정되고 주체를 중심으로는 '조력자'와 '대립자'가 설정된다. 이때 발신자는 초월적인 조력자의 역할을 하는, 즉 대상을 제공하는 기능을 담당하며 대상에 대한 수혜자로서 수신자가 존재한다. 주체를 돕거나(조력자), 방해하는 역할(대립자)은 모두 주체를 향해 있다.

이러한 외양적 수준에서의 내러티브 텍스트가 가능해지는 데에는 바로 내재적 수준에서의 의미 작용이 전제되어야 한다. 이러한 의미 작용의 기본 구조를 표상하기 위해 고안된 것이 '기호학적 사각형(carré sémiotique)'으로 알려져 있다. 의미의 가장 기본 단위인 '의소(sème)'로서 '부자이다'를 예로 든다면(김성도, 2002: 132~134), '부자이다'의 '상반항'으로서 '가난하다' 그리고 '모순항'으로서 '부자가 아니다'를 들 수 있다. 즉 두 가지를 한 번에 단언할 수 없는 관계에 있는 것이 모순항이고 동시에 단언할 수 있는 논리적으로 약간 느슨한 반대 개념이 상반항인 것이다. 하나의 의소가 상반항과 연결되기 위해서는 반드시 그 의소에 대한 모순항을 함의해야 한다. 즉 '부자이다'의 상반항으로서 '가난하다'를 제기하는 데에는 모순항인 '부자가 아니다'를 함의해야 하는 것이다. 가난한 것은 반드시 부자가 아니기 때문이다. 이러한 의미의 논리는 결국 두 개의 의소, 그것의 모순항 두 개, 총 4개의 꼭지점(위치)을 지니고 의소들끼리의 상반 관계, 모순항들끼리의 상반 관계, 의소와 모순항의 함의 관계를 형성하는 기호학적 사각형을 형성하는 것이다.

이러한 심층의 단계에서 존재하는 의미 작용이 바로 구체적인 내러티브 의미를 실현하는 것은 아니다. 그레마스의 내러티브 모델에서는 '기호—서술 구조'라는 보다 근본적인 내재적 층위와 그보다 상위에 있지만 내재성을 지니는 '담화 구조'를 설정하고 구체적인 내러티브 텍스트의 실현은 이러한 내재적인 구조 단계 모두에 결합되어 있는 것으로 보았다. 즉 내재적인 기호—서술 구조와 담화 구조는 텍스트의 외양에서 실현되는 것이다. 이때 내재적인 구조들 모두에게 근본적인 것은 위에서 정리한 기본 의미 구조이다. 외양적 텍스트가 실현되는 데에 관여하는 내재성을 지니는 기호-서술 구조와 담화 구조의 보편적 구성이 내러티브의 본질이자 서사성을 구성하는 것이다.

3.3. 발화 작용의 서사성: 서사 텍스트론

1960년대 구조주의적 서사론은 문학적 내러티브에서 '보편적 이야기(스토리) 구조'를 확인하는 작업에 주력하였다. 이는 '무엇이 내러티브인

가'라는 질문이 전제된 것이라기보다는 '내러티브는 왜 내러티브인가'
에 대한 해명에 가까운 것이다. 이미 내러티브로 직관된 문학 텍스트를
중심으로 하는 서사학은 결국 문학 이론으로서 활용되었고, 구조주의적
문학 이론으로서의 서사학적 속성과 거리를 두려는 서사 연구는 프랑스
의 고유한 담화 분석적 토양8) 위에서 성장하게 된다. 1970년대 중반부터
전개되던 장-미셸 아담(Jean-Michel Adam)의 서사 텍스트론9)이 이와
관련되는 것이다.

서사 텍스트론은 사실 서사학을 직접적으로 표방하며 전개되었던 논
의로 보기는 어렵다. 소설에서 정치인의 담화에 이르기까지 다양한 종류
의 텍스트 중에서 내러티브를 확인하기 위해 '구조'의 개념을 말하지만,
구조가 더 이상 서사성의 요체가 아니라는 점에서 서사 텍스트론은 구조
주의적 서사론과는 차이를 보인다. '서사의 언어'를 문제 삼았던 구조주
의적 서사론의 관점을 공유하지만 내러티브의 변이성이나 이질성에 주
목하는 시선은 심리언어학, 인지과학, 사회언어학, 화용론 그리고 텍스
트언어학 등을 바탕으로 내러티브 연구를 일반적인 담화론, 혹은 담화분
석론으로 확장하고자 하였다. 영미권의 서사학이 동일한 관점에서 구조

---

8) 멩게노(Maingueneau:1997)는 프랑스의 담화분석이 영미권의 담화분석과는 구분된다
는 점을 논의한다. 이는 그 방법론의 측면보다는 사상사적 배경에 기인한 것이다.
구조주의와 정신분석학 그리고 마르크스주의가 결합되어 형성된 1960년대의 '프랑스
학파(Ecole française)', 프랑스 학파와는 어느 정도 거리를 두고 새로운 관점을 제시하
고 있는 푸코(Michel Foucault), 언어학 내에서 전통적으로 유지되던 벤베니스트(Emile
Benveniste)의 '발화작용(énonciation)의 언어학' 등에서는 일찍부터 '담화'를 문제 삼
아 왔으며, 이러한 흐름이 프랑스 담화분석의 주요한 사상사적 근원으로 논의될 수
있는 것이다.
9) 본고에서 '서사 텍스트론'이라 함은 '서사적 텍스트에 대한 담화분석론'을 의미한다.
프랑스의 '발화 작용의 언어학(linguistique énonciative)'의 토양 위에서 화용론이나 텍
스트언어학의 지향성을 가지는 아담(J.-M. Adam)의 서사 분석을 피어(Pier:2011)나 멩게
노(Maingueneau:2002)는 프랑스의 담화분석 범주에 포함시키고 있다. 따라서 이를 '서
사담화론'이라 지칭하는 것이 더 정확할 것이다. 그러나 이 경우 주네트(Genette)의
'서사 담화 분석'과 그 용어에서 혼동될 여지가 있어서 '서사 텍스트론'이라 지칭하였다.

주의 서사학의 가능성과 한계를 말하면서도 '후기전통서사학(postcla-ssical narratology)'이라는 용어를 통해 서사학에 대한 지향성을 확실하게 표방하는 것과는 대조적이다. 서사학으로서의 학문적 성격을 단정하기는 어렵지만, 프랑스의 서사 텍스트론은 사람들이 어느 정도는 공유하게 되는 내러티브에 대한 직관, 내러티브의 능력을 언어적 텍스트를 대상으로, 즉 언어적 텍스트에 투사되어 있고 언어적 텍스트로 분절되어 있는 모습으로서 기술하려 했다는 점에서 서사학의 범주에서 논의될 가치가 있을 것이다.

아담(Adam)이 1985년에 발표한 「내러티브 텍스트(Le texte narratif)」에서 제시하는 내러티브 모델은 프랑스 내에서 전개된 토도로프(Todorov)나 주네트(Genette)의 서사 구조론을 바탕으로 하면서 브레몽(Bremond)과 같은 인지주의적 관점을 지닌 구조주의 서사학 논의, 프랑스의 전통적인 '발화 작용 언어학', 그리고 영미권이나 독일어권의 텍스트언어학 및 사회언어학의 개념들로부터 폭넓은 영향을 받았음을 알 수 있다. 이러한 내러티브 모델에서 서사성의 개념을 유추해 보자면, 내러티브의 '원형(prototype)'과 '전략(strategy)'이라는 두 가지 주요한 개념적 요소를 확인할 수 있다[10]. 내러티브인 것의 속성은 원형성과 전략에 기인하는 변이성의 두 측면에서 정의되는 것이다.

내러티브의 원형은 내러티브의 내용 즉 주네트(Genette)의 구분에서 '내러티브 내용(histoire)'의 구성으로서 기술된다. 즉 내러티브의 보편 내용에 대한 구성인 것이다. 기본 단위는 프롭(Propp)에게서 차용한 '기능(fonction)'으로서 이야기 논리에 따른 기능의 결합을 통해 '서술절'의 의미가 형성되고 서술절의 결합과 연쇄는 화제와 주제적 일관성 및 발전

---

10) 아담(Adam:1985)에서는 내러티브 텍스트의 '거시구조(의미구조)적 균질성(homogén-éité superstructurelle)'과 '비균질성(hétérogénéité)'을 논의하고 있으며 이는 곧 내러티브 텍스트의 '원형'과 '전략'으로 인한 변이에 대한 분석과 통한다.

의 양상으로서 의미적인 거시구조를 형성하는 것이다. 이러한 내러티브의 원형을 그대로 보여주는 내러티브 텍스트들이 있는 반면에 광고, 농담 이야기 혹은 정치인의 담화처럼 내러티브의 원형만으로는 그 내러티브적 속성을 정확히 파악하기 어려운 담화들이 존재한다. 이 경우 서사성의 문제는 이제 내러티브를 만드는 행위들, 즉 서사적 발화와 내러티브적 전략의 관점에서 논의되는 것이다.

내러티브 텍스트를 실현시키는 '발화 작용'은 그 텍스트를 청자 혹은 독자와 같은 수용자와의 관계 속에 두게 된다. 내러티브가 내러티브의 상황 즉 맥락 속에서 부각되고 수용자의 관점에서 이해나 해석의 문제가 작용한다면 내러티브 의미가 텍스트로 분절되는 방식은 변화를 겪을 수밖에 없다. 언어 표현이 선택되는 방식이나 사건이 구성되는 방식에서의 전략이 드러나는 것이다. 내러티브 전략을 설명하는 개념으로서 영미권의 후기전통서사학의 논의에서는 '체험성(experientiality)'이나 '이야기 적합성(tellability)'과 같은 인지적인 원리를 강조하고 있고(Fludernik, 1996), 프랑스 서사학 내에서는 '발화 작용 언어학'적 접근이나 바흐친(Mikhail Bakhtin)의 대화주의적 원리(dialogisme)를 부각시키는 모습을 볼 수 있다. 결국, 내러티브를 결정하는 것은 기본 성분들이 구조적 측면에서 내러티브 원형적인 텍스트를 조직하는 데에도 있지만, 타인과의 관계, 즉 대화와 사회문화적 맥락에서 구성되고 결정되는 내러티브적 효과와 기능의 측면도 있는 것이다.

4. 나오는 말

서사학의 과제는 '인문언어학'의 과제와 통하는 부분이 많다. 언어 실제와 언어 문제에 경험과학적으로 접근하는 것으로 '인문'의 새로운 지식을 구축할 수 있을 것인가? 과거 구조주의 서사론자들이 '서사' 즉 '내러티브'에 주목했을 때에도 인류의 삶에서 가장 익숙한 '이야기'의 언어가 과학의 영역에서 논의되고 나아가 그 익숙한 직관들이 하나의 지식으로서 기술될 수 있을 것이라는 기대가 있었을 것이다. 오늘날 구조주의는 '탈-'과 '후기-'의 한정적 접두사들과 함께 부정되고 있지만 서사학의 체계 내에서 구조주의 서사론의 영향은 관점으로, 개념으로 또한 사상으로서 유효한 부분이 많다. 그것이 학문의 영역에서 과학과 체계에 대한 강박적 믿음에 기인한 것이라 할지라도 서사학 내에서 구조주의에 대한 재해석 작업은 필요한 부분이다. 본고는 서사학의 주요 개념이자, 특히 최근의 서사학적 흐름에서 강조되는 '서사성'의 개념이 프랑스 서사학의 흐름 속에서 어떻게 다루어지는지를 구조주의 서사론과 화용론적 서사 텍스트론을 중심으로, 그리고 주요한 연구자에 한정하여 고찰하였다. 이는 한편으로는 서사학의 주요 흐름인 프랑스 서사학 자체에 대한 이해를 목적으로 한 것이며, 다른 한편으로는 '서사성'의 문제가 언어적 서사물에 초점을 둔 내러티브 연구에서 어떠한 가능성을 지닐 수 있을지를 점검하려는 것이었다. '구조'에서 '전략'까지 서사성이 함의하는 개념들을 살피면서, 내러티브를 정의하는 서사학의 과제가 '내러티브에 대한 사람들의 직관'을 내러티브의 능력이자 지식으로서 기술하는 문제라는 것을 다시 확인하게 된다. 이제 서사성의 개념은 일상적인 언어들, 자연스러운 대화들, 편안한 수다들에 다시 주목하게 할 것이다. 내러티브는 그곳에서 시작되었기 때문이다.

참고문헌

김성도(2002), 「구조에서 감성으로—그레마스의 기호학 및 일반 의미론의 연구」, 고려대학교 출판부.

김종갑 역(1997), "서술이론", 석경징 외 엮음, 「현대 서술 이론의 흐름」, 솔.

박진(2005), 「서사학과 텍스트 이론—토도로프에서 데리다까지」, 랜덤하우스 중앙.

서정철(1990), "롤랑 바르트의 글쓰기와 언어학", 「불어불문학연구」(한국불어 불문학회) 25-1, 345-362.

송덕호·조명원 역(2004), 담론의 장르. 예림기획.

장도준(2011), 현대문학비평론, 정림사.

한용환(2002), 「서사 이론과 그 쟁점들」, 문예출판사.

한일섭(2009), 「서사의 이론」, 한국문화사.

Abbott, H. Porter(2009), "Narrativity", Hühn, Pier, Schmid and Schönert(eds.), *Handbook of Narratology*, Berlin: Walter de Gruyter, 309-328.

Adam, Jean-Michel(1985), *Le texte narratif*, Paris: Nathan.

Adam, Jean-Michel(2005), *La linguisitique textuelle*, Paris: Armand Colin.

Barths, Roland(1966), "Introduction à l'analyse structural des récits", *Communications 8, 1-27.*

Barths, Roland(1970), *S/Z*, Paris: Seuil.

Benveniste, Émile(1966), *Problèmes de linguistique générale 1*, Paris: Gallimard.

Benveniste, Émile(1974), *Problèmes de linguistique générale 2*, Paris: Gallimard.

Bremond, Claude(1973), *Logique du récit*, Paris: Seuil.

De Fina, Anna and Alexandra Georgakopoulou(2011), *Analyzing Narrative*. Cambridge: Cambridge University Press.

Fludernik, Monika(1996), *Towards a 'Natural' Narratology*. London: Routledge

Fludernik, Monika(2005), "Histories of Narrative Theory(II): From Structuralism to the Present" In James Phelan and Peter J. Rabinowitz ed., *A Companion to Narrative Theory*, Oxford: Blackwell, 688-1095.

Genette, Gérard(1972), *Figures III*, Paris: Seuil.

Genette, Gérard(1980), *Narrative Discourse: An Essay in Method*. Ithaca, NY: Cornell University Press.

Genette, Gérard(1983), *Nouveau Discours du récit*, Paris: Seuil.

Greimas, Algirdas Julien and Joseph Courtés(1979), *Sémiotique: dictionnaire raisonné de la théorie du langage*, Paris: Hachette.

Greimas, Algirdas Julien(1966), *Sémantique structurale: recherche et méthode*, Paris: Larousse.

Herman, David(1999), "Introduction: Narratologies", In Herman ed., *Narratologies: New Perspectives on Narrative Analysis*, Columbus: Ohio State University Press.

Herman, David(2002), *Story logic: Problems and possibilities of narratives*, Lincoln/London: University of Nebraska Press.

Herman, David(2005), "Histories of Narrative Theory(I): A genealogy of early developments", In James Phelan and Peter J. Rabinowitz ed., *A Companion to Narrative Theory*, Oxford: Blackwell, 416-687.

Lévi-Strauss, Claude(1958), *Anthropologie structurale*, Paris: Plon.

Lévi-Strauss, Claude(1973), *Anthropologie structurale deux*, Paris: Plon.

Maingueneau, Dominique(1997), *l'Analyse du Discours*, Paris: Hachette.

Maingueneau, Dominique(2002), *Récit, Charaudeau et Maingueneau(dir.), Dictionnaire d'Analyse du Discours*, Paris: Seuil, 484-487.

Meister, Jan Christoph(2009), "Narratology", Hühn, Pier, Schmid and Schönert ed., *Handbook of Narratology*, Berlin: Walter de Gruyter, 329-350.

Phelan, James and Peter J. Rabinowitz ed.,(2005), *A Companion to Narrative Theory*, Oxford: Blackwell.

Pier, John(2011), "Is There a French Postclassical Narratology?" In Greta Olson ed.(2011), *Current Trends in Narratology*, Berlin: Walter de Gruyter, 336-367.

Prince, Gerald(1982), *Narratology: The Form and Functioning of Narrative*,

Berlin/New York/Amsterdam: Mouton Publishers.

Propp, Vladimir(1966/1970), *Morphologie du conte*, Paris: Seuil.

Todorov, Tzvetan(1966), "Les catégories du récit littéraire", *Communications, 8*.

Todorov, Tzvetan(1969), *Grammaire du Décaméron*, Paris: Mouton.

Todorov, Tzvetan(1978), *Les genres du discours*, Paris: Seuil.

Toolan, Michael J.(1988), *Narrative: A critical inguistic introduction*, London: Routledge.

인문-사회과학의 핵심 주제로서의
'서사'의 의미와 독일철학에서의 연구동향

1. 들어가는 말

1960년대 발생한 서사학(narratology)은 인문사회과학의 영역에 혁명적 변화를 가져왔다. '서사학'이란 용어는 1969년 토도로프(Tzvetan Todorov)가 프랑스 구조주의자들, 예컨대 바르트(Roland Barthes), 브레몽(Claude Bremond), 쥬네트(Gerard Genette) 그리고 그레마스(A. J. Greimas) 등의 학문적 작업을 '서사학(la narratologie)'이라 명명하면서 회자되기 시작했다. 이 일련의 학문적 경향은 지금까지 언어학과 인문학의 변방에 위치해 있던 서사를 탐구의 중심으로 이끄는 작업을 수행했는데, 기본적으로 계몽과 실증주의에 대한 급진적 반발로 특징지어진다.

서사학은 사유양식에서 패러다임적 변혁을 가져왔을 뿐 아니라 인문-사회과학의 연구대상을 혁명적으로 바꾸어 놓은 것으로 평가된다. 먼저 사유양식에서의 패러다임적 변혁이란 고대-중세의 철학이 존재를 직접적으로 탐구하고자 했고, 근대의 철학은 의식 매개적 대상을 탐구한데 반해, 현대에는 언어 매개적 혹은 서사 매개적 대상이 학문적 탐구의 대상이 되었다는 것을 의미한다.[1] 존재철학적 질문의 핵심이 '그것은 무엇인가?'이고, 의식철학적 질문의 핵심이 '그것은 어떻게 인식되는가?'라면, 언어-서사중심의 철학에서는 '그것은 어떤 의미인가?'가 핵심적 질문으로 자리한다.

'그것은 어떤 의미인가' 하는 질문은 어떤 것이 그 밖의 것과 어떻게 관련되는지에 대한 물음이다. 예컨대 어떤 사건의 의미를 묻는 것은 그것이 다른 사건들과 어떤 관련이 있는지, 그리고 관련된 모든 사건들의 최종 결론에 어떻게 기여하는지를 묻는 것이다.[2] 이때 추구되는 의미는 특정 경험을 기록하는 개인에 의해 순수하게 만들어 지는 것이 아니라 '문화'라는 보다 큰 의미저장소와의 연관 속에서 만들어 진다. 언어체계를 유지하고 선조들과 동시대인들의 다양한 경험들을 미신이나 신화, 역사, 이야기 등의 형식으로, 즉 서사의 형식으로 간직하고 있는 문화는 그 구성권들에게 특정한 의미산출을 가능하게 하며, 구성원의 입장에서는 의미창출을 위해 문화에 대한 일반적 지식이 필요하다.[3] 의미를 추구하는 현대의 이러한 사유로 인해 많은 학자들은 현대의 사유를 '언어적 전회(linguistic turn)' 내지 '서사적 전회(narrative turn)'로 특징짓는다.[4]

둘째, 인문-사회과학에서 연구대상의 혁명을 가져왔다는 것은 과거의 연구대상이 언어로 표현되기는 하지만 언어 외부에 놓여 있다고 가정되는 대상이었다고 한다면, 서사적 전회이후 탐구의 대상은 언어적으로 표현되어 있는 서사 그 자체가 탐구의 대상으로 되었다는 것을 함의한다.

---

1) 위르겐 하버마스/ 이진우 역(2000), 「탈형이상학적 사유, 문예출판사, 2000, 27 이하.
2) D. E. Polkinghorne/ 강현석 외 역(2009), 「내러티브, 인문과학을 만나다」, 학지사, 30.
3) D. E. Polkinghorne, 상동
4) 언어적 전회와 서사적 전회는 동일하지 않다. 언적 전회가 20세기 초를 기점으로 한다면, 서사적 전회는 1960년대를 기점으로 한다. 언어적 전회는 여전히 합리주의적 사유와의 연결점을 갖는다면, 서사적 전회는 다분히 반합리주의로 가려는 경향이 있다. 하지만 이 글에서는 그 양자의 차이를 크게 두지 않을 것이다.

따라서 과거에 언어는 주체와 대상을 연결하는, 혹은 대상을 서술하기 위한 도구로 간주된데 반해, 현대는 인간적 사실은 언어적으로 표현되며, 인문적 세계는 언어구성체임을 전제한다. 따라서 세계, 대상에 대한 탐구는 결국 언어, 혹은 언어구성체에 대한 탐구와 다를 수 없다.

사실 60년대 이후 철학을 포함하여 역사학, 언어학, 법학, 정치학 등 인문-사회과학의 전 영역에서 뿐 아니라 치료를 목적으로 하는 의학 분야에서도 서사는 중요한 탐구 주제들 중 하나가 되었다. 오늘날 모든 학문 영역을 통틀어 서사개념 만큼 학제 상호간을 연결하는 개념은 없을 것이다. 이런 점에서 1998년 미국의 법학자 하이먼(D. A. Hyman)이 당시의 학문적 경향을 평가하며 "서사는 활황산업이다(Narrative is a boom industry)"라고 했는데5), 이것은 결코 과장된 말이 아니며, 오늘날에도 여전히 유효하다고 할 수 있다.

우리사회에서도 언어학과 문학 분야에서 90년대를 기점으로 서사에 대한 관심이 증가하다가, 최근에는 번역, 단행본, 그리고 논문 등을 망라하여 폭발적으로 증가하고 있음을 관련 사이트 등을 통해 쉽게 확인할 수 있다. 그 외에도 역사학, 교육학, 심리학, 의학 그리고 사회과학의 영역에서 다양한 이름으로 예를 들어 생활사, 구술사, 생애사 등의 이름으로 서사에 대한 관심이 증가하고 있음을 확인할 수 있다. 이에 반해 철학의 영역은 그 연구 작업이 아주 미미하다. 서사이론의 대표자인 리쾨르의 많은 저작들이 번역되고 있기는 하지만, 연구논문은 그렇게 많지 않은 것이 현실이다.

이 글은 도대체 왜 서사가 많은 학문분야의 주제가 되었는지를 탐구하고, 현재 독일에서 서사연구의 상황과 독일철학에서의 연구경향을 분석, 보고하고 짧게 평가하는 형식을 띨 것이다. 이를 위해서는 우선

---

5) David A. Hyman(1998), Lies, Damned Lies, and Narrative, in *Indiana Law Journal* 73-3, pp.797-865.

서사가 무엇인지, 그것이 왜 전통과의 단절을 의미할 수 있는지부터 살펴보고자 한다.

2. 서사란 무엇인가?

2.1. 서사의 정의

언어의 의미가 지시대상에서 오는 것이 아니라 낱말들 사이의 관계에서 오는 것이라고 밝혀진 이후 낱말이나 개념에 대한 일의적 정의는 불가능해 졌다고 할 수 있다. 이런 불가능성에도 불구하고 논의의 효율을 위해 특정한 한계 내에서 특정한 정의를 필요로 하는 경우가 많다. '서사'(narrative) 개념도 그런 운명에서 자유롭지 않다.

일상적 대화에서 서사라는 용어가 다의적으로 쓰일 뿐 아니라 우리의 용법과 서양의 용법에서도 다른 경우가 많아서 이 개념을 정의하기 쉽지 않다. 일반적으로 유럽어에서 내러티브는 예컨대 어떤 보고서에서 차트나 표, 그래프 등과 구별되는 에세이 형식의 부분을 말한다. 즉 내러티브는 수학적, 도식적 서술부분이 아니라 에세이 형식의 서술부분을 지칭한다. 우리말에서는 그런 부분을 서사부분이라 하기 보다는 서술부분이라 함으로써 서사와 서술을 구분하는 언어사용이 더 일반적이다. 어쨌거나 서구에서 사용하는 이러한 방식의 내러티브 용법은 내러티브에 대한 가장 폭넓은 사용례라 할 수 있다.

학문적 대상으로서의 내러티브에 대해 말하고자 한다면 좀 더 좁은 용법으로 나아가야 한다. 좀 더 세분화된 분류에 의하면 에세이 형식의 서술부가 모두 내러티브인 것은 아니다. 에세이 형식에도 비서사적 형식, 예컨대 보고식, 논술식, 설명식 등이 있다. 이러한 유형의 글쓰기는 제롬

부르너가 '패러다임적' 인지유형이라 부른 글쓰기로 사실성, 객관성, 엄밀성 등을 지향한다. 이에 반해 그가 '내러티브적' 인지유형이라 부른 글쓰기는 사건들 사이에 존재하는 특정한 연결, 말하자면 '서사적' 연결을 찾고자 한다.6) 서사적 연결이란 일반적으로 이야기(story) 형식의 글쓰기 내지 언술행위와 관련이 있다. 실제로 「미국 헤리티지 사전」에서는 '내러티브'의 첫 번째 의미를 '이야기'와 동일시한다. 그리고 이 사전에서는 이야기를 "그것이 참이든 거짓이든 상관없이 사건이나 일련의 사건들을 말하거나 연결시키는 것"7)이라고 정의한다. 말하자면 이야기는 일련의 사건들이 하나의 특정한 목표나 의미를 위해 목적론적으로 배열되어 있는 것을 말한다. 이야기 속의 모든 에피소드나 사건들은 독자적으로 존립하는 것이 아니라 하나의 플롯에 따라 하나의 의미라는 전체의 관점에서 재배치된다. 따라서 이야기에서는 발생한 모든 것들이 자신의 구성요소가 되는 것이 아니다. 발생한 모든 것이 역사적 사건은 아니듯이, 이야기의 의미에 아무런 영향을 주지 않는 사건들은 이야기의 구성요소에서 빠지게 된다. 이는 마치 자서전을 쓰는 사람이 자신의 기억 속에 남겨진 수많은 에피소드를 자서전을 쓰는 현재의 시점에서 재구성하여 특정한 의미를 구성하거나, 그 의미구성에 어울리지 않은 것을 자서전에 주목하지 않는 것과 유사하다.8)

---

6) Jerome Bruner(1986:11)
7) http://ahdictionary.com/word/search.html?q=story
8) 사실 딜타이는 「체험, 표현, 이해」에서 '자서전'이야 말로 해석학의 가장 좋은 모델이 된다고 한다. 해석학은 모든 인간은 특정한 전통과 편견에 놓여 있고, 바로 그것이 자신에게 다가오는 사건들을 구성하고 이해하는데 결정적인 역할을 한다는 입장을 대변한다. 즉 인간은 무해석적 상황, 즉 진공상태에 놓여 있는 것이 아니라 언제나 특정한 세계관을 반영하는 해석적 상황에 놓여 있다는 것이다. 자서전의 저자가 자신의 과거를 회상하면서 그 사건들에 특정한 의미를 부여하듯, 동일한 사건도 해석적 상황이 달라질 경우 전혀 다른 의미를 부여받을 수 있다. 이것은 정신과학의 영역은 자연과학의 방식으로 규명할 수 없다는 것, 세계는 일의적이지 않다는 것을 의미한다. 딜타이/ 이한우 역(2002) 참조.

이야기와 내러티브가 거의 동의어로 사용된다면 내러티브는 우선 개별사건들과 인간의 행동을 하나의 전체로 조직하는 의미구조라고 말할 수 있을 것이다. 여기서 개별 행동들과 사건들은 전체에 미치는 영향에 따라 의미를 부여받게 된다. 따라서 내러티브는 단순히 사건들을 시간과 장소에 따라 목록화하는 연대기와 구별된다.9)

물론 서사가 이야기와 동일한 것은 아니다. 동일한 이야기라 하더라도 전달자가 그것을 다른 방식으로 전달할 수 있다. 예컨대 동일한 이야기를 말로 전달할 수도 있지만, 영화로, 연극으로, 만화로 혹은 다른 매체로 전달할 수도 있고, 또는 그 이야기를 긍정적으로, 부정적으로, 혹은 가치 중립적으로 전달할 수도 있다. 서술자가 사건을 알려주는 이러한 방식을 플롯, 혹은 담화(discourse)라고 한다. 이야기가 사건과 관련이 있다면 담화는 그 사건을 들려주는 방식과 관련이 있다. 이야기는 서사의 내용에 해당하고 담화는 묘사의 방식과 관련이 있다. 물론 이 양자가 엄밀하게 분리되어 있는 것이 아니라 하나의 서사 속에서 서로 얽혀 있다. 하지만 어쨌거나 채트먼(S. Chatman)이 말했듯이 서사는 이야기 뿐 아니라 담화도 포함하는 좀 더 넓은 개념이다.10)

2.2 서사의 보편성

그런데 서사이론가들에 따르면 서사는 인간에게 보편적 현상이며, 인간이 있는 곳에 언제나, 어디서나 서사가 있었다고 말한다. 다른 말로 하면 인문적 인간의 가장 본질적 특성이 서사라는 것을 그들은 강조하고자 한다. 위대한 서사 이론가인 롤랑 바르트의 다음의 진술은 서사가 인간에게 얼마나 편만해 있는지, 인간이 자신을 표현하는 방법으로서의

---

9) D. E. Polkinghorne/ 강현석 외 역(2009:54)
10) Seymour Chatman(1978:19)

서사가 무엇인지를 아주 압축적으로 표현해 주고 있어서 많은 연구자들에게 인용된다.

> "내러티브는 세계에 무수히 많다. 서사는 무엇보다 엄청나게 많은 장르를 가지고 있으며, 수많은 내용들로 채워진다. 마치 세계에 존재하는 모든 것들이 다 이야기의 제재나 도구가 될 수 있을 것 같다. ⋯ 서사는 신화, 전설, 우화, 이야기, 소설, 서사시, 역사, 비극, 드라마, 희극, 마임, 회화, 스테인드글라스, 영화, 만화, 뉴스기사, 대화, 그리고 그 밖의 것들로 표현된다. 또한 거의 무한한 이런 형식 속에서 서사는 모든 시간, 모든 장소, 모든 사회에서 나타난다. 서사는 인류역사의 시작과 함께 출발했으며, 따라서 서사 없는 인간은 존재하지 않고 결코 존재할 수 없다. 모든 계층, 모든 인류 집단이 그들 자신의 서사를 가지며, 그들은 다른 종류의 사람들과 (⋯) 자신의 서사를 공유했다. (⋯) 서사는 초역사적, 초국가적 성격을 가진다. 그것은 거기에 삶 그 자체처럼 존재한다."[11]

바르트는 서사가 인간이 시작하는 순간부터 인간과 함께 있어 왔다는 점에서 보편적 성격을 갖는다고 말하고 있다. 물론 여기서 인간 존재의 시작이라 함은 생물학적 종으로서의 인간(man) 종의 시작을 의미하는 것이 아니라 인문적 존재(human being)로서의 인간의 시작을 의미한다. 생물학적 존재로서의 생명체가 세계의 한계 내에서 세계에 적응하며 자신을 보존하는데 진력하는데 반해, 인문적 존재는 세계에 마주하여 세계에 의미를 부여하고, 자신만의 세계를 만들어 낸다는데 그 의미가 있다. 다른 말로 하면 인문적 존재는 인간적 세계를 만들어 내는 존재를 의미한다.[12] 따라서 생물학적 존재에서 인문적 존재로의 이행의 핵심에

---

11) Roland Barthes(1977:79f)
12) 그래서 폴킹호른(D. E. Polkinghorne/ 강현석 외 역, 2009:22-25)은 인간존재가 관여하

는 의미의 문제, 즉 특정한 의미연관으로 대상들을 재배치하는 능력, 그런 대상들에 질서를 부여하는 능력, 즉 세계창출의 능력과 연관이 있다. 이때 서사는 바로 이런 의미연관을 창출하고 표현하는 가장 훌륭하고 보편적인 형식이라는 것이다.

만약 인문적 존재의 핵심에 의미창출의 문제가 놓여 있고, 의미를 가장 잘 드러내는 형식이 서사라고 한다면, 서사능력(narrative competence)은 인문적 존재를 규정하는 핵심능력이라 할 수 있다. 바로 이런 점에서 경험적으로는 인지발달과정에서 2-3세 사이의 아이들부터서 서사의 능력이 발생한다고 하지만, 서사는, 촘스키가 언어능력을 선험적인 것이라고 하듯이,13) 인간이 인문적 존재이기 위한 선험적 조건, 혹은 우리 사고에 내장되어 있는 '심층구조'(deep structure)라 할 수 있다.14)

이처럼 서사가 한편으로는 초역사적, 초문화적이라는 점에서, 다른 한편으로 모든 인간의 경험의 선험적 심층구조라는 점에서 보편성을 가지고 있다고 평가됨에도 불구하고 전통적으로 서사는 학문의 영역에서 정당한 대우를 받지 못했을 뿐 아니라 심지어 배척되기도 했다. 그 이유는 무엇일까?

는 영역을 물질적 영역, 유기체적 영역, 그리고 의미 영역으로 구분하고서 의미영역을 이끄는 가장 핵심이 의식이고, 이 의식의 가장 기본적인 활동이 '서사작용'에 있다고 말한다. 필자는 여기서 진정한 인간의 출현, 즉 인문적 인간의 출현을 바로 폴킹호른이 분류한 의미영역에서의 인간으로 규정한다.

13) Noam Chomsky(1966)
14) 서사능력이 타고난 것인지 습득된 것인지의 문제에 대해서는 다음의 논의를 참조하라. James C. Mancuso, "The Aquisition and Use of Narrative Grammar Structure", in Sarbin, 92.(D. E. Polkinghorne/ 강현석 외 역, 2009:59)

3. 서사에 대한 전통적 과소평가

학문의 역사에서 '서사'가 정당한 대우를 받지 못한 이유는 경험에 대한 서양의 전통적 홀대와 연관되어 있다. 경험은 행위주체의 독특한 세계관을 반영한다. 행위주체는 자신과 마주하는 대상을 특정한 방식으로 구성하는데, 이 말은 행위주체가 자신의 대상을 특정한 의미연관 속에 배치한다는 것을 의미한다. 말하자면 경험을 만들어 내는 인간의 감각과 지각은 대상들을 객관적으로 묘사하는 것이 아니라 특정한 의미연관 속으로 배치한다는 것이다. 폴킹호른은 서사와 관련하여 경험의 의미를 설명해 주고 있는데,15) 그것을 요약하면 다음과 같다.

① 인간의 경험은 (물질적, 생명체적 영역과 구분되는) 정신적 의미 영역에 속한다. 그리고 이 의미의 영역은 고정되어 있지 않다.
② 인간의 경험은 개인의 인지도식과 환경의 영향 사이의 상호작용에 의해 형성되지만, 과거의 회상과 현재적 인식 그리고 미래의 예상을 해석학적으로 결합함으로써 의미를 산출하는 의미 통합물이다.
③ 나의 경험의 구성원리는 형식논리에 따르기보다 시적 의미의 구성원리와 더 유사하다. 즉 경험은 여러 유사한 요소들을 하나의 유의미한 사슬로 묶어내는 은유적 과정을 거친다. 다른 말로 하면 경험은 은유적 과정을 사용하여 지각대상들에 관련성들을 만들고, 경험의 각 요소들에 적절한 자리를 지정해 준다.

경험에 부여된 속성을 나타내는 '정신적 의미', '해석학적', '시적', '은유적' 등의 용어는 경험이 대상에 대한 객관적, 보편적 서술일 수

---

15) D. E. Polkinghorne/ 강현석 외 역(2009:49f)

없다는 것을 지시해준다. 경험이 진리의 속성인 객관성과 형식적 (수학적-논리적) 보편성을 보장할 수 없다면, 즉 경험의 기관인 인간의 지각이 대상을 객관적, 보편적으로 서술할 수 없다면 경험은 진리의 문제, 혹은 진리 추구를 목표로 하는 학문과 철학의 문제와는 다른 영역에 머물러야 할 것이다. 실제로 서양철학에서 오랫동안, 적어도 영국의 경험론이 나오기 전까지 경험은 진리추구에 방해가 되는 것으로 간주되어 철학의 영역에서 배제되거나 지극히 제한된 방식으로만 인정되었다. 예컨대 플라톤은 경험의 기관인 감각의 세계를 벗어나 오로지 영혼 혹은 이성을 통해서만 순수하게 관찰할 수 있는 이데아의 세계를 추구하였고, 근대에는 데카르트가 경험을 진리추구에 거추장스러운 것으로, 혹은 불필요한 것으로 여기고 경험과는 아무런 상관이 없는 이성의 본유관념(innate ideas)에 의지하여 진리를 추구하였다. 이러한 생각은 보편성과 객관성을 진리의 기준으로 삼는 근대의 계몽과 과학주의에서 가장 구체화되었다고 할 수 있다.

문제는 의미연관으로서의 이러한 경험을 표현하는 최적의 언어적 수단이 '서사'라는 데 있다. 즉 내러티브는 인간의 경험을 조직하고 이해하기 위한, 즉 경험을 의미 있게 만들기 위한 최적의 방식으로 사용되어 왔다. 바로 이런 점 때문에 경험을 학문의 대상에서 홀대했던 것과 마찬가지로 서사 역시 학문의 영역에서 극복의 대상이었다. 서양에서 철학이 세계를 설명하는 최초의 방식이었던 뮈토스에서 벗어나 로고스로 이행하는 운동이었다는 것은 이를 반영한다. 신화가 아니라 철학이, 뮈토스가 아니라 로고스가, 서사가 아니라 논리가 학문의 도구이자 목표가 되었다. 플라톤 이래 근대 계몽에 이르기까지 논리와 이성에 우선성을 부여하는 사유가 서양의 학문을 관통해 왔다고 할 수 있다.

4. 계몽의 한계와 그 대안으로서의 서사의 의미

내러티브적 전회는 무엇보다 대상에 대한 객관적 파악(대상의 객체화), 실재를 있는 그대로 인식하고자 하는 계몽주의적, 과학주의적 사유양식과 이러한 사유양식의 인식조건으로서의 보편적 자아 개념에 대한 비판을 담고 있다. 그렇다면 서사적 전회가 문제 삼고 있는 계몽은 무엇인가?

계몽은 보편적 이성능력에 의지하여 자연과 대상을 이론적, 실질적으로 장악할 뿐 아니라 사회 내에서 따라야 할 규칙을 이성으로부터 직접 도출함으로써 어떤 외적인 권위나 강제로부터 해방되고자 하는 근대의 학문적, 문화적 운동이다. 칸트는 스스로에게 책임이 있는 미성숙함으로부터, 이성을 통해 제거할 수 있는 무지, 억압, 강제 등으로부터의 해방을 계몽이라 정의한다.[16]

이때 계몽의 이성이 해방을 추구하는 방식은 이성의 상대자에 대한 이성의 지배에 의존한다. 여기에는 인식의 주체가 인식의 객체를 무매개적으로 대면하며, 이 객체를 있는 그대로 모사할 수 있을 만큼 투명해야 한다는 생각이 내재해 있다. 즉 계몽의 이성이 추구하는 것은 객체와 엄격하게 분리된 주체가 객체의 객체적 성격을 드러내줌으로써, 다른 말로 하면 보편화할 수 있는 수학적-과학적 언어로써 객체를 서술함으로써 객체를 지배하는 것이다.

계몽의 비판가들은 대상에 대한 주체의 (언어나 전통의 매개 없이) 직접적 대면, 즉 주·객 분리라는 인식론적 구도로 인해 계몽의 이성은 지배관계를 맹아로 가지고 있으며, 따라서 객체화, 사물화라는 현대사회의 새로운 병리현상을 만들어 냈다고 한다. "… 계몽은 예로부터 인간에

---

16) I. Kant(1784/1969:1)

게서 공포를 몰아내고 인간을 주인으로 세운다는 목표를 추구해왔다. 그러나 완전히 계몽된 지구에는 재앙만이 승리를 구가하고 있다."17)고 한 「계몽의 변증법」의 저자들의 진술은 이런 문제의식을 보여준다.

서사적 전회를 주창하는 사람들은 계몽과 그 직접적 후계자인 과학주의가 일정한 성과에도 불구하고 현대의 병리현상의 직접적 책임자라는 비판에 동의한다. 서사적 전회에 따르면 그런 병리현상은 계몽이 전제하는 무매개적 주객 관계에 그 원인이 있다고 한다. 서사적 전회는 우리의 의식이 무매개적인 것이 아니라 언제나 언어와 서사를 매개한다는, 즉 우리의 의식과 언어가 동근원적이라는 생각에서 출발한다. 더 나아가 계몽의 세계해명 역시 하나의 거대한 이야기라고 함으로써, 계몽의 세계해명 역시 하나의 서사에 불과하다고 주장한다.18)

내러티브적 전회에 따르면 계몽에서 객관적 탐구의 대상이었던 '실재'라는 것도 하나의 내러티브에 속한다.19) 계몽적 사유는 실재를 언어 외부에 놓여 있는 실체로 이해했는데, 서사이론가들에 따르면 그것은 실재, 객관성, 보편성, 과학성이라는 환상을 좇는 하나의 몽상, 근대인이 만들어 놓은 하나의 거대서사일 뿐이다.20) 이처럼 만약 실재 역시 하나의 언어구성물, 즉 하나의 서사에 불과하다면, 실재는 또 다른 서사인 허구와 구별될 수 있을까? 그런 뚜렷한 기준도 제시 못하는 서사가 어떻게 학문의 가장 중요한 주제가 될 수 있을까? 서사적 전회는 계몽의 한계를 인식하게 되면서 서사가 가지고 있는 역사적, 문화적 보편성과 서사의 인지적 기능에 주목하기 시작했다.

---

17) Max Horkheimer, Theodor W. Adorno(1981:19)
18) J. F. Lyotard/G. Bennington & B. Massumi trans.(1984:xxiv)
19) J. Brunner(1991:4ff)
20) 임철규(2004:184)

4.1. 서사의 보편성의 적극적 수용

서사의 역사적-문화적 보편성에 주목한다는 것은 서사의 이런 보편성에도 불구하고 서사가 대상을 과학적 보편성으로 서술한 것이 아니라는 이유로 학문의 영역에서 방기하거나 부차적인 것으로 간주할 경우, 그것은 적어도 인문현상을 다루는 인문학의 영역에서 인간이해의 핵심을 놓치고 있는 것임을 반영한다. 따라서 서사적 전회를 주장하는 사람들은 인간을 이해하기 위해 서사를 인간이해의 핵심으로 격상시켜야 한다고 한다.

사실 서사이론의 강력한 후원자인 해석학과 포스트구조주의는 바로 이런 문제의식에서 출발한다. 서사적 전회는 기본적으로 세계는 언어적으로 표현되고, 하나의 의미구성체라는 입장을 지지한다. 이런 점에서 언어 밖의 어떤 실재나 실체를 가정하고서 그것을 객관적으로 탐구하고자 한 근대의 계몽적 사유와는 근본적으로 구별된다. 이런 기본적 입장에도 불구하고 해석학, 특히 딜타이와 리쾨르의 해석학은 이 입장을 온건하게 해석하는 반면, 포스트구조주의는 상대적으로 급진적으로 수용한다. 온건한 경향은 비록 세계가 언어적 의미구성체이기는 하지만, 그렇다고 해서 언어가 자기 밖의 세계를 지시하지 않는다고 말할 수 없다는 입장을 갖는다. 즉 자연에 대한 과학적 진술과 인문현상에 대한 언어적 진술은 구분되어야 한다거나(딜타이), 어떤 언어행위는 특정한 세계를 지시하는 타당성을 요청한다는 것이다(리쾨르). 예컨대 리쾨르는 허구적 서사와 현실적 서사를 구별하는 근거를 서사가 세계지시를 하는 지에서 찾으려 한다. 다른 말로 하면 사실적 이야기와 허구적 이야기를 구별하는 기준이 있어야 하며, 그 기준은 지시적 타당성요청이 있는 가에 달려 있다.[21] 즉 사실적 이야기는 언제나 '세계는 현실적으로 있는 것과 똑 같이 서술

---

21) Paul Ricoeur/Kathleen Blamey trans.(1994:188ff)

된다거나, 되어야 한다거나, 아니면 되어질 것이라'고 하는 요청을 자신 안에 배경으로 간직하고 있다는 것이다. 이에 반해 허구적 이야기는 그런 타당성요청을 제기하지 않는다고 한다.

이에 반해 포스트구조주의의 급진적 서사이론은 언어 밖에는 어떤 세계도 존재하지 않는다는 '언어 환원주의'로 나아간다. 즉 언어는 어떤 대상 혹은 세계를 지시하는 것이 아니며, 더 나아가 언어가 대상지시나 세계지시도 함의하지 않는다는 것이다. 그리고 언어는 그저 언어만을 지시할 뿐이다. 예컨대 폴 드만은 수사에서 언어의 본질적 기능을 보는 데, 이러한 생각은 그의 급진적 서사이론과 맥을 같이한다. 일반적으로 내러티브의 이상적 양식으로서의 수사는 논리와 비교된다. 논리가 대상 관계나 세계 지시관계를 강조한다면, 수사는 언어의 자기관계를, 따라서 언어의 세계 창조성을 강조한다. 그러나 만약 언어가 어떤 대상관계도 갖지 않는다면 언어로 표현된 세계는 단순히 비유일 뿐이다. "진리는 비유이다. 비유는 하나의 규범이나 가치를 생산한다. 이러한 가치는 그 자체 더 이상 참다운 것이 아니다. '비유는 그 자체 진리이지 않은 이데올로기의 생산자다'라는 것만이 유일한 진리다."22)

하지만 온건한 입장이건 급진적 입장이건 간에 적어도 인문현상을 이해하는데 있어서 서사가 가장 핵심에 속한다는 것을 부인하지 않는다. 따라서 인문학, 그리고 더 나아가 사회현상을 다루는 방식은 적어도 자연과학적, 실증주의적 방법론과는 구별되어야 한다는 생각에 동의한다. 딜타이가 자연과학을 '설명'의 방법으로, 정신과학을 '이해'의 방법으로 추구해야 한다고 한 것은 이를 반영한다.23)

---

22) P. de Man(1984:241-2)
23) Wilhlem Dilthey(1894)/ Richard M. Zaner and Kenneth L. Heiges trans.(1977:27-28)

4.2. 서사의 인지적 기능

서양에서 서사가 홀대받은 이유는 서사에는 인지기능이 없다는 것, 혹은 부족하다는 것이었다. 즉 인지, 인식을 위해 서사는 부적합한 서술 방식이라는 것이다. 왜냐하면 서사는 대상을 직접적으로 말하기보다 우회적인 방식, 즉 은유적, 수사적 방식으로 말하는 경향이 있기 때문이다. 예컨대 성경은 인간이 '하나님의 형상'에 따라 창조되는 이야기를 간직하고 있는데, 이 이야기는 직접적으로 말하자면 인간의 존엄성, 혹은 우주에서의 인간의 위치를 서사적으로 표현한 것이라 할 수 있다. 서사적 표현이 다양한 해석의 가능성을 주는데 반해, 과학적 표현일수록 해석의 가능성은 줄어든다. 바로 이런 점에서 헤겔은 종교의 서사적 대상이해보다 철학(과 과학)의 개념적 대상이해가 더 고차적이라고 말한다. 동일한 대상을 종교는 서사(헤겔의 용어로 말하자면 '표상')의 방식으로, 철학은 개념의 방식으로 표현하기 때문이다.[24)]

하지만 서사적 전회를 말하는 사람들은 한편으로 이야기능력과 인지능력의 동근원성을 말하고, 다른 한편으로 우리의 모든 이해는 기본적으로 서사적이라고 말한다. 예컨대 서사 역사학자인 화이트는 서사의 어원을 분석함으로써 인지와 서사의 동근원성을 보여주고자 한다. 그에 의하면 영어 narrative는 라틴어 narro(말하다, 이야기하다)에서 기원하는데, 이것은 라틴어 gnarus(알다)의 기원이 되기도 하는 산스크리트어 'gna'에서 함께 기원한다고 한다.[25)] 이러한 어원분석을 통해 그는 서사가 단지 말하기 위해서만이 아니라 알기 위해서도 사용될 수 있는 가장 보편적 도구임을 말하고자 한다.

이러한 생각은 곧바로 우리의 인지기능이 서사적이라는 것으로 나아

---

24) C. Taylor(1975:480ff)
25) Hayden White(1987:215n)

간다. 서사는 정당화의 연관이 분명하게 드러나지 않은 곳에도 쉽게 그 연관을 부여하며, 사건의 요소들 사이의 관계를 산출함으로써 사건을 이해가능하게 만든다. 애벗은 인간의 인지기능이 얼마나 서사적인지를 화가 베이컨의 작품 <십자가 아래 있는 인물들에 대한 세 연구>를 예로 들어 설명한다. 이 그림들은 특정한 서사적 욕망을 불러일으키지만, 이 욕망이 결코 충족될 수 없다는 것을 표현하고 있다고 한다. 감상자는 서사화 되지 않은 이러한 상황에 마주할 때 일종의 고통을 느낀다고 한다. "알고 싶지만 알도록 허락되지 않은 이런 불확정성의 경험은 그 자체로 일종의 고통이며, 또한 그것은 이 그림들이 표현하고자 하는 끔찍한 고통과도 어렴풋하게 공명한다."26) 즉 감상자는 그림에서 아무런 이야기도 발견하지 못할 때 그 그림을 이해하지 못함으로써 고통에 빠진다는 것이다.

그런데 감상자가 느끼는 이러한 고통은 역으로 인간의 이해의 본질이 서사에 있음을 보여준다는 것이다. 애벗은 서사적 이해의 보편성을 보여주기 위해 계속하여 다음과 같이 말한다.

"너무나 정적이기에 도저히 사건이 일어날 것 같지 않은 그런 장면에서조차 하나의 틀이나 맥락을 제공하기 위해서라면 우리의 서사지각은 활성화될 준비가 되어 있다. 사실상 서사를 통한 이해가 없다면, 우리는 종종 자신이 보고 있는 것을 이해할 수 없다고 느끼게 된다. 즉 의미를 찾을 수 없게 되는 것이다."27)

나에게 아무렇게나 놓여 있는 대상세계에 어떤 서사적 질서를 부여하지 못할 경우 인간에게는 어떤 이해도 발생할 수 없다. 심지어 과학적

---

26) H. 포터 애벗/우찬제 외 역(2008:33)
27) H. 포터 애벗/우찬제 외 역(2008:33)

인지라고 하는 수학적, 논리적 서술들 역시 그 속에서 서사를 발견하지 못할 경우, 즉 그런 서술이 자신이 속한 공동체에서 어떤 의미를 띠는지를 알지 못할 경우 그런 서술은 아무런 인지기능을 수행하지 못한다. 혼돈에서 질서로, 카오스에서 코스모스로의 전이는 서사에서 발생하며, 따라서 서사는 세계창조의 기능을 수행한다고 할 수 있다.

5. 독일에서 서사연구의 현황과 경향

5.1. 일반적 상황과 경향성

독일에서 20세기 말에 성행하기 시작한 학문 영역에서의 서사연구는 21세기에 들어서서 더욱 가속화되고 있다. 단순한 연구의 차원에 머무는 것이 아니라 서사학연구 분야가 제도화 되는 방향을 취하고 있음을 알 수 있다. 21세기와 더불어 개인적인 서사연구자와 서사연구자 집단을 넘어 서사학 관련 연구소들이 생겨나고 정착하고 있음은 이러한 현상을 반영해 준다.

'Narratologie' 혹은 'Narrativik'로 번역되는 서사학이 대학과 연구소에서 독자적인 영역을 구축해 가고 있으며, 수많은 연구소와 연구성과물이 학문 각 분야에서 나타나고 있음을 알 수 있다. 의학, 종교, 심리학, 법학 등 다방면에서 서사학과 관련한 연구소, 내지 연구집단이 활동을 하고 있다. 인문학, 사회과학, 문화과학 등 정신과학 전반을 아우르는 서사학 연구소 내지 연구단 역시 적지 않음을 알 수 있다. 그 대표적인 연구단 내지 연구소를 열거하면 "본의 타문화 서사 연구소(Bonner Zentrum fuer Transkulturelle Narratologie, BZTN)", 부퍼탈 대학의 "이야기연구소(Zentrum fuer Erzaehlforschung, ZEF)", 마부르크 대학의 "서사학 연구단(Arbeitsgruppe Narrativik an der Philipps-Universitaet Marburg)", 함부르크 대학의 "서사학 연구단(Forschungsgruppe Narratologie der Universitaet Hamburg)" 등이 있다.

2010년에 설립된 BZTN은 주로 "다른 서사(Narratio Aliena)", 구체적으로는 중국, 일본, 몽골, 이집트, 티베트의 텍스트들 그리고 이란, 아랍, 산스크리트어 텍스트들 등, 비유럽의 서사연구에 집중한다. 이들이 비유럽서사의 연구에 전념하는 이유는 서사의 다름이 정신적 활동에 어떻게 반영되는지, 그리고 기억을 매개로 작동하는 인간의 시간 경험이 어떻게 삶의 구체적 실천에 방향을 제시하는지 등을 살펴보고자 하는데 있다.[28]

2007년에 설립된 이야기연구소(ZEF)는 좀 더 체계적이고 연구성과물도 많이 배출하고 있다. 부퍼탈 대학의 인문-사회과학의 여러 학과가 공동으로 참여하여 하나의 독립된 기관으로 자리한 이 연구소는 자체 대학원생들을 받아들여 학문후속세대를 양성하기도 한다. 이곳에서 나온 연구성과들은 현재 독일에서 서사연구가 학제적 차원에서, 그리고 각 학문영역에서 어떻게 진행되고 있는지를 잘 보여준다.[29] 예컨대 2009년 출간된 「현실이야기들(Wirklichkeitserzaehlungen)」은 현실인식과 사회적 행동의 근본 형식으로서의 이야기(서사)가 서로 다른 많은 학문분야에서, 즉 언론학, 의학, 심리학, 법학, 종교와 경제의 영역에서 어떻게 탐구되는 지를 다루고 있다. 이 책이 주목을 받는 이유는 이 연구소의

---

28) www.philfak.uni-bonn.de/forschung/bonner-zentrum-fuer-transkulturelle-narratologie
29) 이 연구소에 나온 그간의 연구서들에는 다음과 같은 것들이 있다. 「현실이야기들 (Wirklichkeitserzaehlungen, Christian Klein & Matias Martinez(Hg.) Stuttgart 2009)」, 「상반성과 일관성: 내러티브적 의미형성에 대한 연구(Ambivalenz und Kohärenz, J. Abel/A. Blödorn/M. Scheffel(Hg.), Trier 2009)」, 「진실한 이야기(Authentisches Erzählen, A. Weixler(Hg.), Berlin/New York 2012)」, 「개념으로서의 서사성(Narrativität als Begriff, M. Aumüller(Hg.), Berlin/New York, 2012)」, 「텍스트 안의 목소리들(Stimmen im Text, A. Blödorn/D. Langer/M. Scheffel Hg.) Berlin/New York 2006)」 등이 있다.

기본 연구방향 뿐 아니라 독일에서 서사연구의 커다란 흐름을 보여주기 때문이다.

이 책의 저자들은 포스트구조주의적인 급진적 서사이론보다는 해석학적 전통의 온건한 서사이론에 기대고 있으며, 이는 독일 학계의 일반적 동향으로 평가할 수 있을 것이다. 책 제목인 '현실이야기들'은 '현실, 혹은 실재는 곧 이야기다'라는 급진적 서사론의 입장을 반영하는 제목이 아니라, 허구적 이야기들과 구별되는 실제 이야기들, 현실을 묘사하는 이야기들이라는 의미를 갖는다. 언어를 통해서 밖에 접근할 수 없지만, 그 언어 밖에 실존하고 있는 어떤 문제를 발견하고 해결하려는 의도들이 묻어 있는 제목이다. 서사가 현실을 지시한다는 것은 현실의 문제해결을 지향한다는 것을 의미하기도 한다. 이 책에 수록된 논문들은 이러한 현실이야기들이 사회의 하위체계들에서 어떻게 받아들여지고 있는지, 즉 법률적, 의료-심리치료적, 자연과학적, 역사학적, 정신과학적, 경제적, 윤리적, 종교적, 언론학적, 정치적 담론에서 서사가 차지하는 형식과 기능을 탐구하고 있다.

그 사이 서사연구소 뿐 아니라 서사를 전문으로 다루는 잡지도 생겨났다. 영어권 국가에는 이미 다수의 서사 관련 잡지가 간행되고 있는 것에 비해 독일에서는 상대적으로 적은 수의 서사연구 잡지가 있다. 이야기연구소(ZEF)의 기관지인 「DIEGESIS」는 온라인으로 출판되는 독일 최초의 학제 간 서사연구 잡지이다.[30] 2012년 발간되기 시작해 2013년 말 제3호가 출간되었다. 제1호(2012)는 "21세기 이야기연구", 제2호(2013ㄱ)는 "이야기와 매체", 제3호(2013ㄴ)는 "저널에 나타난 이야기"가 특집으로 꾸며져 있다. 여기에 실린 글들은 현재의 독일 학계에서의 서사연구동향을 알아보게 하는 한 지침을 제공한다.

---

30) 홈페이지: https://www.diegesis.uni-wuppertal.de/index.php/diegesis/index

5.2. 철학에서의 경향성

독일 철학에서 서사연구는 프랑스나 미국에 비해 많이 뒤쳐져 있다. 상대적으로 최근에 나온 작품으로는 디터 토메의 「네 자신을 이야기해보라: 철학적 문제로서의 생활사(Erzaehle Dich Selbst: Lebensgeschichte als philosophisches Problem)」(2007)가 있다. 이 책은 서사, 혹은 이야기의 문제가 어떻게 근원적인 철학적 문제와 연관되는지를 보여준다는 점에서, 그리고 동시에 서사 문제가 독일철학계에서 어떤 논의지평과 방향을 형성하고 있는지를 보여준다는 점에서 주목할 필요가 있다.

'네 자신을 이야기 해보라'는 서사적 전회의 타당성요청을 윤리적인 영역에 적용한 것이다. 좀 더 구체적으로 말하자면 삶의 여정을 서사적으로 구성하는 것과 개인의 인격적 정체성의 형성과정을 바로 이 서사적 삶의 여정 속에서 밝혀 보는 것이 얼마나 유용한지를 보여주고자 한다.[31] 생활사를 이야기의 형식으로 질서지우는 것은 자아의 파편성을 추슬러 보다 큰 삶의 연관에 자신을 서사적으로 편입시킴으로써 윤리적 목표에 도달할 수 있게 장려한다는 것이다.[32] 이러한 생각은 확실히 소크라테스의 "네 자신을 알라(Erkenne dich selbst)"라는 철학적 화두와 구별된다. 소크라테스는 망각하고 있는 자신의 정체성, 은폐되어 우리에게 알려져 있지 않은 그 자아의 모습을 알기 위해 이 명령을 하였는데, 이 명령에는 은폐되고 망각되어 있지만, 완성되고 통일적인, 영원한 진리의 세계와 함께 하는 불변의 '나'라는 상이 내재해 있다.

그런데 사실 이런 통찰은 이미 서사이론을 자아정체성 형성의 이론과 연결시켰던 철학자들, 예컨대 미국의 맥킨타이어의 이론에서 그 원형이 발견되고 있다. 맥킨타이어 역시 도덕적 행위의 정당성을 순수한 의지의

---

31) D. Thomae(2007:8ff)
32) D. Thomae(2007:15ff)

작용에서 찾는 것이 아니라 특정한 의지가 발동하도록 한 공동체의 서사에서 찾는다. 그의 이러한 도덕이론과 자아이론은 계몽과 그 후계자들의 사유와는 분명하게 대조된다. 특히 그의 주저인 「덕의 상실」이 계몽적 전통에 서 있는 롤스의 「정의론」과 대결하고 있다는 것은 잘 알려진 사실이다.

계몽에서 자아는 모든 경험에 앞서는 실체성이나 선험성을 갖는 순수 이성, 혹은 보편적 이성에 기초해 있다. 이성을 분유 받은 모든 개별 인간은 바로 그런 점에서 자발적 존재로 그려진다. 라이프니츠는 이를 좀 더 구상적인 방식으로 '정신적 실체인 모나드는 다른 모나드들과 교통할 어떤 창문도 필요 없을 만큼 그 자체 완전하다'고 표현한다. 계몽의 이성에는 개인주의적 인간관, 원자론적 세계관을 보여주는 이런 생각이 내재해 있다. 예컨대 칸트의 선험적 자아는 그런 순수이성의 한 전형적 예를 보여준다. 비록 경험론자인 흄의 영향을 받아 모든 지식은 경험에서 온다고 하지만, 그런 경험이 가능하려면 경험과 독립해 있는 이성의 선험적이고 보편적인 형식이 있어야 한다고 한다. 바로 이 선험적 형식은 인간이 (모든 맥락과 상황을 초월하여) 보편성을 추구할 수 있는 가능성을 제시한다.

롤스의 자아 개념은 칸트의 선험적 자아의 20세기적 버전이다. 롤스는 정의의 원칙을 도출하기 위한 특정한 사유실험을 개진하는데, 이 실험을 통해 그는 원초적으로 평등한 상황에서, 즉 자신의 경험적 현실에 대해 알 수 없도록 장막이 쳐진 무지의 베일 뒤에서만 가장 보편적이고 객관적인 정의의 원칙을 산출할 수 있다고 한다.[33] 그의 이러한 실험은 경험적 현실을 넘어설 수 있는 선험적 자아 개념을 상정하고 있다.

매킨타이어는 문화적, 환경적 맥락, 즉 경험적 맥락을 초월하여 보편성을

---

33) 존 롤즈/ 황경식 역(2003:195)

산출할 수 있는 이러한 자아에 대한 대안으로 '서사적 자아'를 제시한다. 그에 의하면 "나는 무엇을 해야 하는가?"라는 도덕적 물음에 답하려면 "나는 어떤 이야기의 일부인가?"에 대해 대답할 수 있어야 한다고 한다.[34] 도덕적 고민은 맥락과 상황을 초월한 의지의 순수하고 절대적인 결단의 행위로 드러내는 것이 아니라 내 삶의 이야기를 해석하는 것, 즉 내가 특정한 공동체의 일부라는 소속과 밀접한 연관이 있다. 이러한 점에서 자아는 이미 자기가 속한 공동체의 이야기의 일부이며, "나를 과거와 분리 하려는 시도는 내가 맺은 현재의 관계를 변형하려는 시도"[35]에 불과하다.

그런데 매킨타이어의 서사적 자아 개념은 개인의 자유와 자율성에 대한 근대의 발견을 너무 과소평가하는 것은 아닌지에 대한 우려가 제기 된다. 이러한 문제를 제기한 철학자들 중에서 리쾨르는 서사와 관련한 가장 중요한 업적을 남겼다. 리쾨르는 매킨타이어의 서사이론이 자신의 생각과 많은 점에서 닮았다는 점을 인정하면서도, 그의 서사이론에는 허구와 실제를 구별할 수 있는 기준이 마련되어 있지 않다고 비판한다. "그는 가장 일상적이라 말하는 이야기에만 관심을 가지며 (…) 문학적 허구와 실제 행위 되고 있는 이야기들 사이의 편차에 결정적인 중요성을 부여하지 않았다."[36]

무엇보다 허구에는 행위자와 행위적 차원, 즉 직접적인 문제 해결의 차원이 결여되어 있다는 것[37], 그리고 문학적 허구에는 시작과 종결의 구조가 있지만, 실제적 삶의 서사에서는 두 끝이 열려 있는 통일성을 갖는 다는 것, 따라서 매킨타이어가 '삶의 이야기적 통일성'이라는 말을 할 때에도 그 이야기는 개방성을 가지기에 폐쇄된 시작과 끝을 가지는

---

34) A. MacIntyre(1981:201)
35) A. MacIntyre(1981:221)
36) Paul Ricoeur/ Kathleen Blamey(1994:188f)
37) Paul Ricoeur/ Kathleen Blamey(1994:188f)

문학적 허구와는 다른 의미라는 것38), 그리고 마지막으로 사람의 이야기들은 기억과 예견의 변증법 속에 뒤얽혀 있다는 것39) 등이 리쾨르의 서사가 매킨타이어와 구별된다고 할 수 있다.

리쾨르의 이러한 생각은 그의 서사이론을 포스트구조주의의 급진적 서사이론과 구별시킨다. 그가 데리다와 논쟁을 벌인 이유는, 그가 맥킨타이어를 비판하듯이, 데리다에게서는 허구와 현실 사이를 가를 기준이 전혀 없다는데 그 한 이유가 있다. 사실 이런 점에서 하버마스가 서사적 전회 일반을 비판한 것은 문제가 있다. 하버마스는 서사적 전회의 주된 이론가를 폴 드만과 데리다로 들고서, 이들의 서사이론은 언어의 창조적 능력을 과대평가함으로써 언어의 문제해결능력을 무시해 버렸다고 비판한다.40) 이들의 논리는 결국 인간의 모든 현상을 언어구성물로 환원함으로써 심지어 논리까지도 수사의 한 종류로 환원하며, 이로써 논리와 수사, 문학과 철학, 허구의 내러티브와 과학적 텍스트 사이에 장르구분이 무의미해졌다는 것이다.41)

하버마스의 비판은 포스트구조주의자들의 서사이론에는 타당할지 모르지만 리쾨르의 서사이론에는 타당하지 않다. 하버마스의 서사비판이 합리주의적 전통을 고수하기 위한 노력에서 나왔듯이, 독일의 일반적 서사 연구의 경향 역시 이러한 합리주의적 전통에 서 있다고 평가할 수 있다. 서사 연구 중 유독 리쾨르의 이론이 독일 철학에서 가장 주목을 받는 이유는 여기에 있지 않을까? 2013년 독일의 가장 대표적인 철학잡지들 중 하나인 「철학지(Allgemeine Zeitschrift fuer Philosophie, AZP)」의 가을호는 리쾨르에 헌정되어 있다. 그의 서사관련 논문과 그의 문제의

---

38) Paul Ricoeur/ Kathleen Blamey(1994:216f)
39) Paul Ricoeur/ Kathleen Blamey(1994:218)
40) J. Habermas(1996:243)
41) J. Habermas(1996:221)

식을 계승한 독일 철학자들의 글들로 채워진 이 잡지는 독일 철학계에서 그의 서사이론의 위치를 가늠할 수 있게 한다. 그의 작품들은 그동안 서양에서 철학적으로 중요하게 다뤄진 문제들, 예컨대 사회문제, 도덕-윤리문제, 자아정체성의 문제 등을 서사의 관점에서 재구성해 주고 있다는 점에서 많은 주목을 받아 왔다. 서사적 전회 이후 철학적 문제들을 서사적 관점에서 어떻게 다룰 수 있는지를 모범적으로 보여준다. 예를 들어 그의 대표적인 후기 작품인 「타자로서의 자기 자신」은 자기동일성, 혹은 자기정체성의 문제를 서사의 입장에서 다시 설명해 준다. 포스트구조주의가 지적 주도권을 장악하고 있던 프랑스에서 현상학적-해석학적 서사이론을 전개한 리쾨르는 서사적 전회를 수용하면서도 합리성을 놓치고자 하지 않는, 혹은 합리적 전통에서 서사의 문제를 다루고자 하는 독일의 지적 풍토에 가장 잘 맞았는지도 모른다.

참고문헌

딜타이, W./ 이한우 역(2002), 「체험, 표현, 이해」, 책세상.
롤즈, J./ 황경식 역(2003), 「정의론」, 이학사.
애벗, H. P./ 우찬제 외 역(2008), 「서사학강의」, 문학과지성사.
임철규(2004), 「눈의 역사 눈의 미학」, 한길사.
폴킹호른, D. E./ 강현석 외 역(2009), 「내러티브, 인문과학을 만나다」, 학지사.
하버마스, J./ 이진우 역(2000), 「탈형이상학적 사유」, 문예출판사.

Barthes, R.(1977), *Image, Music, Text*, New York: Hill and Wang.
Brunner, J.(1986), *Actual Minds, Possible Worlds*, Cambridge, Mass.: Harvard University Press.
Brunner, J.(1986), "The Narrative of Construction of Reality", in *Critical Inquiry* 18.

Chatman, S.(1978), *Story and Discourse*, New York: Cornell University.

Chomsky, N.(1996), *Cartesian Linguistics*, New York: Harper & Row.

de Man, P.(1984), *The Rhetoric of Romanticism*, New York: Columbia Univ. Press.

Dilthey, W.(1894) / Richard M. Zaner and Kenneth L. Heiges trans.(1977), "Ideas Concerning a Descriptive and Analytic Psychology", in Dilthey's *Descriptive Psychology and Historical Understanding*, The Hague: Martinus Nijhoff.

Habermas, J.(1996), *Der Philosophische Diskurs der Moderne*, Frankfurt/M., Havard University Press.

Horkheimer, M., Adorno, Th. W.(1981), *Dialektik der Aufklaerung*, in *Gesammelte Schriften* 3, Frankfurt/M..

Hyman, D. A.(1998), "Lies, Damned Lies, and Narrative", in *Indiana Law Journal* 73-3.

Kant, I.(1784/1969), *Beantwortung der Frage: 'Was ist Aufklärung?'*, in ders, Hamburg: *Ausgewählte kleine Schriften*.

Lyotard, J. F./Bennington, G. and Massumi, B. trans.(1984), *The Postmodern Condition*, Minesota: University of Minesota Press.

MacIntyre, A.(1981), *After Virtue*, Notre Dame, Ind.: University of Notre Dame Press.

Ricoeur, P./ Blamey, K. trans.(1994), *Oneself as Another*, Chicago and London: The University of Chicago Press.

Taylor, Ch.(1975), Hegel, Cambridge & London: Cambridge Univ. Press.

Thomae, D.(2007), *Erzaehle Dich Selbst: Lebensgeschichte als philosophisches Problem*, Frankfurt/M..

White, H.(1987), *The Content of the Form*, Baltimore: Johns Hopkins Univ. Press.

* 이 글은 아래의 논문을 이 책의 기획과 형식에 따라 수정, 가필한 것임을 밝힌다.
정대성(2014), "'서사'의 철학적 의미와 독일철학에서의 연구경향" 「가톨릭철학」(한국가톨릭철학회) 22.

이론과 실천의 거점, 중심으로서 내러티브 연구
── 언어론적 전회, 내러티브로의 전회와 일본의 인문사회과학

구인모

1. 들어가는 말

　가쿠토샤(學燈社)가 간행했던 일본문학 유수의 학술지 「국문학 해석과 교재(國文學 解釋と敎材)」의 자매지 격인 '별책 국문학(別册國文學)' 시리즈 중 「근대문학·현대문학 논문·리포트 작성 필휴(近代文學·現代文學論文·レポート作成必携)」(1998. 7)의 기획 주제 가운데에는 "근대문학·현대문학 연구를 어떻게 해 나아갈 것인가(近代文學·現代文學硏究をどう進めるか)", "새로운 이론을 어떻게 유효하게 받아들일 것인가(新しい理論をどう有效に取り込むか)"였다. 이 주제의 기사들이 공통적으로 거론하는 문제는, 구조주의·기호학 이후 철학·사상연구의 의제들에 기반한 일본근현대문학연구의 새로운 방법론의 모색이었다. 그리고 이를테면 구조주의·기호학 이후 작가론·작품론에서 소외된 독자, 역사적 콘텍스트(담론·제도 등)를 문화연구를 통해 복권해야 한다는 것(東鄕克美, 1998:6-13), 아울러 텍스트분석의 이론과 서사학(narratology)의 방법론

을 확장해 가면서 이를테면 언문일치 문체와 국민국가 내에서 정치적 역할 규명, 독자와 문학 작품 수용의 역사성 규명으로 나아가야 한다는 것을 제안한다(中山昭彦, 1998:70-75).

이 기획 기사의 필자들은 분명히 언표하지 않았지만, 저마다 이른바 언어론적 전회(linguistic turn) 이후 일본근대문학연구가 어떻게 호응할 것인가를 염두에 두고 있었음은 두말할 나위도 없다. 오늘날의 시점에서 보자면, 아니 당시의 관점에서 보더라도 이 제안이 참신하다고는 보기 어려울 수도 있다. 그도 그럴 것이 '언어론적 전회'는 몇 년 전 이와나미 (岩波)서점의 '이와나미강좌 현대사상(岩波講座 現代思想)' 시리즈가 한 권을 할애할 만큼, 일본의 인문사회과학에서는 익숙한 것이었기 때문이다(新田義弘 외:1993).1) 또한 그 무렵 이미 가라타니 코진(柄谷行人)의 「일본근대문학의 기원(日本近代文學の起源)」(講談社, 1980)이나 스가 히데미(絓秀實)의 「일본근대문학의 '탄생'(日本近代文學の<誕生>)」(太田出版, 1995), 마에다 아이(前田愛)의 「근대독자의 성립(近代讀者の成立)」(岩波書店, 1993)이나 고노 겐스케(紅野謙介)의 「책의 근대—미디어의 문학사(書物の近代—メディアの文學史)」(筑摩書房, 1992) 등의 괄목할 만한 성과들이 발표되고 있었기 때문이다.2)

그럼에도 불구하고 이 제안이 전공자·연구자를 비롯하여 중등교육과정의 교육자에 이르기까지 폭 넓은 독자를 대상으로 한 학술지에서 이루어졌다는 점을 염두에 두고 보면 사정은 예사롭지 않다. 특히 텍스트분석의 이론과 서사학 방법론의 확장과 관련한 제언의 경우, 텍스트의 해석학적 연구와 국민문학으로서 일본문학의 근대(성), 내셔널리즘에 대한 반성

---

1) 주지하는 바와 같이 이와나미 서점의 이른바 '강좌' 시리즈는, 이 서점이 발행하는 학술지 「思想」·「文學」 등에 발표되어 정평을 얻은 논문을 중심으로 기획·구성된다.
2) 이 가운데 가라타니 코진과 마에다 아이의 저작은 한국에서도 번역되어 한국근대문학연구자들에게 적지 않은 반향을 일으켰다. 가라타니 코진/ 박유하(1980/1997), 「일본근대문학의 기원」, 민음사; 마에다 아이/ 유은경 외(1993/2003), 「일본 근대 독자의 성립」, 이룸.

적 사유를 자명한 과제로 전제한다는 점에서 그러하다. 가히 '내러티브로의 전환'이라고 명명할 이 징후는 2003년부터 이와나미 서점에서 간행한 '이와나미 강좌(岩波講座)'의 '문학' 시리즈에 이르러서는 바야흐로 일본 문학연구에서 일반적인 경향으로 자리 잡은 것으로 보인다.[3]

이러한 징후, 경향은 비단 문학만이 아니라, 비슷한 시기 역사학과 사상연구 분야에서도 마찬가지였다. 이를테면 1994년 이와나미 서점의 「사상(思想)」지만 보더라도, 1994년 4월 특집 "역사학과 포스트모던(歷史學とポストモダン)"을 계기로 역사 서술에서 언어론적 전회가 본격적으로 거론된 이후[4], 약 10년 사이 이 잡지의 특집 형식으로 언어론적 전회 이후 역사학의 문제가 특집으로 편집된 것은 두 차례("物語り論の拡張に向けて"[제954호, 2003. 10], "ヘイドン・ホワイト的問題と歷史學"[제1036호, 2010. 8])나 된다. 그 사이 문헌학(philology)과 실증주의에 기반한 문화적·정치적 구축물로서 '일본사'의 실제부터 기술 방법론도 재검토의 대상이 되었던 것은 물론이거니와, 이후 그러한 맥락에서 축적된 연구 성과들은 역시 2008년부터 간행한 '이와나미 강좌'의 '철학' 시리즈 중 제11권 「역사/이야기의 철학(歷史/物語の哲學)」(野家啓一 외, 2009)로 간행되기도 했다.

그 가운데 언어론적 전회 이후 역사학·사상연구는 1990년대 후반

---

3) 이 시리즈는 제1권 「텍스트란 무엇인가(テクストとは何か)」(兵藤裕己 외, 2003)를 비롯하여, 제13권 「네이션을 넘어서(ネイションを超えて)」(小森陽一 외, 2003)과 별권 「문학이론(文學理論)」(沼野充義 외:2004)까지 총 14권이 간행되었다. 이 가운데 특히 아동문학·SF·추리소설 등을 '서사'의 차원에서 문학연구의 대상으로 복권시킨 제6권 「허구의 즐거움(虛構の愉しみ)」(富山太佳夫 외, 2003), '재현'과 '역사인식'의 차원에서 문학(역사소설)과 역사의 경계를 해체하는 제9권 「픽션인가 역사인가(フィクションか歷史か)」(兵藤裕己 외, 2004)는, 문학연구의 '내러티브로의 전회'를 반영한 성과들이다.
4) 이 특집에 수록된 주요 논문들은 다음과 같다. Joyce Patrick/ 大久保桂子 譯(1994. 4), "二元論を超えて"; Spiegel Gabrielle M./ 椎名美智 譯(1994. 4), "歷史の實踐の倫理性"; Iggers Georg G./ 早島瑛 譯(1994. 4), "歷史思想·歷史叙述における言語論的転回", 「思想」 第838號, 東京: 岩波書店.

'새로운 역사 교과서를 만드는 모임(新しい歷史をつくる會, 발족 1997. 1)'의 역사수정주의(historical revisionism)의 부상을 둘러싸고 벌어진, 이른바 '역사인식논쟁' 과정을 거치며, 역사 서술의 이야기성에 관한 매우 다양한 논의들을 산출해 냈다. 또한 포스트 콜로니얼리즘이나 하위 주체(subaltern) 연구의 문제의식까지 더해 역사 서술이 실체화 해 온 '제국'·'국민'·'국가' 담론을 해체하는 방향으로 나아갔다. 아울러 역사 서술의 언어행위적 구조와 정치성·윤리성에 대한 비판적 사유를 촉구하는 한편, 역사 서술 가운데 은폐되고 침묵을 강요당한 것까지도 서술하는 것이 곧 역사(가)의 사명임을 천명하기도 했다.

언어론적 전회로 촉발된 1990년대 이후 역사학·사상연구의 흐름 또한 앞서 문학의 경우와 마찬가지로 '내러티브로의 전환'이라고 명명할 수 있겠다. 후술하겠지만 문학과 역사학, 사상연구를 중심으로 한 언어론적 전회 혹은 내러티브로의 전환은, 특히 역사인식논쟁을 거치며 한편으로는 지식사회학적 실천의 양상으로, 다른 한편으로는 내러티브 연구를 중심으로 문학, 역사학, 사상연구만이 아니라 사회과학, 임상심리학 등이 회통(回通)하는 학제간 연구를 촉발했다는 점에서 중요하다. 그것은 일본에서 언어론적 전회 이후 내러티브 연구가 서구의 첨단 이론과 담론의 수용의 사례일 뿐만 아니라, 이른바 역사수정주의와의 대결 속에서 인문사회과학의 중요한 의제임을 확인시켰을 뿐만 아니라, 그 방법론과 지향점까지 제시했기 때문이다.

바로 이러한 사정을 염두에 두고 이 글은 1990년대 후반 이후, 엄밀히 말해서 2000년대 이후 일본 인문사회과학의 동향을 조망하고자 한다. 지난 십 수 년 간 이루어진 일본의 인문사회과학의 지적 성취들을 매거하기란, 필자의 역량으로서나 한정된 지면으로는 무망한 일이다. 따라서 이 글에서는 특히 내러티브로의 전환의 중요한 계기가 된 역사인식논쟁

이후 내러티브로의 전환과 관련하여 중요한 성과를 남긴 연구자와 저작들을 일별하고자 한다. 서둘러 말하자면 이러한 조망의 방법은 역사 인식과 역사 서술을 둘러싼 논란이 진행 중인 한국의 사정을 염두에 두고 볼 때, 매우 적실하고도 의미 있으리라는 것이 필자의 판단이다. 이에 이 글은 구조주의·기호학 이후 서사학의 세례를 가장 먼저, 또한 직접적으로 받았던 일본근대문학연구로부터 역사학·사상연구를 거쳐, 사회과학과 언어학이 중심이 된 학제간 연구의 사례들을 소개할 것이다.

2. 텍스트의 해체적 독해, 이론의 사회적 실천

구조주의와 기호론 이후 서사학으로 촉발된 일본문학연구, 특히 일본 근대문학연구의 패러다임 변화의 핵심 가운데 하나는 "작품에서 텍스트로, 저자에서 독자로의 이행", "거대서사로서 일본, 근대, 문학의 해체"로 요약할 수 있다. 그 원천으로는 첫째, 그레마스(A. J. Greimas)의 「구조의 미론(構造意味論)」(紀伊國屋書店, 1988)의 이야기 서술 방식, 서술 행위 분석, 둘째, 클로드 브레몽(Claude Bremond)의 「서사의 메시지(物語のメッセージ)」(審美社, 1975)의 서사 기능 분석, 셋째, 제라르 주네트(Gérard Genette)의 「서사의 담화 구조—방법론의 시도(物語のディスクール構造—方法論の試み)」(水聲社, 1985)의 텍스트 문학성 분석, 넷째, 롤랑 바르트(Roland Barthes)의 「서사의 구조분석(物語の構造分析)」(みすず書房, 1979)의 '저자의 죽음' 선언과 텍스트론 정도를 꼽을 수 있을 것이다. 그러한 사정은 이를테면 마에다 아이(前田愛)의 「문학텍스트입문(文學テクスト論入門)」(筑摩書房, 1993)을 통해서도 엿볼 수 있다.

이 가운데 롤랑 바르트의 저작들은 미스즈쇼보(みすず書房)의 '롤랑 바르트 저작집(ロラン・バルト著作集)' 시리즈와5) 치쿠마쇼보(筑摩書

房)의 '롤랑 바르트 강의집성(ロラン·バルト講義集成)' 시리즈로[6] 2000 년대 초반까지도 지속적으로 이루어졌다. 또한 제라르 주네트(Gérard Genette)의 저작들도 스이세이샤(水聲社)의 '총서 기호학적 실천(叢書記 號學的實踐)' 시리즈로 최근까지 지속적으로 소개되었다.[7] 그 가운데 일본근대문학연구에서는 제라르 주네트의 분석의 경우 내적·자족적 형 식의 소설에 대한 작품론일 뿐이라는 회의도 일어났거니와, 특히 가메이 히데오(亀井秀雄)의 「감성의 변혁(感性の變革)」(講談社, 1983)이나, 노 구치 다케히코(野口武彦)의 「삼인칭의 발견까지(三人稱の發見まで)」 (筑摩書房, 1994)는 프랑스를 중심으로 한 서사학의 성과와 일본근대문 학의 특수한 역사성을 재고하도록 이끌었다.

이러한 서사학 관련 주요 저작들이 시리즈로 간행된 1980, 90년대 일본에서 코단샤(講談社)의 '현대사상의 모험자들(現代思想の冒險者た ち)' 시리즈 또한 간행되고 있었던 데에서 알 수 있듯이[8], 불과 한 세대 남짓한 세월 동안 구조주의와 기호론은 물론 포스트 구조주의, 포스트 모더니즘의 중요한 사상의 원천들 또한 단순한 소개의 차원을 넘어서

---

5) 미스즈쇼보의 '롤랑 바르트 저작집'은 제1권 「문학의 유토피아(文學のユートピア― 1942-1954)」(渡辺 諒 역, 2004)를 필두로 제10권 「새로운 삶의 방향으로(新たな生のほ うへ―1978-1980)」(石川美子 역, 2003)까지 총 10권으로 간행되었다.

6) 치쿠마쇼보의 '롤랑 바르트 강의집성'은 제1권 「어떻게 함께 사는가(いかにしてともに 生きるか―コレージュ·ド·フランス講義 1976-1977年度)」(野崎 歓 역, 2006)를 필 두로 제3권 「소설의 준비(小説の準備―コレージュ·ド·フランス講義 1978-1980年 度)」(石井洋二郎 역, 2006)까지 총 3권으로 간행되었다.

7) 스이세이샤(水聲社)는 제라르 주네트의 저작 중 「예술의 작품(藝術の作品)」 제1권(원 제: L'Œuvre de l'art, 1: Immanence et transcendence, 1994)을 스물여덟 번째 총서로 2012년에 간행하기도 했다.

8) 코단샤의 '현대사상의 모험자들' 시리즈는 총론격인 「현대사상의 원류」(今村仁司 외, 1996)를 필두로 제1권인 「짐멜(ジンメル―生の形式)」(北川東子 역, 1997)에서 「크리 스테바(クリステヴァ―ポリロゴス)」(1999)까지 총 34명의 인물들의 생애, 사상과 시 대적 배경은 물론 주요 저작과 일본의 수용 사정까지 정리한 방대한 총서이다. 이 총서 는 규모도 그러하거니와 현대사상의 조류가 일본에서 수용되고 평가되는 양상과 수준 을 여실히 드러낸다는 점에서도 주목할 만하다.

평가되는 단계에 있었던 사정은 중요하다. 후술하겠지만 일본근대문학에서 서사학 수용이 이루어지는 바로 그 시기, 일본의 인문사회과학 전반을 휩쓴 이른바 '역사인식논쟁'과 그 가운데 부상한 포스트 콜로니얼리즘 또한 언어적 전회, 내러티브로의 전회의 일본적 양상을 주조하는 데에 중요한 원천들로 작용했던 사정을 드러내기 때문이다.

즉 그처럼 다양한 현대사상의 원천들 속에서 복잡하게 전개된 일본근대문학연구의 이행 방향이 결국 국민국가 '일본'과 '근대', 이른바 근대적 자아의 자기 성장의 행정으로서 문학을 축으로 하는 일본근대문학사라는 거대서사의 해체 과정이었음을 여실히 드러내는 것이다. 그 가운데 가메이 히데오가 지적했던 서사학의 분석의 자족성을 극복하는 방법으로서 등장한 것 가운데 하나는, 바로 한스 로베르트 야우스(Hans Robert Jauß)의 독자와 텍스트 수용의 역사성 담론까지 흡수한, 고노 겐스케의 「책의 근대」(1992)와 마에다 아이의 「근대독자의 성립」(1993) 등의 독자·독서사 연구라고 하겠다. 그리고 나머지 하나는 고모리 요이치(小森陽一) 등이 「미디어·표상·이데올로기(メディア·表象·イデオロギー——明治三十年代の文化研究」(小澤書店, 1997)에서 제안한, 19세기 이후 근대기 일본 문화, 문학, 역사, 사회를 횡단하는 역사적 콘텍스트를 재독하는 이른바 문화연구의 방법론이었다.

특히 고모리 요이치의 일련의 저작들은 구조주의 이후 '포스트'를 접두사로 하는 현대사상들과 연맥한 일본근대문학연구, 특히 내러티브 연구가 문학의 차원을 넘어 인문사회과학과 제휴하는 동력이 되었던 사정을 여실히 드러낸다. 「문체로서 서사(文體としての物語)」(1988ㄱ)와 「구조로서 서사(構造としての語り)」(1988ㄴ)를 비롯하여 「소세키를 다시 읽는다(漱石を讀みなおす)」(1995)와 「사건으로서 읽기(出來事としての讀むこと)」(1996)에 이르는 일련의 저작들은, 롤랑 바르트와 제라

르 주네트 등의 서사학, 자크 데리다(Jacques Derrida)와 에드워드 사이드 (Edward Said)의 해체·탈구축의 비평담론에 근간하여, 거대서사로서 일본근대문학을 해체하는 시도의 연속이다.

이 가운데 최근 증보판(靑弓社, 2012)도 간행된「문체로서 서사」는 고모리 요이치 서사론의 출발점이다. 그는 근대적 언문일치 문체의 시발점으로 알려진 후타바테 시메이의「뜬 구름(浮雲)」을 대상으로 삼아, 근대적 서사의 등장이 근대적 문체의 생성을 통해 이루어진다는 것, 작가가 아닌 서술자의 언어가 등장인물의 의식을 결정한다는 것, 등장인물과 일치하는 서술자의 언어로 서사가 구성됨으로써 전래 서사 장르와 구별되는 근대성을 선취했다는 것을 묘파했다(小森陽一:1988ㄱ). 한편「구조로서 서사」에서는 근대 소설(novel)과 그 전사로서만 평가했던 메이지(明治)기 '정치소설'이, 작가의 사상이나 역사적 환경과 텍스트의 관계라 아닌 서사의 콘텍스트와 이데올로기성의 측면에서는 동등한 위상을 지닌 텍스트라는 것, 그리고 소설의 문학성은 서술자 표현의 개별성·다면성, 서술의 상황, 서술자의 시공간적 위치, 서술의 의미 작용과 독자의 수용 프로세스에 의해 결정한다는 것을 역설했다(小森陽一:1988ㄴ).

고모리 요이치의 서사론, 특히 근대 소설에 대한 해체적 독법은, 그 대상이 주로 메이지 혹은 근대 초기의 소설들이라는 데에서 알 수 있듯이, 근본적으로 근대기 일본 문학을 둘러싼 제도들과 근대성 이념의 비판을 향한 것임은 두말할 나위도 없다. 그 연장선에서 고모리 요이치는「소세키를 다시 읽는다」를 비롯한 일련의 나쓰메 소세키론들 발표했거니와[9], 그는 나쓰메 소세키 소설과 산문을 가로지르는 냉소적인 서술자의 시선과 문체로부터, 메이지기 일본의 문명 이념의 공허함과 국민국가 이데올로기의 폭력을 읽어내는 데로 나아갔다. 특히「사건으로서 읽기」에서는

---

9) 이 책의 한국어 번역본은 다음과 같다. 한일문학연구회(2006),「나는 소세키로소이다」, 이매진.

나쓰메 소세키의 「갱부(坑夫)」를 통해 소설 속 등장인물들의 관계를 서로 다른 언어간의 투쟁으로 본다. 그리고 소설이 재현하는 인간형은 분열된 타자와의 조우라는 것, 소설이라는 서사 장르가 동시대 담론, 저널리즘을 통해 구성된다는 것을 드러내는 한편, 문학연구는 그것을 읽어내는 독자의 능동적 실천이라는 측면을 강조한다(小森陽一: 1996).

　이러한 문학적 글쓰기와 비문학적 글쓰기 사이의 상호텍스트성에 대한 고모리 요이치의 해체적 독법은 한편으로는 서사학 이론으로부터, 다른 한편으로는 문학어로서 일본어의 근대성을 미심쩍게 보는 그 나름의 언어·글쓰기 인식으로부터 추동되었다는 것은 두말할 나위도 없다. 이를테면 「일본어의 근대(日本語の近代)」(2000)를 통해 고모리 요이치가 고안된 국민언어로서 일본어를 둘러싼 환상과 허구를 묘파했던 것은 그 근거이다.[10] 즉 고모리 요이치에게 언어론과 서사론은 문학 텍스트를 구조적으로 분석하는 차원을 넘어서 그것을 구성하는 정치, 역사, 문화적 콘텍스트의 다면적 얽힘과 그 의미를 분석하는 동력이라고 하겠다. 그리고 고모리 요이치의 언어론과 서사론은, 문학연구가 현실을 재구성하는 인식론적 방법으로서 내러티브와, 공동체의 서로 다른 이념·가치·욕망을 교환하고 제어하는 제로도로서 언어의 다면성과 동력을 분석하고 규명하는 복합적인 지식의 모델일 수 있음을 드러낸다.

　그래서 고모리 요이치의 연구가 살아있는 언어, 텍스트의 현장으로 확산되는 사정 또한 주목할 만하다. 이미 고모리 요이치의 일련의 저작들이 한결같게 언어와 문학을 정치, 사상, 역사와 연동시키며, 근대 일본의 문화적, 사회적 자기동일성에 균열을 가하고자 하는 일련의 도전으로 일관되어 있던 데에서 알 수 있듯이, 나쓰메 소세키를 위시한 메이지기 소설과 언문일치에 대한 그의 해체적 독해는, 역사수정주의(小森陽一·

---

10)　이 책의 한국어 번역본은 다음과 같다. 고모리 요이치(2000)/ 정선태(2003), 「일본어의 근대」, 소명출판.

高橋哲哉 편: 1998)와 근대 일본의 식민지적 무의식(小森陽一: 2001)에 대한 비판으로 나아갔다. 특히 「천황의 옥음방송(玉音放送)」(小森陽一: 2003)에서 고모리 요이치는 쇼와(昭和) 천황의 종전 조서 방송 자료를 비롯한 일련의 조칙 텍스트의 분석과 동시대적 맥락을 재구성을 통해, 일본의 전후 역사·문화는 물론 천황의 전쟁 책임을 되묻는다.[11]

이 「천황의 옥음방송」에 이르면 고모리 요이치가 서사론에 기반한 문학연구, 텍스트 독해의 전략이 정치·사회적 발화와 실천으로 나아가고 있는 형국을 발견하게 된다. 그것은 고모리 요이치가 일본을 대표하는 진보적 지식인들과 더불어 2004년부터 일본국헌법 제9조를 수호하고자 결성한 '9조의 모임(九條の會)'의 사무국장으로 활동하고 있는 것, 그 모임에서의 강연문들을 수습한 「언어의 힘, 평화의 힘(ことばの力 平和の力―近代日本文學と日本國憲法)」(かもがわ出版, 2006)을 발표하는 것으로 나아간다.

특히 이 책은 고모리 요이치의 전문 분야인 나쓰메 소세키를 비롯한 네 명의 작가(히구치 이치요·나쓰메 소세키·미야자와 겐지·오에 겐자부로)의 작품을 통해, 근대 이후 일본에서 개인의 살아 있는 언어와 그것을 제어하고 규율하는 국가의 언어, 개인의 윤리와 국가의 도덕 사이의 오랜 대립을 극복하는 방법이자 정신이 바로 일본국헌법 제9조를 지켜내는 것임을 역설한다. 물론 고모리 요이치의 저작과 실천은 근대 이후 일본의 특별한 정치·사회·역사적 상황에서 비롯한 것이기는 하다. 하지만 고모리 요이치의 연구는 내러티브와 소통의 다면성을 규명하는 복합적 지식이, 현실의 문제를 진단하고 현실을 반성적으로 사유하게 하는 실천적인 지식일 수 있음을 시사한다는 점에서 주목에 값한다.

---

11) 이 책은 한국어 번역본은 다음과 같다. 고모리 요이치(2003)/ 송태욱(2004), 「1945년 8월 15일 천황 히로히토는 이렇게 말하였다」, 뿌리와이파리.

3. 역사, 역사의 이야기성을 둘러싼 대결

근대 이후 역사학이 거칠게 말해서 문헌자료의 객관적 해석, 역사적 사건의 충실한 재현을 중시하는 문헌학적 실증주의, 계급투쟁의 도정에 따른 역사발전의 필연적 법칙을 중시하는 마르크스주의, 이 두 축을 주류로 형성되었다는 것은 주지하는 바이다. 어쨌든 역사의 객관성, 과학성을 표방하는 이 두 방법론이, 포스트모더니즘, 특히 리오타르(J. F. Lyotard)의 명저 「포스트 모던의 조건(ポスト・モダンの條件──知·社會· 言語ゲーム)」(書肆風の薔薇, 1986) 이후로 하여 의심받기 시작했던 사정 또한 알려진 바와 같다. 그리고 이러한 분위기는 리오타르의 책이 번역을 전후로 한 일본 또한 예외가 아니었다. 이성과 자유의 해방을 중심으로 하는 계몽주의이든, 착취당하고 소외당한 노동의 해방을 중심으로 하는 마르크스주의이든 '거대 서사'에 불과하며, 그 서사는 포스트모던한 현대에서 종말을 고하고 말았다는 리오타르의 도발적인 선언이, 근대 이후 일본의 역사학에도 균열을 가했던 것은 두말할 나위도 없다.

물론 근대기 이후 일본 역사학을 지탱해 온 실증주의와 마르크스주의의 균열은 이를테면 구조주의 이후 미셸 푸코(Michel Foucault)의 계보학의 소개 이후, 특히 「성의 역사」 삼부작(「性の歷史Ⅰ──知への意志」·「性の歷史Ⅱ──快樂の活用」·「性の歷史Ⅲ──自己への配」)이 간행(新潮社, 1986) 이후 현저해지고 있었다.[12] 아울러 앞서 거론한 롤랑 바르트의 소개 이후 사실과 허구 사이의 구별은 없고, 상상으로부터 생겨난 것과 현실에 존재하는 것 사이에 차이도 없다는 롤랑 바르트의 텍스트론

---

12) 물론 미셸 푸코의 주요 저작들은 이보다 훨씬 일찍 간행된 「임상의학의 탄생(臨床醫學の誕生)」(みすず書房, 1969) 이후 1970년대 주로 간행되었으며, 그의 콜레쥬 드 프랑스의 강의록은 「미셸 푸코 강의집성(ミシェル・フーコー講義集成)」(筑摩書房, 2002-2012) 시리즈로 최근까지 지속적으로 간행되었다.

또한 그러한 균열을 심화시켰던 것이 사실이다. 한편 폴 리쾨르(Paul Ricoeur)의 「시간과 이야기(時間と物語)」(新曜社, 1987-1990)의 간행 이후, 인간의 시간이 이야기처럼 구조화되고, 내러티브를 통한 이해는 인간의 근본적이고도 보편적인 '선(先)이해'의 능력이며, 그러한 주체로서 인간은 '타자의 언어'와 그 적층인 '역사적 과정'의 이해를 통해 존재할 수 있다는 주장은, 일본의 역사학·사상연구에서 역사 서술의 구성적 측면은 물론 개인과 공동체의 내러티브적 자기동일성에 대한 인식을 심화시키는 계기가 되었다.

하지만 무엇보다도 미첼(W. J. T. Mitchell)의 「이야기에 대하여(物語について)」(平凡社, 1987)의 번역, 특히 이 책의 한 장인 화이트(Hayden White)의 "역사의 이야기성의 가치(歷史における物語性の價値)", 아서 단토(Arthur C. Danto)가 「이야기로서 역사(物語としての歷史—歷史の分析哲學)」(國文社, 1989) 등은 일본의 학계에서도 역사기술의 이론과 방법 자체를 문제 삼는, 이른바 역사의 메타 이론에 대한 관심을 촉발하는 계기가 되었다.13) 이를테면 헤이든 화이트가 역사 서술을 플롯(plot), 이데올로기적 개입을 문제 삼았던 것이나, 아서 단토가 역사의 담론은 사후성에 근간하여 사건을 조직화하는 이야기 문장에 의해 성립되며, 설사 사건을 있는 그대로 서술할 수 있더라도 그것은 결코 역사가 될 수 없음을 설득력 있게 설파했던 것은 바로 그 계기와 관련되어 있다.

한편 포스트구조주의 저작들이 일본에 본격적으로 소개된 1980년대에 번역된 베네딕트 앤더슨(Benedict Anderson)의 「상상의 공동체(想像の共同體: ナショナリズムの起源と流行)」(リブロポート, 1987)는14), 국

---

13) 하지만 일본에서 헤이든 화이트의 저작은 「이야기와 역사(物語と歷史)」(リキエスタの會, 2002)라는 제목으로 미첼의 저작보다 뒤늦게 간행되었다.

14) 베네딕트 앤더슨의 「상상의 공동체」는 원저(Verso, 1983)의 개정(제2판 1991, 개정판 2006)에 따라 일본에서도 두 차례(「增補 想像の共同體—ナショナリズムの起源と流行」, NTT出版, 1997; 「定本 想像の共同體—ナショナリズムの起源と流行」, 書

민국가(nation)와 국민국가주의(nationalism)는 물론 문헌학적 실증주의와 결합한 국민국가 이데올로기의 탈신성화를 가능하게 했거니와, 이후 에릭 홉스봄 등의 「창조된 전통(創られた傳統)」(紀伊國屋書店, 1992)의 번역에 이르러서는 그것을 일종의 상식의 차원으로 자리 잡게 했다. 또한 에드워드 사이드(Edward Said)의 「오리엔탈리즘(オリエンタリズ ム)(平凡社, 1986)도 그 무렵 일본에 소개되어, 제국 일본의 오리엔탈리즘의 형성 과정을 반성적으로 사유하게 하는 한편, 국민국가 이데올로기의 탈신성화를 가속화했다.

그러나 언어론적 전회 이후 현저해 진 이른바 역사를 둘러싼 인식, 담론과 관련하여 우선 주목할 만한 일본의 성과는, 역시 노에 게이이치(野家啓一)의 「이야기의 철학(物語の哲學)」(岩波書店, 1996)이라고 하겠다. 노에 게이이치의 「이야기의 철학」은 해석학, 과학사의 성과, 특히 언어론적 전회 이후 서사학에 근간하여 '거대서사'의 종말 이후 역사의 가능성을 탐색한 저작이다. 노에 게이치는 이 책을 통해 역사적 사실은 이야기 행위에 의해 서술됨으로써 비로소 역사적 사실로 확립된다는 것, 이야기 행위는 회상된 사건들을 시계열에 따라 배열하고 그 사건들을 일정한 서사의 콘텍스트 속에 재배열함으로써 역사적 사실을 구성한다는 것, 그리고 이야기 행위 이외 객관적 사실이나 역사적 필연성은 존재할 수 없다고 논파했다.[15]

특히 노에 게이이치가 역사에 대해 서술한다는 것을 두고 '서술행위'라는 관점에서 역사 서술과 공동성의 관계에 대해 거론했던 것을 주목할 필요가 있다. 노에 게이이치는 이 책에서 6가지 역사철학 테제를 제시하

籍工房早山, 2007)나 더 간행되었다.
15) 후술하겠지만 이 책은 초판을 간행한 이와나미 서점에서 2005년 문고판으로 다시 간행되었고, 그 문고판은 한국에서도 번역되었다. 노에 게이이치(2005)/ 김영주 역 (2009), 「이야기의 철학」, 한국출판마케팅연구소.

는데16), 그 중에서 제3테제가 이른바 '역사의 서사론(物語論)'이다. 즉 역사서술은 기억을 공동화, 구조화하는 언어적 제작(poesis)의 소산이라는 것이다. 이러한 입장에서 보자면 역사는 전지적이고 초월적인 역사가의 시점에서 기술된 '이상적 연대기'가 아니다. 그 대신 노에 게이이치는 역사를 이름 없는 개인들이 오랜 역사 속에서 면면히 서술해 온 무수한 이야기로 이루어진, 이른바 '기술(記述)의 네트워크'라고 정의한다 (1996: 12). 그리고 그러한 개인들의 무수한 기억과 경험이 네트워크를 이루어내기 위해서는, 반드시 서술행위를 통해 언표되어 공적인 장에서 유통되고, 공동체의 기억과 경험 속에 침전되어야 한다고 한다.

노에 게이이치의 이러한 주장은 이른바 '국민'의 정체성으로서 '국사'를 하나의 이야기로, '과학'으로서 역사 서술을 문학적 행위의 차원으로 상대화한다는 점에서, 역사학계는 물론 지식인 사회 전반에 걸쳐 논란을 일으켰다. 그것은 노에 게이이치의 주장 그 자체보다도, 그의 저작이 간행된 시기가 공교롭게도 고노 요헤이(河野洋平) 관방장관 담화 (1993), 무라야마 사토시(村山富市) 내각총리대신 담화(1995) 이후, 자민당의 '역사검토위원회'(1993. 8 결성)의 대동아전쟁 해석의 사원칙 발표(1995)17), '새로운 역사 교과서를 만드는 모임'의 발족(1997. 1), 사카모토 다카오(阪元多加雄,)의「역사교육을 생각한다(歴史教育を考

---

16) 그것은 다음과 같다. 첫째 "과거의 사건이나 사실은 객관적 실재가 아니라 '상기(想起)'를 통해 해석학적으로 재구성된 것이다", 둘째 "역사적 사건(geschichte)과 역사 서술(historie)은 불가분의 관계이며, 전자는 후자의 문맥을 떠나서 존재할 수 없다", 셋째 "역사 서술은 기억의 '공동화'와 '구조화'를 실현하는 언어적 제작(poesis)이다", 넷째 "과거는 미완결이며, 어떠한 역사 서술도 개정을 피할 수 없다", 다섯째 "시간은 흐르지 않고 단지 축적될 뿐이다", 여섯째 "서술할 수 없는 것에 대해서는 침묵해야 한다"

17) 그것은 첫째, 대동아전쟁은 침략전쟁이 아닌 자존·자위의 전쟁이자 아시아해방전쟁이라는 것, 둘째, 남경대학살이나 위안부는 날조되었다는 것, 셋째, 새로운 교과서를 둘러싼 투쟁이 필요하다는 것, 넷째, 역사학자를 통한 국민운동을 전개해야 한다는 것, 이상 네 가지로 요약할 수 있다.

える)」(PHP研究所, 1998) 간행, 니시오 간지(西尾幹二)의 「국민의 역사(國民の歴史)」(産経新聞社, 1999) 간행으로 이어지는 일본사를 둘러싼 우파 담론의 득세의 맥락 속에 가로놓여 있기 때문이다. 특히 인간은 역사적 사실을 객관적으로 파악할 수 없으며, 넓은 의미에서 역사는 신화에 불과하고, 상징·비유로서의 과거를 현재인의 입장에서 재구성한 것일 뿐이라는 니시오 간지의 주장은, 노에 게이이치의 주장의 닮은 꼴이기도 했던 것이다.

이러한 노에 게이이치의 저작은 '역사인식논쟁'으로 알려진 1990년대 이후 일본의 '국민', '국민국가' 그리고 '국사'를 둘러싼 탈영토화와 재영토화 사이의 정치적·사상적 갈등을 촉발한 맥락의 시발점이기도 했거니와, 니시오 간지 등의 이른바 '역사수정주의'를 정당화하는 이론으로 오해를 받으며 혹독한 비판을 받았다. 특히 역사로 서술할 수 없는 것에 대해서는 침묵할 수밖에 없다는 노에 게이이치의 입장이야말로 이데올로기성을 지닐 수밖에 없으며, 그것이 결국은 '황국사관'이나 '국사'로 회수될 수 없는 역사적 기억이나 경험의 서술 가능성을 봉쇄한다는 점에서 위험하다는 것이다.

그 비판과 논쟁은 철학을 비롯하여 역사학, 사회학, 문학 연구자들까지 가세하여 전방위적으로 이루어졌거니와, 그 가운데 가장 대표적인 인물이 바로 다카하시 데쓰야(高橋哲哉)였다.[18] 다카하시 데쓰야 또한 「기억의 에티카(記憶のエチカ─戰爭·哲學·アウシュヴィッツ)」(岩波書店, 1995), 「역사/수정주의(歷史/修正主義)」(岩波書店, 2001), 「'역사인식' 논쟁(「歷史認識」論爭)」(作品社, 2002) 등의 저작들을 통해[19], 근본적으

---

18) 다카하시 데쓰야는 앞서 간단히 거론한 코단샤의 '현대사상의 모험자들' 시리즈 가운데 「데리다(デリダ─脫構築)」(講談社, 2003) 편의 저자이기도 하다.
19) 이 가운데 「'역사인식' 논쟁」의 한국어 번역본은 다음과 같다. 다카하시 데쓰야(2002) / 임성모 역(2009), 「역사인식 논쟁」, 동북아역사재단, 2009.

로 역사 서술의 이야기성, '거대 서사'로서 역사의 종말 이후 역사의 과제가 이른바 '내셔널 히스토리(국사 혹은 일국사)'에 의해 서술되지 못하고 억압당해 온 기억들을 발굴하여 공공화 하는 것이라는 입장에서, 「이야기의 철학」과 「국민의 역사」 모두 비판한다.

다카하시 데쓰야는 노에 게이이치의 입장이든, 니시오 간지 등의 입장이든, 역사를 시계열에 따라 배열하고 특별한 콘텍스트 속에서 재구성한 내러티브로 환원시킨다는 점에서, 그러한 내러티브로써 서술할 수 없는 것은 침묵해야 한다고 본 점에서 마찬가지라고 본다. 그리고 이러한 입장들이 저마다 특히 천황제 일본과 지배민족 일본인의 역사로 서술된 '내셔널 히스토리'를 넘어설 수 없거나, 도리어 그것이 억압한 타자들의 서술되지 못한 기억과 경험을 부정한다는 점에서 비판한다. 그래서 다카하시 데쓰야는 서술된 내러티브로서 역사의 주안점은 서술의 언어행위적 구조(누가 누구에게 서술하는가)와 정치성(민족·인종·계급·성별·세대 등을 둘러싼)·윤리성에 대한 비판적 인식, 내러티브로서 역사가 배제하고 은폐하고 침묵시키는 것마저도 서술해 내는 일이어야 한다고 주장한다(高橋哲哉: 2001).

서술할 수 없는 것을 서술해 내야 한다는 일종의 아포리아(aporia)는, 역사의 이야기성을 강조할수록 자신의 기억, 경험을 스스로 서술할 수 없거나, 그 기회를 박탈당하는 역사의 타자들을 복권시키는 일이야말로 당면한 현실의 과제라는 다카하시 데쓰야의 입장으로부터 연원한다. 이를테면 그것은 다카하시 데쓰야가 프로이트의 트라우마 기억 개념을 끌어 와, 전쟁 생존자의 기억과 같이 의식으로부터 배제되고 무의식에 의해 배제된 기억마저도 역사의 일부로 서술해야 한다는 주장에서 분명히 드러난다. 다카하시 데쓰야가 언명하지 않았지만, 그의 아이디어는 두말할 나위도 없이 조르조 아감벤(Giorgio Agamben)이 「아우슈비츠의

남은 자들(アウシュヴィッツの殘りのもの―アルシーヴと証人)」(月曜社, 2001)에서, 기억과 경험을 공유하는 주체(탈주체화 한 주체)야말로 그것을 서술하는 주체의 기억과 경험을 증언할 자격을 지닌다고 한 것으로부터 연원한다.

이러한 다카하시 데쓰야의 입장은 「역사/수정주의」와 비슷한 시기에 간행된 오카 마리(岡眞理)의 「기억/서사(記憶/物語)」(岩波書店, 2000)에서도 마찬가지라는 점에서 의미심장하다.[20] 이 책에서 오카 마리는 소설, 영화, 르포르타쥬 등 다양한 내러티브의 사례를 들어, 내러티브의 핍진성 혹은 완결성이란 서술되지 못하는 '잔여'들을 억압하는 과정을 거쳐 이루어진 것이라고 한다. 그러한 내러티브들이 독자 혹은 관객에게 안정감을 주는 효과에 대해 주목한다. 그리하여 그 핍진성, 완결성, 안정감이 역설적으로 이야기 행위의 불완전함을 드러낼 뿐임을 입증해 내는 한편으로, 그것이 누구의 어떤 욕망에 봉사하는 가를 묻는 일이 중요하다고 주장한다. 오카 마리의 이러한 입장과 방법은 「기억/서사」의 모두에서 스스로 거론한 바와 같이, 홀로코스트나 남경대학살과 같은 역사적 사건에 대한 제3세계 페미니즘의 시선에서 연원한다. 그래서 오카 마리는 기억의 완미한 서술 가능성 자체를 회의하는 한편, 전쟁·재난과 같은 사건의 폭력적 기억을 서술하는 행위는 반드시 기억의 주체와 서술의 주체가 기억을 공유하는 가운데 이루어져야 한다고 역설한다.

'역사수정주의'를 비판하는 다카하시 데쓰야와 오카 마리의 공통된 입장은, 사실 그들의 저작이 간행될 당시 일본 사회의 특별한 맥락에서 표명된 것이다. 그것은 바로 1999년 일본정부가 나서서 중등학교 사회, 역사 교과서 검인정 과정에서 종군위안부 관련 기술을 수정하도록 압력을 가하고, 2001년 고이즈미 준이치로(小泉純一郎) 수상이 야스쿠니(靖

---

20) 이 책의 한국어 번역본은 다음과 같다. 오카 마리(2000)/ 김병구 역(2004), 「기억/서사」, 소명출판.

國) 신사를 참배하는 일련의 사태이다. 특히 다카하시 데쓰야의 입장은 「전후책임론(戰後責任論)」(講談社, 1999), 「야스쿠니 문제(靖國問題)」 (筑摩書房, 2005)21) 등의 저서로 확장된다.

요컨대 일본의 역사의 이야기성을 둘러싼 저작들은, 1990년대 이후 정치, 사회의 우경화의 맥락, 특히 '역사수정주의'가 언어론적 전회 이후 역사학 혹은 역사철학으로부터 가로챈 아이디어, 수사, 담론을 탈환하고 자 하는 일본 인문사회과학계의 대응이자 지적 실천의 도정이라고 하겠다. 비록 그러한 사정은 일본의 특수한 사정을 반영한다. 하지만 근본적으로는 내러티브의 본질 가운데 하나인 구성적 기능과 관련한 아포리아는 물론, 언어론적 전회 이후 역사학, 철학이, 이론의 차원을 넘어서 살아 있는 언어의 현실에 가로 놓여 있는 문제를 해결하는 지식으로서 소명 또한 짊어지고 있음을 시사한다는 점에서 주목할 만하다.

4. 학제간 연구, 사회적 실천의 참조점들

이처럼 살아 있는 언어의 현실을 하나의 텍스트로 상정하여 해체하고 탈영토화 하는 전략, 실천으로서의 저작들과 더불어 언어론적 전회 이후 인문사회과학의 학제간 연구의 가능성을 모색한 저작들 또한 간과할 수 없다. 그 가운데 우선 거론할 저작은 우에노 지즈코(上野千鶴子)가 엮은 「구축주의란 무엇인가(構築主義とは何か)」(勁草書房, 2001)이다. 이 책의 아이디어는 서장 '구축주의의 계보학(構築主義の系譜學)'(千田有紀)에서 드러난 바와 같이, 피터 버거(Peter L. Berger)와 토바스 루크먼(Thomas Luckmann)이 엮은 「현실의 사회적 구성(The Social construc-

---

21) 이 책의 한국어 번역본은 다음과 같다. 다카하시 데쓰야(2005)/ 현대송 역(2005), 「결코 피할 수 없는 야스쿠니 문제」, 역사비평사.

tion of reality)」(1966)에 기댄바 크다.

이 서장에서 '구축주의'란 특정한 입장이나 신념의 표명(본질주의)이 아니라, 인식에 대해 접근하기 위한 관점이자 방법론으로서 하나의 현상이 어떻게 기술되는가를 문제 삼는 것이며, 아이덴티티의 범주를 유일한 기원이나 원인으로 환원시키는 대신, 제도, 실천, 담론의 결과로서 보는 것을 가리킨다고 정의한다. 특히 이 책이 '내러티브 서술'을 '구축주의'의 문제틀로서 설정하고, 그것을 지식이 인간의 상호작용에 의해 부단히 구축된다는 점을 규명하고자 한 것은 주목할 만하다. 즉 인간이 언어로 세계의 틀을 짓는 과정(framing)이 아니라, 경험을 다시 이야기하는 (re-storying) 의미의 공동체적 생성 과정에 주목하여, 사회·문화적 본질주의를 극복하는 방법이 바로 '구축주의'라는 것이다.

흥미로운 것은 이 책의 결론(構築主義とは何か)에서 엮은 이 우에노 지즈코가 거듭 밝힌 바와 같이, 이 '구축주의'가 사실은 1990년대 종군위안부문제를 둘러싼 일본의 역사수정주의의 부상의 맥락에서 제기되었다는 점이다. 엮은 이에 따르면 역사의 '진실(truth)'이나 '사실(fact)'이 자명한 실재가 아니라, 특정한 관점에 따라 재구성된 '현실(reality)', 즉 서사적 진실일 뿐이라는 것을 전제로 할 때에 비로소 역사는 물론 현실을 구성하는 동력을 파악할 수 있다고 한다. 그리하여 '구축주의' 혹은 '서사적 진실'을 규명하는 관점과 방법론의 측면에서, 임상심리학(제1장 野口裕二), 담론분석(제2장 赤川學), 페미니즘 비평(제3장 飯田祐子), 문화인류학(제4장 中谷文美), 역사학(제5장 荻野美穗) 등의 학제간 연구의 가능성을 제시한다.

인간이 처한 살아 있는 언어의 현실이 서사적 진실로 구성된 것이라는 관점은, 두말할 나위도 없이 언어와 내러티브의 본질 가운데 하나인 인지적 기능에 권점을 둔 것일 터이다. 하지만 앞서 거론한 다카하시 데쓰야 등의 '역사수정주의'에 대한 비판을 염두에 두고 보면, 이 책의 도전적인 제안이 과연 유효하고도 온당한 것인가 회의하지 않을 수 없다. 그럼에도 불구하고 '현실을 구성하는 동력'을 규명하는 것이야 말로 인문사회과학의 학제간 연구의 과제라는 이 책의 제안만큼은 주목할 필요가 있다. 무엇보다도 그것이 언어론적 전회 이후 인문사회과학이 내러티브와 의사소통의 문제를 둘러싼 회통, 통섭을 통해 복합지식의 이론을 생성해 내는 가능성을 제시한다는 점에서 그러하다.

「구축주의란 무엇인가」와 같은 내러티브를 둘러싼 학제간 연구는 2000년대부터 도쿄(東京)대학 대학원 종합문화연구과를 중심으로 일군의 연구자들이 간행한 총서들을 통해서 보다 본격적으로 이루어졌다. 그 가운데 우선 주목할 것은 언어정보과학전공 소속 연구자들이 1993년부터 진행해 온 언어태(言語態) 연구의 소산인 '시리즈 언어태' 총서이다.22) 이 언어정보과학전공에서는 문학텍스트론, 문화교섭론, 미디어론·기호론, 번역론, 서적(書物)문화론, 현대사상텍스트론 이상 6개 범주로 연구와 교육을 진행하고 있으며, '시리즈 언어태' 총서 이외, 언어태연구회라는 학회의 심포지엄과 기관지 「언어태연구(言語態研究)」(2000. 6-현재)를 통해, 부단히 언어태 연구의 성과들을 발신하고 있다.23) 그런가하면 '시리즈 언어태' 총서 이외 연구서로서는 최근 하라 히로유키(原宏之)의 「언어태분석—커뮤니케이션적 사고의 전환(言語態分析—コミュニケーション的思考の轉換)」(2007)이 간행되기도 했다.

편집위원회의 간행사에 따르면 이 총서는 당초 언어론적 전회 이후

---

22) 이 총서는 제1권인 「언어태의 물음(言語態の問い)」(2001)부터 제6권 「간문화의 언어태(間文化の言語態)」(2002)까지 총 6권이 도쿄대학 출판회에서 간행되었다.
23) 최근 이 학회에서는 "픽션과 사건(フィクションと出来事)"이라는 주제로 심포지엄을 개최했고(2013. 12. 22), "다이쇼 최면 소설론(大正催眠小說論—内田百閒·佐藤春夫·志賀直哉)"(坂口周) 외 5편의 논문을 수록한 「언어태연구」 제12호(2013. 8. ISSN1348-741)를 간행했다.

언어학 이외 인문학의 분야들(서사학, 기호학, 현상학, 해석학, 언어철학)이 문화·사회·매체 등 인간 언어 생태(生態)의 온갖 영역을 대상으로, 사회과학을 비롯한 인접 학문들과의 제휴 속에서 폭넓은 연구의 장을 생성해 냈던 데에 비해, 노엄 촘스키(Noam Chomsky)의 변형생성문법이론 이후 언어학은, 인간의 생득적 언어능력의 보편문법과 인지 구조 해명에만 한정하여 이루어져 왔던 나머지, 언어학 이외 인문학의 분야들과 대립하거나 그로부터 이반하기에 이르렀다는 반성에서 비롯했다.

그래서 이 총서의 편집위원들은 그리하여 언어학과 인문학의 분야들을 '언어과학(language Sciences)'으로 포괄하고, 각 연구 분야에서 텍스트·담론(화)·서사·문체·미디어사(史) 등으로 일컬어진 연구 대상 영역을 '언어태(praxis of language)'로 총칭한다. 그리하여 언어활동의 구체적인 실현으로부터 구성된 실천의 양상, 역사·사회·문화를 생성해 내는 구체적인 언어의 생태(ecology)를 규명하는 새로운 연구 방법론을 제안한다. 그리고 '언어'라는 개념도 자연언어만이 아닌 기호와 텍스트 일반으로 확장하고, 연구의 대상도 구술, 필사·인쇄물은 물론 신문·영화·라디오·텔레비전 등 다양한 커뮤니케이션 매체로 실현된 언어와 기호 표현으로 확장하자고 제안한다(石田英敬: 2001).

이 총서의 핵심 아이디어는 두말할 나위도 없이, 언어론적 전회 이후 '언어'와 '언어학' 혹은 '언어과학'에 기반하고 있으나, 실상 총서 전반에 걸친 중심적 지위를 차지하는 문제틀은 역시 '내러티브'라고 하겠다. 이를테면 총서 제2권 「창발적 언어태(創發的言語態)」(2001)는, 오키나와(沖繩)의 구전 신가(神歌)부터 구미와 일본의 근대시 등의 서정 장르와 르네상스 시기 서사 문학, 근대 초기 영국의 역사 서술, 미시마 유키오(三島由起夫)의 소설까지를 망라하며, 각 장르의 고유한 규칙이자 관습인 율격, 수사, 화법, 음성성, 재현과 시점 등의 요소를 '언표행위', 즉

특별한 담화를 생성하는 행위와 그것에 기반한 의사소통의 차원에서 거론했다. 그 가운데 특히 제3부(騙りの言語態)에서 바로 언어와 내러티브의 인지적 기능, 표현·구성적 기능, 의사소통 기능의 관점에서 역사적 사실과 문학적 진실을 '허구'의 관점에서 절합 가능성을 모색한 대목은 주목할 만하다.

또한 총서 제4권 「기억과 기록(記憶と記録)」(2001)은, 종교개혁기 잉글랜드로부터 비시 정부하의 알제리, 근대 초기 홋카이도(蝦夷)와 아이누와 오키나와, 혁명기 중국에 이르기까지, 헤르더(J. G. Herder)와 휠덜린(Friedrich Hölderlin)으로부터, 마르크스(Karl Marx), 소쉬르(Ferdinand de Saussure), 발터 벤야민(Walter Benjamin)에 이르기까지, 역사적 기억과 언어적 기술과 전승을 둘러싼 상기·망각, 억압·신화화(물신화)/해체 등의 문제 등 호한한 시기와 주제를 담고 있다. 그리하여 이 책은 낯선 세계로서 과거의 기억·기록을 독해하고 낯익은 현재를 반성적으로 사유하는 해석학적 행위로서 언어태 연구의 가능성을 제시한다. 이로써 이 책은 우선 언어 구조와 문화의 차이는 곧 인어 편성의 사회적 양태의 차이라는 관점에서, 국민국가의 권력, 사회적 이념이 언어지배와 기억 조작의 과정에서(제1부 "記憶の回歸と證言の時代"), 기억을 언어로 구성하는 다양한 기술의 양태(제2부 "記憶のテクネー")의 차이에서 비롯한다는 것을 규명한다. 특히 기억과 기록을 둘러싼 언어태 연구를 통해, 일쑤 국민국가의 언어적 동질성, 기억·기록이나 의사소통 행위에서 기인하는 국민국가 내부의 소수자에 대한 억압, 국민국가 외부의 타자에 대한 폭력을 상대화하고 해체하는 방법론일 수 있음을 제시한다.

그런가하면 총서 제5권 「사회의 언어태(社會の言語態)」(2002)는, 언어태 연구가 다양한 매체를 통해 물리적으로 현현하는 언어(담화·담론)로 구성된 것이 바로 사회이고, 그 언어는 단일한 정체성으로 수렴되지 않는 발화자들이 의미를 둘러싼 분쟁을 벌이는 장소라는 관점에서, 다음 몇 가지 방향으로 전개될 수 있음을 제시한다. 즉 그것은 미디어에 기반한 의사소통을 자명한 것으로 여기는 인간의 기술적 무의식을 상대화하는 것, 한 사회의 무수한 텍스트의 연쇄를 가능하게 하는 이데올로기와 그 역학관계를 분석해 내는 것, 제국과 식민지의 역학관계의 비대칭성을 드러내고 해체하는 것이다. 그리하여 이 책은 신문·라디오·텔레비전 등의 기사·연설을 중심으로 한 매체 담화 분석, 소설·드라마의 서사 구조 분석, 법률·정치 담론의 구조 분석(제1부 "言語態分析の可能性"), 정보의 가치중립성, 젠더와 성적 정체성, 제국주의의 문화적 표상, 유토피아 담론의 이데올로기, 사회가 은폐하고 고착화 시키는 계급의 위계(제2부 "社會的言語態の諸相")를 분석하는 방법의 다양한 사례들로 이루어져 있다. 특히 언어태 연구가 단지 텍스트와 그 언어 구조를 해체적으로 읽어내는 방법일 뿐만 아니라, 문화연구, 법언어학, 미디어 분석, 정치 행위의 분석 등으로 자장을 확대하는 가운데(제2부 "方法の問題), 일종의 사회비판이론으로서 역할마저 담당할 수 있다는 제안은 의미심장하다.

인간 과학(human science)이 인문학(humanities)와 제휴 혹은 그 연구 영역과 방법론을 전유하여, 인간에 대한 새로운 이해와 사회적 실천의 이론으로 나아가겠다는 발상은 매우 흥미롭다. 또한 그 이론이 새로운 시대 인문학의 패러다임이라든가, 인문학의 사회적 실천의 중심일 수 있다는 야심찬 주장은 더욱 그러하다. 그 가운데 비단 음성과 기호로 기록되지 않은, 즉 기록되지 못한 채 부유하는 의미들을 독해하고 해석한다는 문제의식, 그것을 내러티브를 매개로 전개하는 방법론은, 언어태 연구가 언어학의 쇄신의 비전만이 아니라, 인문사회과학의 새로운 패러다임으로서 유효한 참조의 사례일 수 있음을 시사한다.

한편 도쿄대학 대학원 언어정보과학전공의 내러티브를 중심으로 한 학제간 연구의 성과는, '시리즈 언어태' 총서에 참여한 일부 편집자·필진들(小森陽一, 高橋哲哉 등)이 다시 참여한 '경계를 넘는 앎(越境する知)' 총서를 통해, 대학과 사회의 경계를 넘나드는 실천적 지식을 산출하는 기획으로도 나아갔다.24) 편집위원(栗原彬·小森陽一·佐藤學·吉見俊哉)들에 따르면, 이 총서는 국가, 가족, 기업, 시장, 대학 등의 제도로 체계화된 근대적 지식의 편제 내부에서, 그 지식을 내파하는 지식사회학적 실천을 목표로 기획되었다고 한다. 그래서 이들이 표방하는 것이 바로 제도 혹은 체계로서의 지식이 아닌 삶의 실존적 현실에서 살아 움직이는 앎, 즉 신체로서 앎임을 역설한다. 그리고 '앎의 신체(知の身體)', '앎의 이야기(知の語り)', '앎의 담론(知の言說)', '앎의 장치(知の裝置)', '앎의 시장(知の市場)', '앎의 식민지(知の植民地)' 이상 여섯 가지의 문제틀을 제시한다.

근대적 지식을 탈신화화 하는 지식사회학적 실천을 표방한 데에서 짐작할 수 있듯이, 이 총서의 기획은 근본적으로 언어론적 전회 이후 인문사회과학이 포스트모더니즘의 초월성, 추상성을 넘어서서, 대학의 학문의 정체성이란 근본적으로 시민사회에서 지식의 가치와 역할, 특히 현장성, 비평성을 통해 존재의 의의를 증명할 수 있다는 입장에서 기획되었다. 그래서 이 총서의 기획이 표방하는 '경계 넘기'는 학제는 물론 문화·예술, 국가, 계급·인종·젠더·세대, 정신·신체를 가로지르거니와, 그 거점은 바로 언어와 권력의 문제이다.

이 총서의 총론격인 제1권 「신체: 되살아나다」 다음으로 간행된 것이 「이야기: 자아내다(語り:つむぎだす)」(2000)라는 점은 주목할 만하다.

---

24) 이 총서는 제1권인 「신체: 되살아나다(身体:よみがえる)」(2000)부터 제6권 「앎의 식민지:경계를 넘다(知の植民地:越境する)」(2001)까지 총 6권이 도쿄대학 출판회에서 간행되었다.

내러티브를 둘러싼 문제가 신체로서의 앎, 현장성과 비평성에 기반한 지식사회학적 실천의 방법이라는 주제 의식도 그러하거니와, 필진으로 철학(高橋哲哉·篠原資明·鵜飼哲), 역사학(富山一郎), 정치학(テツオ·ナジタ), 사회학(好井裕明·山田富秋), 인류학(寺戸淳子)과 같은 전통적인 인문사회학 전공의 연구자들은 물론 정신병리학 전공 의사(安克昌), 시민단체 상담 전문가(野邊明子), 사진작가(港千尋), 심지어 어민(緒方正人)까지 참여한 것도 예사롭지 않다.

그런 만큼 내러티브를 둘러싼 필자들의 논의도, 오키나와(沖繩) 개발과 미군기지 건설을 둘러싼 정치·역사·법의 문제를 비롯하여, 종군위안부의 수난과 트라우마적 기억의 역사, 영화「동경재판(東京裁判)」의 서사와 이데올로기와 같이, 언어론적 전회 이후 인문사회과학의 낯익은 주제부터, 프랑스 루르드 성지 순례 체험, 미나마타 병 사건과 환자의 질병 체험, 한신(阪神)대지진의 경험과 피해자의 이야기, 심지어 17세기 브라질 건축의 핸드프린트와 같이 언표되지 않은 언어의 흔적 등의 주제에 이르기까지 그 폭이 매우 넓다. 이 모두 전후(戰後), 즉 현대 일본의 역사·사회적 도정과 풍경의 단면들임은 두말할 나위도 없다. 그 가운데에서「이야기: 자아내다」에 수록된 각 장들은, 국가와 사회, 역사와 문화, 권력과 제도는 물론 정신과 신체 등을 둘러싼 복잡한 위계 속의 다양한 타자들의 육성과 침묵에 경청하고, 그들이 경험한 폭력과 소외를 공유하며, 결국 그들의 내러티브가 환기하는 정치성의 해체, 내러티브를 서술하는 윤리성의 인식이야말로, 현대 일본 사회가 당면한 문제를 해결하는 방법이라는 결론으로 수렴된다.

이 총서의 기획 의도가 애초에 그러하듯이,「이야기: 자아내다」 또한 앞서 거론한 '시리즈 언어태'의 경우와 같은 언어론적 전회 이후 첨단 이론의 소산은 결코 아니다. 그보다는 아카데미즘과 지식인 사회의 학문

적 의제를 당면한 현실의 다면적이고도 다층적인 문제들을 진단하고 분석하며 해결하는, 그야말로 살아 있는 앎으로써 만들어내고 확산하기 위한 모험에 가깝다. 설령 그렇다고 하더라도 이 총서, 특히 이 책은 인문사회과학이 내러티브와 의사소통의 문제를 둘러싼 회통, 통섭을 통해 생성해 내는 복합지식이 결국 이론의 차원에만이 아니라, 살아 있는 언어의 현실에서 의미 있는 앎일 수 있어야 한다는 것을 시사한다는 점에서, 결코 간과할 수 없는 사례라고 하겠다. 특히 언어, 이야기, 앎을 둘러싼 문제가, 분과학문 담론(제3권 「담론: 베고 가르다[言說):切り裂く]), 근대의 일상 제도(제4권 「장치: 부수고 다시 짓다[裝置: 壞し築く]), 현대 문화와 자본(제5권 「문화의 시장: 교통하다[文化の市場: 交通する]) 의 해체와 재구축, 제국·식민지주의(제6권 「앎의 식민지: 경계를 넘다」) 의 극복과 더불어 등가의 위상을 지닐 뿐만 아니라, 그것들과 연동한다는 것은 의미심장하다.

5. 나오는 말

요컨대 언어론적 전회 이후 일본의 인문사회과학의 주목할 만한 저작 들과 학제간 연구의 성과들은, 텍스트로서 살아 있는 언어의 현실을 해체하여, 공동체(국가·사회)와 그 정체성을 재구성하려는 지적 모험과 지식사회학적 실천의 결과라고 하겠다. 그것은 누누이 거론한 바와 같이 단지 언어론적 전회 이후 일본에 착근한 '포스트'를 접두어로 한 이론·담 론의 발화 주체들이, 1990년대 '역사인식논쟁'을 거치면서 역사와 사회 에 대한 책임을 인식한 사정에서 기인한다.25) 그 가운데 내러티브 연구는

---

25) 다카하시 데쓰야는 「전후책임론」(1999)에서부터 역사 서술을 비롯하여 인문학의 사 명이 '타자에 대한 응답 가능성(responsibility)', 즉 사회적 실천의 책임이라고 일관되

이야기와 그 서술 행위를 둘러싼 학제간 연구의 거점이자 중심으로서, 한편으로는 언어태 연구와 같은 새로운 융합 학문 영역으로 자리 잡고, 다른 한편으로는 대학과 사회의 경계를 넘는 지식사회학적 실천 영역으로 변모하기도 했다.

지난 30여 년 간 일본에서 내러티브 연구가 학제간 연구와 지식사회학적 실천의 거점이자 중심으로 부상한 사정은, 한국의 인문사회과학에서도 주목할 필요가 있다는 것이 필자의 생각이다. 그것은 단지 한국 또한 일본과 마찬가지로 언어론적 전회 이후 인문학의 첨단 의제에 호응하고 있기 때문만은 아니다. 이를테면 분단과 탈식민의 과제가 여전히 현재형이고, 전근대·근대·탈근대의 동시적 현존으로 인한 사회적 규범의 아노미, 지역(국적을 포함하여)·계층·젠더·세대 등을 둘러싼 갈등 해소가 절실한 현안인 한국 사회에서, 개인의 차원이든 공동체의 차원이든 내러티브적 실천(담화, 담론)과 의사소통을 둘러싼 문제는, 인문사회과학 전 분야에 걸친 연구 분야이자 당면한 해결 과제이기 때문이다.

이와 관련해서 2004년부터 2008년까지 금성출판사가 간행한 고등학교『한국 근·현대사』교과서를 둘러싸고 벌어진 이른바 역사 교과서 논란이, 2013년 교학사에서 집필한 간행한 고등학교『한국사』교과서의 교육부 검정을 둘러싼 논란으로도 이어지고 있는 상황은 예사롭지 않다. 그것은 주지하는 바와 같이 식민지 근대(성), 국민국가로서 대한민국의 건국, 한국전쟁, 산업화, 민주화와 관련한 인식과 서술 방식을 둘러싼, 정치적·사회적 대립이다. 그런데 이 대립은 일견 화해 불가능한 것처럼 보이나, 실상 어떠한 입장의 담론이든 저마다 역사적 사건에 대한 서술적

게 주장한다. 그러한 사정은 최근 한 지상 대담에서도 알 수 있거니와, 그에 따르면 그 실천은 대학과 학계라는 권력의 공간에서부터 부단히 학문 제도 자체를 회의하는 일로부터 시작한다. 다카하시 데쓰야·김항(2013), "타자에 대한 응답과 인문학의 책임", 연세대학교 국학연구원 HK사업단 편,「사회인문학과의 대화」(사회인문학총서 4), 에코리브르.

진실을 역사적 사실로 등치시킨다는 점에서 공통점을 지니고 있다. 무엇보다도 저마다 인식의 차원이든 서술의 차원이든 역사와 역사 서술의 과제를 공변되게 서술되지 못하고 억압당해 온 기억들의 발굴과 공공화로 삼고 있다는 점에서 그러하다.

이러한 역사 교과서 논란이 정치적·사회적 대립의 양상을 나타내지만, 실상 그 심층에서는 서로 다른 역사 내러티브들의 대결, 공적 기억을 둘러싼 의사소통의 사회적(지역·세대·정치적 성향 등) 갈등이 첨예하게 빚어지는 형국이 가로놓여 있다. 그리고 이 대립하는 입장과 담론의 근저에 민족·국가의 장구한 역사를 서술 과정에 내재 혹은 개입하는 내러티브의 본질, 즉 표현·구성적 측면을 의식적·무의식적으로 인정하는 태도가 가로지르고 있다는 것은 분명하다. 따라서 역사 교과서 논란은 단순한 정치적·사회적 사안으로 한정할 수 없는, 내러티브와 의사소통의 문제를 둘러싼 인문사회과학의 탈경계적 제휴에 기반한 연구를 요청하는 학문적 사건이기도 하다.

한국의 역사 교과서 논란의 양상이, 일본의 「중학사회 새로운 역사교과서(「中學社會 新しい歷史敎科書」)」(扶桑社, 2001), 「중학사회 새로운 공민교과서(中學社會 新しい公民敎科書)」(扶桑社, 2001) 이후 '새로운 역사 교과서를 만드는 모임'에서 집필한 역사 교과서를 둘러싼 논란 상황과 적지 않게 흡사하다는 점은, 언어론적 전회 이후 한국의 인문사회과학 전반이 내러티브와 의사소통의 본질적 문제를 기반, 거점으로 삼아 학제간 연구로 나아가도록 이끄는 징후 가운데 하나임은 분명하다. 그리고 역사인식논쟁을 거치며 일본 인문사회과학 전반에서 학문 분과의 경계를 넘어 내러티브로의 전환이 이루어졌던 도정은, 한국에서도 참조해야 할 중요한 선례라고 하겠다. 내러티브 서술의 언어행위적 구조, 그 정치성·윤리성에 대한 비판적 인식과 지식사회학적 실천의 측면도

그러하지만, 특히 언어활동의 구체적인 실현으로부터 구성된 실천의 양상, 역사·사회·문화를 생성해 내는 구체적인 언어의 생태를 규명하는 언어태 연구가 그러하다.

물론 일본에서 언어태 연구는 도쿄대학 대학원 언어정보과학전공의 차원에서 여전히 진행 중이고, 장차 그 기반과 경계를 넘어서서 일본 인문사회과학 전반에 기여할 만한 어떤 연구 성과를 산출할 것인가는, 여전히 미지수인 것이 사실이다. 이를테면 '시리즈 언어태'의 편집자들도 시인한 바와 같이, 인문사회과학의 분과들과 대립하거나 이반하기까지 했던 언어학이, 적어도 이론의 차원에서라도 텍스트의 객관적 해석과 보편적 법칙의 규명 차원을 넘어서는 자기 쇄신을 이룰 수 있는가, 그래서 언어와 내러티브로 재현되는 삶의 총체성이나, 내러티브를 매개로 한 의사소통 정치성·윤리성을 규명하는 거점으로서 자기 확장을 이룰 수 있는가는 여전히 의문으로 남는다.

그럼에도 불구하고 기호와 텍스트 전반으로 확장된 언어, 내러티브, 이야기 서술 행위를 중심으로 인문사회과학의 각 분과들이 언어과학과 언어태 연구로 결합 혹은 융합할 수 있다는 제안은 예사롭지 않다. 2000년대 이후 현저해 진 근대(성), 민족·국민국가 이데올로기, 개발자본주의에 대한 반성적 혹은 해체론적 사유의 득세, 사회·매체·제도의 역사성에 대한 관심의 확대, 문화연구의 부상을 배경으로 이루어진 학제간 연구의 다양하고도 산발적인 실험들이 있었다. 하지만 여전히 학문간 장벽은 두텁고, 그 실험들이 공통된 의제로 수렴되지 못하며, 인문학이 현실 사회의 문제들과 아직도 소원하다. 그래서 한국에서 언어태 연구의 제안은 분명히 매력적이다.

참고문헌

東郷克美(1998), "近代文學現代文學研究の動向", 「近代文學·現代文學論文·レポート作成必携」(別冊國文學 51), 東京: 學燈社.

中山昭彦(1998), "新しい理論をどう有效に取り込むか", 「近代文學·現代文學論文·レポート作成必携」(別冊國文學 51), 東京: 學燈社.

新田義弘 외(1993), 「言語論的轉回」(岩波講座 現代思想 4), 東京: 岩波書店.

兵藤裕己 외(2003), 「テクストとは何か」(岩波講座 文學 1), 東京: 岩波書店.

富山太佳夫 외(2003), 「虛構の愉しみ」(岩波講座 文學 6), 東京: 岩波書店.

兵藤裕己 외(2004), 「フィクションか歷史か」(岩波講座 文學 9), 東京: 岩波書店.

小森陽一(1988ㄱ), 「文體としての物語」, 東京: 築摩書房.

小森陽一(1988ㄴ), 「構造としての語り」, 東京: 新曜社.

小森陽一(1995), 「漱石を読みなおす」, 東京: ちくま新書.

小森陽一(1996), 「出來事としての読むこと」, 東京: 東京大學出版會.

小森陽一(2000), 「日本語の近代」, 東京: 岩波書店.

小森陽一(2001), 「ポストコロニアル」, 東京: 岩波書店.

小森陽一(2003), 「天皇の玉音放送」, 東京: 五月書房.

小森陽一(2006), 「ことばの力 平和の力――近代日本文學と日本國憲法」, 東京: かもがわ出版.

小森陽一·高橋哲哉 篇(1998), 「ナショナル·ヒストリーを超えて」, 東京: 東京大學出版會.

野家啓一(1996), 「物語の哲學」, 東京: 岩波書店.

高橋哲哉(1995), 「記憶のエチカ―戰爭·哲學·アウシュヴィッツ」, 東京: 岩波書店.

高橋哲哉(2001), 「歷史/修正主義」, 東京: 岩波書店, 2001.

高橋哲哉 篇(2002), 「「歷史認識」論爭」, 東京: 作品社.

高橋哲哉(1999), 「戰後責任論」, 東京: 講談社.

高橋哲哉(2005), 「靖國問題」, 東京: 筑摩書房.

岡眞理(2000), 「記憶/物語」, 東京: 岩波書店.

上野千鶴子 외(2001), 「構築主義とは何か」, 東京: 勁草書房.

石田英敬 외(2001), 「言語態の問い」(シリーズ言語態 1), 東京: 東京大學出版會.

藤井貞和 외(2001), 「創發的言語態」(シリーズ言語態 2), 東京: 東京大學出版會.

臼井隆一郎 외(2002), 「記憶と記錄」(シリーズ言語態 4), 東京: 東京大學出版會.

小森陽一 외(2002), 「社會の言語態」(シリーズ言語態 5), 東京: 東京大學出版會.

原宏之(2007), 「言語態分析―コミュニケーション的思考の轉換」, 東京: 慶應
    義塾大學出版會.

栗原彬 외(2000), 「語り: つむぎだす」(越境する知 2), 東京: 東京大學出版會.

제2부

국내 내러티브연구의 현장

언어적 전회와 내러티브의 철학적 기반

....

이양수

1. 들어가는 말

우리는 이야기와 더불어 살고 있다. 눈 뜨고 잠들 때까지 우리는 이야기에 묻혀 살고 있다. TV 드라마. 천만 관중의 영화, '잘 먹고 잘 사는 법'. 이 모든 게 이야기로 전해진다. 각종 전자장치로 지하철 안에서도 다양한 콘텐츠를 즐길 수 있는 세상이다. 롤랑 바르트가 말하지 않았던가. 우리 모두는 이야기를 벗어나 살 수 없다고.[1] 이야기와 더불어 사는 것은 비단 현대인에게만 국한되지 않는다. 우리의 선조도 그랬고, 후손도 이야기와 더불어 살게 될 것이다. 이렇듯 인간과 이야기는 떼려야 뗄 수 없는 관계이다. 하지만 정작 이야기는 최근에야 철학적 관심사로 부각되기 시작했다. 어떻게 보면 아이러니한 현상이 아닐 수 없다. 20세기는 무엇보다 언어에 대한 관심이 높았던 때였다. 하물며 20세기를

---

[1] 「내러티브의 구조적 분석 입문」에서 롤랑 바르트는 이렇게 말한다. "내러티브는 바로 인류사와 함께 시작한다. 어떤 곳에서도 내러티브 없이는 어떤 민족도 없고, 지금까지 없었다. 모든 계급, 모든 인간 집단은 자신의 내러티브를 갖는다."(Roland Barthes/ Richard Howard trans., 1988:95)

'언어적 전회 시대'라고 규정하지 않았던가. 20세기 사상이 어떤 식으로든 언어 문제와 긴밀한 연관이 있음을 감안하면, 이야기에 대한 철학적 탐구는 매우 더디고 부진했다고 해야 할 것이다. 따라서 언어와 이야기 사이에 놓인 괴리 자체를 이해하는 것도 우리의 탐구 대상이 되어야 하지만, 그보다 먼저 시급한 해결 과제는 인간의 이야기 능력에 바탕이 되고 있는 '내러티브'에 대한 심도 높은 성찰이라고 할 것이다.[2]

내러티브에 대한 뒤늦은 반성은 그만한 사정이 있는 듯하다. 20세기 사상은 주로 보편성·객관성과 같은 방법론에 천착하고 있다. 19세기 지배적 사조였던 심리주의에 대한 반발 탓인지 언어에 대한 관심은 그 논리적 성격과 방법론에 집중되었다. 때문에 내러티브 연구는 늘 뒷전이었다. 민족 문화에 담긴 내러티브 연구가 경시된 것도 그런 맥락이다. 보편적이고 객관적인 학문 연구 방법론의 입장에서 보면 토속문화나 민족문화 연구는 매우 지엽적인 대상을 다룬다. 때문에 보편적이고 객관적이어야 할 성격에 맞지 않다고 보았다. 이 같은 선입견의 밑바탕에는 학문 방법론이 자연과학 방법론에 토대해야 한다는 생각이 자리 잡고 있다. 이런 현상은 보편적 언어 의미에 관심을 둔 영미 권 철학에서 유독 강했다. 무엇보다 내러티브에 대한 관심이 미비했던 이유인지 모른다.

20세기 후반에 들어서서야 내러티브에 대한 관심이 문학·역사·심리학 영역에서 일기 시작했다. 그 후 사회문화 영역으로 확장되었고, 특히 정치철학·윤리학 분야에서 자아정체성과 관련해서 내러티브의 긍정적인 역할을 강조한 글들이 나왔다. 이런 맥락에서 보면 1980년대 자유주의·공

---

2) 이 논문에서 언급되는 내러티브의 뜻부터 분명하게 할 필요가 있을 것이다. 여기서는 내러티브를 두 가지 의미 모두로 사용할 것이다. 첫 번째 의미는 말하고 이해하는 능력을 지칭한다. 두 번째 의미는 내러티브 논리를 설명하는 것으로, 자기 자신과 집단의 정체성을 형성하는 힘이다. 내러티브 담론은 이야기를 할 줄 아는 능력을 전제로 이야기를 통한 자기 자신 및 집단적 정체성을 설명하는 데 주력한다. 이 글의 문제설정도 이와 유사하다.

동체주의 논쟁은 20세기 후반 내러티브에 대한 연구 성과를 정치철학적으로 제기하고 있는 중요한 논쟁이다. 이른바 공동체에 대한 관심이 높아지면서 내러티브를 통한 통합 가능성을 근대 정치철학의 기반이었던 '자율'에 대한 대안으로 제시하기에 이른 것이다. 자아의 통합은 공동체 안에서만 가능하다. 공동선에 기반 한 공동체 형성의 가능성은 인간 능력, 즉 말하고 이야기할 수 있는 능력에 달려 있다는 것이다.

물론 문화의 보편성 관점에서 이야기를 이해하려는 학파도 있다. 특정 공동체의 설화나 신화보다 문화국경을 넘어서는 계기로 이야기를 탐구 대상으로 삼고 있다. 구조주의와 기호학은 이런 관점을 견지한다. 공교롭게도 이들 모두의 시작점은 토속문화와 민족문화의 내러티브였다. 하지만 그들이 토속문화·민족문화의 특수한 조건에 매몰된 것은 아니다. 그들의 주된 목적은 민족 문화를 넘어서 보편문화의 가능성 탐구였고, 이를 밝히기 위한 장치로서 내러티브에 주목했다. 어쩌면 아주 자연스런 과정이라고 할 수 있다. 자국과 타국 문화의 내러티브 차이는 차이의 구조, 동등의 구조를 드러내는 방식이기 때문이다. 이들의 전략은 문화적 언어를 넘어 '언어' 구조의 유사성을 찾는 것이다. 언어는 텍스트 형성의 근간이다. 특정 언어를 매개로 이야기가 전개되고, 텍스트가 형성된다. 이야기는 말하는 사람에 따라 차이가 드러나지만, 그 이야기의 구조는 유사성이 나타난다. 언어는 이런 이야기 구조의 유사성을 드러낸다. 구조주의자와 기호학자들은 이야기 구조에 나타난 언어적 특성이 모든 문화구조를 드러내는 데 유용하다고 주장한다. 이 같은 연구 성과는 전적으로 내러티브에 대한 관심에서 촉발된 것이다. 최근 우리 학계에서도 커지고 있는 내러티브에 대한 관심도 이런 맥락을 떠나서는 이해하기 힘들 것이다.

나는 이런 일련의 변화를 '내러티브로의 전환'이라고 종합하면서 그

철학적 배경과 의미를 되짚어볼 것이다. 이 글에서 제기하고픈 물음은 이렇다. 내러티브로의 전환을 가능하게 한 것은 무엇이고, 이 전환을 어떻게 봐야 하는가? 내러티브로의 전환이 갖는 철학적 의미는 무엇인가? 이 글에서 내 주장은 단순하다. 내러티브로의 전환은 전통적인 철학적 문제설정을 바꾸어놓을 수밖에 없다는 것이다. 특히 근대적 사유에 놓여있는 문제설정이 역전되고 있다. 말하자면 패러다임이 내러티브로 옮겨지고 있다고 할 수 있다. 하지만 이 글의 목적은 이 같은 방향전환을 빌미로 포스트모더니즘을 옹호하려는 것이 아니다. 오히려 이 글의 목적은 내러티브로의 전환을 통해 근대적 사유에서 망각했던 철학적 주제를 부각시키기 위한 것이다. 예를 들면 행위주체, 좋은 삶, 반성은 중대한 실천적 문제이지만 근대사유에서 크게 주목하지 않았던 철학적 주제들이다. 특히 행위주체(agency)에 대한 관심은 고대적 사유의 중심축이었지만, 근대적 사유에서는 전혀 중심적인 논제가 되지 못했다. 그런 관점에서 보면 이 글은 서양 고대에 대한 철학적 이해에 대한 새로운 인식을 요구하고 있다고 할 수 있다. 더욱이 내러티브에 대한 관심은 친숙한 것, 그렇지만 새롭게 이해해야 할 것을 일깨운다. 특히 인간 삶에서 의미 공동체의 역할은 중요하다. 삶에 대한 의미가 진정한 삶에 대한 열망으로 이어지기 때문이다. 이 글은 내러티브 논의가 인간 삶에 대한 자각과 관련된다는 점을 보여줄 것이다.

2. 언어의 세 가지 특성과 담론의 우위

언어는 오래전부터 다뤄진 해묵은 관심사이다. 언어는 대략 세 가지 관점에서 논의되어 왔다. 언어의 묘사적 특성, 표현적 특성, 소통적 특성이 그렇다.3) 언어에 대한 상이한 접근방식은 진리 측면에서 다양한 관점을 내포한다. 따라서 우리의 목적상 언어에 대한 다양한 관심을 이해하고, 내러티브가 작동할 지형도를 그려보는 것은 매우 유용하다. 내러티브의 특성은 이 세 가지 관점의 교차지점에서 온전하게 드러난다. 가장 먼저 다루어야 할 특징이 언어의 묘사적 특성이다. 언어의 묘사적 특성을 가장 잘 활용하고 있는 영역이 과학이다. 과학적 언어는 실재의 매개체이다. 언어는 사실의 참됨을 전달한다. 사실과의 대응여부가 진리판단의 기준이다. 대응사실이 있으면 그 언명은 참이고, 대응 사실이 없는 언명은 거짓이 된다. 그런 점에서 언어는 사실을 드러내는 거울 역할을 한다. 실재와의 일치가 진리이고, 이 진리가 인간의 언어로 표현된다. 여기에는 주목해야 할 흥미로운 사실이 있다. 묘사적 언어에 대한 관심에는 행위주체에 대한 관심이 없다는 점이다. 인간 능력에 대한 실천적인 물음이 거의 제기되지 않는다.

묘사적 언어관은 편향적이다. 표상적인 기능만 강조하는 편향성에 대한 비판은 언어의 '독자적인' 기능을 제대로 설명할 수 없음에서 나온다. 여기서 말하는 독자적인 기능이란 이야기의 매체, 생각을 키우는 방식으로서 능력을 말한다. 이 점은 비트겐슈타인의 철학에서 뚜렷하게 확인되고 있다. 비트겐슈타인 초기 사상에 따르면 언어는 사실을 재현하는 도구일 뿐이다. 사실 진리의 통로는 언어의 의미이고, 그 총합이 과학적 진리이다. 다른 말로 하면 경험은 실재에 대한 앎을 전달하는 통로이고, 언어를 통해서 그 앎이 드러난다. 언어의 묘사적 특성에 주목하면 언어는 인식의 문제일 뿐이다.4) 언어의 묘사적 특성은 사실들의 관계,

---

3) 이 구분은 언어를 바라보는 관점의 다양성을 설명하기 위한 것이다. 사실 언어를 제대로 이해하기 위해서는 이 관점에 대한 총체적인 관점이 고려되어야 한다.

4) 비트겐슈타인 초기철학에 대한 해석은 논쟁의 여지가 많다. 「논리-철학 논고」는 주석가들에게 많은 논쟁을 일으켰다. 특히 후반부에서 말할 수 없는 것에 대해서는 침묵해야 한다는 그의 생각은 많은 해석을 낳았다. 인간 언어와 무관하게 말할 수 없는 것이 탐구되어야 한다고 해석하는 사람도 있다. (신비적인 것에 대한 그의 논의를 참조하라. 특히 6.4-6.54를 보라). '사실의 총합으로서 세계'는 과학적 탐구의 대상이므로 이 글에서는

즉 과학적 인식의 토대가 되는 법칙으로 종결된다. 그 법칙은 인간의 임의성에서 벗어나야하기 때문에 불완전한 일상 언어를 벗어나 이상언어로 표현되어야 한다. 그런 점에서 언어의 묘사적 특성에는 인간의 희망과 절망을 노래할 인간의 숨소리를 담아낼 언어가 존재하지 않는다. 비트겐슈타인의 말마따나 말하는 "주체"는 세계에 포함되지 않는다.[5]

언어의 묘사적 특성을 넘어 언어의 표현적 특성이 있다. 언어의 표현적 특성은 일종의 인문학적 관심을 대변하는 것으로, 과학적 태도와 확연하게 구분된다. 과학적 태도에는 언어 사용 자체가 인간 능력임을 크게 신경 쓰지 않는다. 인간은 언어를 통해 생각과 느낌을 표현한다. 언어 활용 자체가 인간 능력의 일부이고, 인간으로 태어난 이상 자연스럽게 부여받는 능력이다. 물론 인간은 사실을 인식하고자 한다. 그러나 사실 인식도 중요하지만, 사실에 대한 표현도 중요하다. 더욱이 무언가를 아는 과정(흔히 이것을 '인식과정'이라 한다)과 안 것을 말하는 것(말하는 행위)은 전혀 다르다.[6] 언어의 표현적 특성은 언어 자체의 독자적 위치를 구축한다. 텍스트는 언어의 문법에 따라 구성된다. 소쉬르 언어이론에서는 한정된 언어체제 안에서 일어나는 차이를 통해 표현의 의미가 결정된다. 상징과 은유는 새로운 의미의 창출 방식이고, 텍스트 구성과 깊게 관련된다. 이 모두는 언어의 표현적 특성과 긴밀하게 연관된다. 언어의 표현적 특성에는 더 중요한 특징이 있다. 바로 언어 사용자 자신을 드러낸다는 점이다. 언어는 메시지뿐만 아니라 언어 사용자 자신을 드러낸다. 말하고 행동하는 주체가 언어를 통해 그 정체성을 드러낸다. 언어는

그에 대한 자세한 논의는 생략할 것이다. Ludwig Wittgenstein/ C. K. Ogden trans.(1922)

5) 「논리-철학 논고」의 구체적인 언급은 다음과 같다. "주체는 세계에 속하지 않지만, 세계의 한계이다."(5. 632) 이와 연관된 또 다른 중요한 언급은 "제한된 전체로서 세계에 대한 느낌은 신비로운 느낌이다."(6. 45) 비트겐슈타인의 이 말은 중요하다. 주체의 특수한 상황을 언급하고 있다.

6) 동양권에서는 지식을 뜻하는 '지'(知)와 그 지식을 통해 스스로 통찰하는 '지'(智)를 구분하고 있다. 후자의 지에는 행위주체와 그 능력이 중요하게 작용한다.

행위주체의 진실성과 진정성을 드러내는 유일한 통로이다. 물론 그 역도 성립된다. 언어는 자기 진실성의 은폐 수단이기도 하다. 언어를 통해 얼마든지 자기 자신을 숨길 수 있다. 이른바 자기기만의 문제가 제기된다. 중요한 점은 자기기만 행위가 언어의 표현적 특성에 기인하고 있다는 것이다.

언어의 소통적 특성은 메시지를 매개로 한다. 언어의 소통적 특성은 언어 사용자뿐만 아니라 독자를 상정한다. 언어의 소통적 특성은 타인과의 교류를 통해서만 가능하다.[7) 언어의 소통적 특성은 담론에서 특히 중요하다. 화자와 청자의 소통과정에서 담론의 메시지가 우위를 차지한다. 말하는 사람과 듣는 사람은 메시지를 통해 소통하기 때문이다. 나는 너에게 무언가를 전달한다. 이 같은 생각을 전달하는 방식이 말과 글이고, 말과 글은 오로지 언어로 표현된 메시지인 것이다. 로만 야콥슨의 '메시지의 우위'란 바로 이 점을 전달한다. 말하지 않으면 그 사람이 누구인지, 또 어떤 생각을 하는지 알 길이 없다. 물론 벙어리도 소통한다. 소리로 메시지를 전달하지 못할 뿐, 몸짓, 발짓, 글을 통해 얼마든지 자신의 생각을 전달할 수 있다. 침묵도 하나의 소통방식이다. 말과 글로 표현하지 않으려는 의도 자체는 분명히 인간 행동의 한 표현이고, 상대방에게 그런 뜻을 전달할 수 있다. 예를 들어 법정에서 묵비권은 상대방의 물음에 응하지 않겠다는 간접적인 대응방식이다. 침묵을 포함한 모든

---

7) 칸트도 인간의 소통적 특성을 강조하고 있다. 인류 역사의 기원을 추론하면서 이렇게 말하고 있다. "의사소통을 하고자 하는 충동은 인간의 독창적인 동기였음에 틀림없다. 인간은 혼자 있을 때에도 자기 자신 밖의 생명체, 특히 소리를 내는 생명체에게 자신의 존재를 알리려 했을 것이다. 이 소리는 흉내 낼 수 있으며 나중에 이름을 붙일 수 있다. 어린이와 생각 없는 사람에서 여전히 이와 유사한 작용을 발견하는데, 이 사람들은 수다를 떨거나 소리 지르고, 휘파람을 불거나 노래를 부르거나 다른 시끄러운 취미로 (종종 시끌벅적한 예배행사로) 공동체의 사고 부분을 가로막는다. 나는 이 같은 행동이 모두에게 자신의 존재를 알리고 싶은 욕망이외의 다른 동기를 생각할 수 없기 때문이다." Immanuel Kant/ Hans Reiss ed.(1991:222)의 주석 1. 국내 번역본은 이한구 옮김 (2009:81-82). 번역은 필자의 것이다.

것이 타자에 의해 언어로 표현되고, 소통된다. 이런 점에서 모든 소통은 잠정적으로 언어적 소통에 바탕을 두고 있다. 말과 글로 타인의 행동을 얼마든지 바꿀 수 있기 때문이다. 언어를 통한 소통은 각자의 세계 창출의 계기이고, 그 세계가 문화 전승의 주동축이다. 인간의 문명과 문화는 언어 없이는 존재할 수 없다. 언어의 소통적 특성은 넓은 의미에서 인간 정체성, 집합 정체성을 확립하는 교두보 역할을 한다.

3. 담론·자아·내러티브

내러티브는 방금 언급한 언어의 특성과 관련이 깊다. 내러티브는 인식적·표현적·소통적 관심 모두에서 제기되고 있지만, 그 중에서도 표현적·소통적 기능에서 활발하게 논의되고 있다. 내러티브는 이해한 것을 말하고, 듣는 사람이 말하는 사람을 이해하는 인간의 능력이다. 내러티브는 합리적인 소통의 전달체이다. 더욱이 내러티브에서 중요한 점은 이야기 구성을 통해 새로운 의미를 창출한다는 점이다. 인간은 이야기를 통해 자신의 말과 행동을 공동체와 연관시켜 새로운 의미를 창출한다. 그런 점에서 내러티브는 인간 능력의 확대과정이다. 말하고 행동하는 인간이 부여하는 의미의 확산 과정이다.[8] 의미의 확산 과정을 조금 더 잘 이해하려면 내러티브가 언어활동에서 개입하는 지점을 세심하게 살펴볼 필요가 있다. 표현과 소통의 문제 틀에서 나타나는 몇 가지 개별 이슈를 정리해보면 아래와 같다.

(1) 표현·소통의 문제는 기존 사유 틀을 벗어나야 한다. 무엇보다

---

[8] 내러티브를 능력의 확대과정과 의미의 확산과정으로 바라보는 것은 이 글 전제 중 하나이다. 주목해야 할 중요점은 능력의 확대가 의미의 확산으로 이어지는가에 대한 설명방식이다. 앞으로 밝혀지겠지만 독자의 개입이 이런 이행을 가능하게 한다.

과학적 인식에 바탕을 두고 있는 경험주의적 언어 이해에서 벗어나야 한다. 그 밑바탕에는 경험을 바라보는 시각 차이가 드러난다. 아마도 이 차이를 가장 잘 보여주는 예가 독일어의 경우일 것이다. 독일어 Erfahrung과 Erlebnis의 의미는 둘 다 '경험'이라고 번역되지만 그 뉘앙스 차이는 매우 크다. 주관의 내부에 외부 사실을 그대로 각인하는 경험 (Erfahrung), 주관 내부에서 자기 주도적으로 각인된 사실을 바꾸는 경험 (Erlebnis)은 엄연히 다르다.9) 우리 언어에서는 '경험'과 '체험'으로 구분 된다. 체험은 해석학적 전통에서 강조된다. 이 입장에서 경험은 행위주체 의 경험(체험)을 가리키는 것으로, 이미 주어진 의미 세계 안에서 그 경험을 해석하는 과정인 것이다. 체험을 강조하는 해석학적 전통에서 자아는 특별한 위상을 차지한다. 경험주의 전통의 자아관과 비교하면 그 특별한 위상을 쉽게 납득할 수 있다. 흄의 인식론에 따르면 자아는 존재하지 않는다. "지각의 다발"일 뿐이다.10) 하지만 체험은 어떤가. 체험은 이미 인식하는 주체, 특히 외부의 자극을 받아들이는 신체를 인정한다. 때문에 체험은 자아 안에서 세계를 해석하는 과정이다. 말과 행동의 의미가 확산된다. 찰스 테일러는 이런 인간을 가리키면서 "해석 하는 동물"이라고 지칭한다.11) 해석하는 것은 자기 자신에 대한 표현을 이해하는 것이고, 이 같은 이해는 자극에 단순히 반응하는 것과는 다른

---

9) 외부자극을 받아들이는 방식에서도 이 같은 구분이 적용된다. 일반적인 경험은 주로 감각(Empfindung)에 토대하고 있지만, 자기 주도적인 체험에서는 느낌(Gefuhl)이 강조된다.
10) 흄에 대한 흥미로운 해석으로는 들뢰즈의 논의를 참조하라. 들뢰즈는 회의론자로서 흄과 상식론자로서 흄을 주체 문제로 종합시키고 있다. 이 과정에서 본격적으로 논의 되지 않았지만 주체와 내러티브의 관계를 심층적으로 탐구해볼 수 있을 것이다(Gilles Deleuze:1991).
11) 해석하는 동물로서 인간의 삶은 주체의 '강한 평가'에 기댄다. 이 평가는 인간의 삶에 대한 의미를 만들어내고, 타인과의 교류를 통해 자기 자신 및 집단적 정체성의 기반이 된다. 자기 진정성에 기반 한 의미의 공동체를 만들어내는 것이 공동체주의의 정치적 이상이다. 이런 이상은 내러티브를 통한 통합이 필요하다(Charles Taylor:1989).

것이다. 자기 주도적 성격이 뚜렷하게 부각된다.

(2) 그렇다면 자기 주도적 해석과정을 어떻게 바라봐야 하는가? 이를 설명하기 위해서는 자기 정체성 확인과정에서 기억의 역할에 주목해야 한다. 우리 각자는 다른 기억을 갖는다. 어느 누구도 동일한 기억을 가질 수 없다. 경험이 다른 한 기억도 같을 수 없다. 비단 자기 자신과 타인의 기억 차이만이 아니다. 자기 자신 안에서도 기억은 서로 충돌한다. 경험의 이질성처럼 기억도 상충한다. 또한 기억은 망각과 싸움을 해야 한다. 기억되기 위해선 망각되어서는 안 된다. 망각은 기억의 상실이다. 하지만 모든 게 망각할 수 없기에 기억은 하나의 고통이 된다. 사랑하던 애인을 떠나보냈을 때의 애타던 심정, 지울 수 없는 과거의 실수들. 우리는 매순간 자기 내면에서 기억과 망각의 힘겨운 줄다리기를 한다. 자기 정체성은 두 가지 형태로 드러난다. 하나는 기억의 인과적 관계에서, 다른 하나는 기억과 망각 사이에서 드러난다. 먼저 자기 정체성은 기억 간 투쟁이다. 선별된 기억들의 인과관계에서 특정의 정체성이 형성된다. 플라톤의 '상기'(recollection)는 선별적인 기억의 자기 구성을 염두에 둔 것이다. 그런 점에서 자기 정체성은 특정 기억의 승리이다. 또한 그 역도 성립한다. 자기 정체성은 망각의 산물이다. 망각하지 못하면 인간에게 새로운 기억이 자리 잡을 수 없다. 적절한 망각은 선별적 기억을 위한 토대이다. 정신분석학은 이 점을 잘 활용하고 있다. 적절한 망각은 새로운 기억을 채워 넣을 수 있는 조건이다. 자기 정체성은 정확히 자기 자신의 기억에 대한 적절한 통제가 이뤄질 때만 형성 가능하다. 하지만 여기서 간과해서는 안 될 중요한 사실이 있다. 이 모든 과정이 언어의 힘, 특히 내러티브로 표현되지 않고는 이해될 수 없다는 것이다. 언어를 통한 표현이 자기 정체성의 합리성을 결정한다. 이 과정에서 상상력과 지성의 결합이 이루어지고, 합리적 판단의 기준이 된다.

(3) 표현적, 소통적 특성에는 진정성 있는 자아가 전제된다. 자기 자신의 말과 글, 타인의 말과 글을 통해 자기 자신의 진정성이 드러난다. 물론 자기기만도 작동한다. 그렇기 때문에 표현적, 소통적 특성에서 진정한 자아와 기만적인 자아의 구분은 절대적이다. 진실 됨과 진실 되지 못함의 구분이 필요하다. 이른바 '진실'(veracity)의 영역은 오로지 언어로 표현될 때만 가능하다. 그러므로 자기 자신의 진실 됨과 거짓됨의 구분은 표현된 말과 글의 참과 거짓과 관련된다. 이런 관점에서 보면 인간 주체와 언어의 관계는 매우 독특하다. 단순히 인간은 자연현상을 이용하는데 머무는 존재가 아닌, 자기 방식으로 해석하면서 자기 세계를 만들어가는 존재이다. 하이데거가 실존의 의미로 '존재'를 언급한 것도 이런 맥락이다. 중요한 사실은 언어를 통해 인간에게 참된 세계와 거짓 세계가 열려 있다는 점이다.[12] 여기서 인간의 소망은 존재의 가능성으로 개입되고, 선택과 결단을 통해 인간 삶의 행복·불행을 결정한다. 이렇듯 진정성 있는 자아의 결합은 진리가 드러나는 것, 자기기만적인 자아의 결합은 거짓이 드러나는 것이다. 자기기만을 혐오하는 것도 이런 맥락이다. 인간 삶을 지배하는 경제, 사회, 정치적 관계는 인간의 상호성에 기반하고, 인간관계를 지배하는 상호성은 개개인의 능력과 역할을 전제로 한다.

내러티브 연구는 방금 서술했던 문제들을 모두 아우르는 종합적인 시도이다. 그렇다면 내러티브란 무엇인가? 내러티브의 작동은 어떻게 가능한가? 이는 우리 연구의 핵심 물음이다. 이 물음에 구체적으로 답변하기에 앞서서 먼저 반드시 주목해야 할 점을 언급할 필요가 있다. 내러

---

12) 세계의 참됨과 거짓됨은 표현된 내러티브의 '개연성' 또는 '필연성' 여부에 따라 결정되며, 이것은 하이데거 존재론적 탐구의 기반이 된다. 내러티브의 철학적 기반이 하이데거의 역사성과 관련 있다는 점은 우연한 부산물이라고 보기 힘들다. 하이데거가 지적했듯이 세계의 의미는 결국 선(先)이해의 변형일 것이고, 존재론적 기반은 "세계 내 존재"라고 볼 수 있기 때문이다.

티브는 구체적인 언어와 밀접하게 연관된다. 전문적인 용어로 말하면 내러티브는 추상적인 언어가 아닌 구체적인 언어, 즉 랑그가 아닌 파롤과 깊은 관련이 있다. 언어를 통한 표현과 소통은 구체적인 현실 안에서 발생하는 구체적인 메시지를 담고 있다. 특정 경험은 밖으로 드러나야만 타인이 이해할 수 있다. 밖으로 드러나지 않으면 말하는 사람의 경험을 알 방도는 없다. 어떤 식으로 표현되어야만 한다. 그때 모국어의 도움이 절대적이다. 누구나 모국어를 통해 손쉽게 자신의 경험을 말하고, 독특한 방식으로 이야기를 전달한다. 그렇게 표현된 이야기는 사실에 대한 진위판단, 더 나아가 가치판단을 전제한다. 이 같은 가치의 개입이 공통적인 것의 관심을 촉발한다. 서로에게 유용하고 가치 있는 것의 공감이 공동의 것에 대한 관심으로 이어진다. 따라서 내러티브 논의는 언어의 통합적 성격을 잘 보여준다. 내러티브가 인간 주체의 능력에 국한되지 않고, 인간 삶과 관련된 제반 영역까지 확대되어 집단적 정체성과 사회 구성차원에서 논의되는 것도 내러티브의 통합적 특성 때문이다.

  문화적 차원의 내러티브는 개인의 소통만이 아닌 집단의 문화도 소통할 수 있게 한다. 인간의 문명과 문화도 내러티브를 통해서만 전달될 수 있다. 문명과 문화는 텍스트를 통해 전수된다. 구술 문화에서 문자 문화로의 이동이 인류 문명에 획기적일 수 있었던 것은 문화전승 수단으로서 내러티브의 텍스트 구성력 때문이다. 사실은 쉽게 사라지지만, 사실을 담은 이야기는 보존된다. 이야기로 전해지면 소멸되지 않고 지속된다. 따라서 과거를 아는 유일한 통로도 내러티브이다. 일단 이야기로 만들어지면 누구가의 입과 글을 통해 후손에게 전달된다. 매순간 느끼는 희로애락에 담긴 우리의 삶은 내러티브를 통해 텍스트로, 훗날 후손들은 텍스트 안에서 우리의 삶을 만나게 될 것이다. 그런 점에서 인간경험은 내러티브를 통해서 축적된다. 축적된 이야기는 체험된 삶의 보고이다. "이야기는 말해지기 전에 체험된다."13) 매킨타이어의 이 말은 내러티브를 통해 자기 자신과 타인이 수없이 만난다는 뜻을 내포하고 있다. 그러므로 내러티브를 매개하지 않고는 생각도 느낌도, 더 나아가 세계에 대한 공유도 있을 수 없는 것이다.

　지금까지 말한 것을 종합하면 이렇다. 내러티브는 인간주체의 독특한 능력으로 언어현상에서 가장 주목되어야 할 현상이다. 내러티브는 자기 경험을 자기 자신의 것으로 만드는 것인 동시에, 자신의 경험을 타인에게 전달하는 소통수단이다. 인간은 내러티브를 통해 서로 소통한다. 내러티브를 매개로 한 소통은 매우 독특한 시간을 갖는다. 각자의 과거와 미래가 현재에서 만나기 때문이다. 이런 내러티브의 이해는 아주 오래된 주제임에도 불구하고 최근에야 철학적으로 부각되고 있다. 말하자면 내러티브는 망각되어 그 진가를 발휘하지 못한 셈이다. 하지만 내러티브 논의에는 전문화되고 파편화된 현대사상을 하나로 통합할 수 있는 가능성이 내포되어 있다. 이 같은 통합 가능성은 민주주의 관점에서 더욱 흥미롭다. 무엇보다 내러티브가 이성능력과 달리 소수에게만 속한 것이 아니라, 인간 모두에게 부여된 동등한 능력이라는 점 때문이다. 내러티브 능력은 모두에게 동등하다. 우리 모두는 이야기를 만들고 이야기를 따라갈 수 있는 능력을 가지고 있다. 사실 텍스트 형성 능력은 정도 차는 있을지 몰라도 모국어를 터득한 사람은 누구나 즐길 수 있는 능력이다. 물론 소수만이 텍스트를 만들 수 있다고 반론을 제기할 수 있다. 그러나 소수의 텍스트를 읽어줄 사람이 없다면 그 텍스트는 텍스트로 역할을 수행하지 못한다. 비록 텍스트 형성 능력이 소수만의 특권이라고 하더라도, 텍스트를 따라가는 능력은 모두에게 동등하다. 다시 말하면 텍스트를 따라갈 수 있는 능력 또한 내러티브 능력에 의존하고 있다. 그런 점에서

---

13) Alasdair MacIntyre(1981), 212쪽. 매킨타이어는 "픽션의 경우를 제외하고는"이라는 단서를 달로 이렇게 말하고 있다.

내러티브는 말하는 사람과 듣는 사람을 연결한다고 할 수 있다. 이때 중요한 역할을 하는 것이 메시지이다.

4. 텍스트·해석학적 전회·독자

내러티브는 무엇이고, 어떤 식으로 작동하는가? 이제 이 물음에 대답해보자. 내러티브는 인과적 사슬로 문장을 엮어내는 기술이다. 모국어 사용자는 별 어려움 없이 내러티브를 능숙하게 활용한다. 자식 자랑을 늘어놓는 부모들의 이야기를 들어보라. 여러 사람을 모아놓고 같은 사건을 어떻게 전달하는지 지켜보라. 사람마다 다른 내러티브를 사용한다. 누구도 같은 문장을 사용하지 않는다. 각 자의 이해방식대로 이야기를 전달한다. 내러티브의 특징은 바로 이런 이야기 구성 능력에 달려 있다. 기호학자와 구조주의자들은 이야기 구성 능력과 내러티브의 상관관계를 주목한다. 이해를 돕기 위해 같은 문장으로 다른 텍스트를 구성하는 예를 들어보자.

(1) 고양이가 탁자에 오른다.
(2) 여자 아이가 울고 있다.
(3) 엄마는 병원에 갔다.

이제 세 문장을 서로 연결해 다른 텍스트를 만들어보자. 논란이 되는 지점을 부각시키기 위해 두 가지 경우만 살펴보면 다음과 같다.

㈎ 엄마가 병원에 간 사이 고양이가 탁자에 올랐다. 그러자 여자 아이가 큰 소리로 울었다.

㈏ 고양이가 탁자에 올랐고, 여자 아이는 울었다. 엄마는 병원으로 달려갔다.

우리는 텍스트 ㈎와 ㈏의 차이를 쉽게 발견할 수 있다. ㈎의 경우 엄마가 병원에 간 사이 벌어진 우발적인 사건을 묘사하고 있다. ㈏의 경우 엄마가 병원에 간 정황을 제시하고 있다. 좀 더 분명하게 논점을 살리기 위해 이제 논리실증주의 설명과 비교해보자. 논리실증주의 입장에 따르면 문장 자체의 참, 거짓을 알게 되면 전체의 진리치를 알 수 있다. 이런 입장에서 보면 (1), (2), (3) 모두 참이라고 할 때 텍스트 ㈎와 ㈏는 배열과 상관없이 전체 진리 값은 참이기 때문에 텍스트 차이는 큰 의미가 없다. 과학이론의 정당화 관점에서 볼 때 진리치가 결정된다는 점이 중요하다. 하지만 내러티브 관점에서 보면 두 텍스트의 차이는 확연하다. 특히 동일한 문장이라도 배열을 바꾸면 텍스트가 전달하려는 의미가 달라지기 때문이다. 그런 점에서 텍스트의 독특성은 다음에서 드러난다. 첫째, 낱말의 배열, 문장의 배열에 의해 결정된다는 것이고, 둘째, 그 전달된 의미도 달라진다는 것이다.14)

중요한 사실은 낱말과 문장의 배열에서 나오는 차이가 이른바 '작품' 에서도 강조되고 있다는 점이다. 저자는 자신의 생각을 작품에 표현하고 독자에게 전달한다. 작품은 저자의 구성 능력을 전제로 하고, 그 구성능력은 내러티브에 의거하고 있다. 작품을 거론할 때 흔히 특정 저자가 지목되는 이유가 여기에 있다. (예술가를 '천재'로 부각시키는 것도 이와 무관하지 않다). 말하자면 작품에는 반드시 저자가 따라붙는다. 하지만 구조주의와 기호학에서는 작품과 텍스트를 구분한다. 텍스트는 저자의 의도와 상관없이 낱말, 문장의 배열이 가능하고, 그에 따른 다양한 의미

---

14) 이 배열이 어떻게 의미를 형성하느냐는 별개의 문제이다. 이 문제는 구조주의와 기호학의 근본 관심사이다.

의 산출가능성을 강조한다. 텍스트에서 중요한 것은 저자의 의도와 무관하게 텍스트만이 만들 수 있는 의미화(signification), 즉 텍스트로 표현된 기표와 기의의 관계이다. 텍스트에 나타난 낱말, 문장의 배열은 텍스트의 다양한 의미를 결정한다. 때문에 작품에서 텍스트로 이행할 때 매우 중요한 차이가 있다. 텍스트에서 기표와 기의의 관계는 저자의 의도를 벗어나 텍스트 자체의 해석 가능성이 열려 있다. 롤랑 바르트의 "저자의 죽음"은 텍스트 의미의 해방을 뜻한다. 텍스트에서의 새로운 의미는 임의적인 작업이 아닌, 텍스트 안에 있는 단어와 문장들의 결합 안에서 나타난다. 물론 이 의미는 이른바 랑그의 보편적 구조 안에서 결정된다. 그래서 이른바 '해체비평'의 근간은 내러티브의 구성이고,15) 해체비평의 혁신적인 시각은 텍스트의 존재여부에 달려 있다.

구조주의와 기호학에는 여전히 풀어야 할 문제가 있다. 작품론에서 분명하게 드러나는 현실과의 관계가 텍스트에서는 뚜렷하지 않다는 점이다. 텍스트에서는 작품에서 중요시하는 복잡 미묘한 현실과의 대응관계, 흔히 미메시스(mimesis) 또는 '재현'이라 부르는 관점이 배제된다. 이 대응관계를 무시할 경우, 텍스트 구성은 단순히 현실에 대한 상상적 구성이 아닌, 허구 자체가 되고 만다. 하지만 작품의 위대성은 늘 현실과의 연결에서 결정된다. 작품은 작가의 현실과 떨어질 수 없고, 작가의 시대적 배경은 그의 사상을 이해할 때 떼려야 뗄 수 없는 관계를 유지한다. 작품에 나타난 작가의 내러티브는 삶과의 연결을 통해 그 의미가 모색되고 부각된다. 하지만 해체비평은 인간 삶과 연관되는 내러티브의 독특성에 크게 주목하지 않는다. 텍스트에 나타난 기표와 기의의 관계,

---

15) 해체비평이라는 말은 빈센드 라이치의 표현이다. 해체비평의 문제설정은 구조주의와 기호학의 기본 문제설정과 유사하다. 내러티브 논의를 본격적으로 제기한 롤랑 바르트는 기표와 기의의 관계에서 텍스트 형성의 요체인 내러티브로 이동하고 있다. 나중에 기호학자들도 이 같은 문제 틀을 받아들이고 있다(빈센트 B. 라이치/ 권택영 옮김:1989).

그 내러티브, 그 새로운 의미에만 주목한다. 달리 말하면 구조주의와 기호학은 저자를 배제시키면서 새로운 의미를 부여할 가능성은 있지만, 파란만장한 삶에 의미를 부여하는 체험의 내러티브에 대해서는 별 다른 설명을 줄 수 없다. 물론 이에 대해서는 여러 가지 평계가 있을 수 있다. 그 중 평계 중 하나가 우리의 편견을 지배하고 있는 것으로, 학문의 객관성에 대한 지나친 집착을 들 수 있다. 텍스트 해석의 객관성에만 치중하면 삶과의 연결고리가 걸림돌이 될 뿐이다. 하지만 내러티브 자체가 인간 능력, 특히 외부 현실과 만나는 지점, 다양한 삶을 표현한다는 사실을 무시해서는 안 된다. 경험의 진실성에 눈을 감는 것이다. 현실에서 삶은 역동적이고, 이런 역동성을 담아낼 내러티브가 필요하다. 이때 개입된 내러티브는 어떤 식으로 삶에 대한 의미를 담고 있다.

역동적인 삶을 표현한다는 말이 무슨 뜻인가? 이해를 돕기 위해 다음 문장을 살펴보자.

(4) "여자아이가 아빠보다 먼저 아파트 출입구로 나왔는데 아파트 위층에서 떨어진 남성과 아이가 부딪쳤다"
(5) "박 씨의 집에 TV를 설치하러 갔다가 '다음에 오라'는 가족의 말을 듣고 돌아가려는데 (박씨가) 갑자기 복도로 나오더니 아래로 뛰어내렸다."(연합뉴스 2013. 5. 19)

텍스트 (4)와 (5)는 최근에 발생한 자살 사건에 대한 목격자의 진술이다. 텍스트 자체로 보면 그 의미를 파악하기 쉽지 않다. 이 내러티브는 무엇을 말하는가? 단순히 자살을 말하는 것인가? 아니면 그 이상인가? 이 물음에 대한 대답은 현실과의 연결 고리에 있다. 구체적인 상황과 현실을 고려할 때 이 내러티브의 의미가 분명해진다. 현실을 고려할 때 이 내러티브는 우리 사회의 침울하고 어두운 단면이 드러난다. 자살이라는 말을 쓰지 않았지만. 물체의 낙하라는 뜻을 암시하는 '뛰어내렸다'는 말과 '위층에서 떨어진'이란 표현 속에서 비인격화된 죽음이 드러나고, 왠지 모를 어떤 존엄성을 느낄 수 없는 삭막함이 드러난다. 감정 없이 전달하는 내러티브는 우리 시대의 무감각과 무기력의 표현인 것이다.

더 중요한 사실은 내러티브가 전달하는 현실을 금방 알아차리는 우리의 능력이다. 이해하기 어렵고 지극히 우발적인 상황 속에서도 우리는 2014년을 사는 동시대인으로서 이 내러티브에 표현된 우리 시대를 이해한다. 물론 시간이 지나면 금방 이 사실을 잊어버릴 것이다. 다른 경험이 이 자리를 차지할 것이고, 때문에 다른 생각을 하게 될 것이다. 하지만 이 내러티브를 보는 즉시 다시 그 때를 기억할 수 있다. 내러티브는 무엇보다 현실의 재현이다. 그래서 내러티브는 현실의 기록이 된다. 낱말의 취사선택, 표현방식에 따라 전혀 다른 텍스트가 될 수 있다. 상황이 어떻게 바뀌든 내러티브는 특정상황을 서술하면서 무언가를 지시한다는 것만큼은 변함없다. 내러티브의 시간은 세상을 바라보는 시선을 고정시키고, 새로운 의미를 창출하는 순간에 고정된다. 내러티브의 역할은 인간의 경험을 전달하는 수단인 동시에 세계를 드러내는 것이다.

내러티브 시간의 독특성은 우리 삶에서 기억이 차지하는 역할과 밀접하게 연관된다. 모든 개인들은 매순간 새로운 순간을 경험하고 기억한다. 내러티브는 경험을 외화 시키고 의미를 고정시키는 역할을 한다. 한 개인의 경험 이야기는 내러티브의 도움을 필요로 하며, 이때 내러티브로 표현된 의미는 지성의 도움을 필요로 한다. 내러티브의 합리성은 기억의 역할에 대한 두 해석에서 지성의 역할에 의해 설명된다. 지금까지 기억은 두 가지 입장으로 대변되어 왔다. 먼저 경험주의 해석으로 기억은 인상의 내용을 그대로 담보한다. 흄의 말을 따르면 오직 "생생함"의 차이만 있을 것이다. 이 경우 지성은 아무런 역할을 하지 못한다. 그저 기억의 연관관계에서 연상 법칙을 추론할 뿐이다. 또 다른 해석은 일종의 체험주의 해석으로 인상을 기억으로 넘기면서 주체의 적극적인 역할을 강조한다. 기억은 인상을 그대로 전달하지 않는다. 주체의 감정이 개입되고, 새로운 형태로 배열될 수 있는 가능성이 있다. 지성이 적극적인 작용을 할 수 있는 것도 이런 가능성 때문이다. 지난여름 해변에서 일어났던 일을 기억해보라. 그러면 지난여름에 일어났던 일을 떠올리며 생각에 잠길 것이다. 친구에게 그 때 일을 이야기를 할 것이다. 특정의 사건을 열거하고, 이 사건들을 보고하는 방식으로 이야기를 전개할 것이다. 이 작업은 선(先)이해를 전제로 한 이해, 지성의 종합작용을 요구한다. 그래서 이야기의 합리성은 지성을 요구하고, 내러티브는 이런 지성활동의 결과이고, 사건을 이야기로 꾸미는 것이다.

이 과정에서 주목해야 할 사실이 있다. 이야기를 꾸미는 일(아리스토텔레스는 이 작업을 플롯 짜기라고 표현한다)이 하나의 전체성을 담는다는 점이다. 이야기는 아리스토텔레스의 말마따나 '행위의 모방'이다. 이야기의 힘을 빌리게 되고, 이야기 구성은 "시작-중간-끝'으로 이어지면서 하나의 전체성을 드러낸다.[16] 경험이 이야기로 옮겨질 때 사건의 전체성이 포함된다. 이 같은 전체성의 형성과 역할은 구조주의자나 기호학자가 보지 못한 것이다. 다시 말하면 다양하면서도 객관적인 텍스트를 해석하기에 앞서 텍스트 생성 자체는 매우 특이한 방식으로 삶과 연관된다. 이 같은 삶의 재현은 단순 모방이 아니다. 내러티브를 통해 전체성이 표현된다.[17] 더 정확히 말하면 이 같은 삶의 재현은 내러티브 없이는

---

16) 플롯 짜기, 전체성 개념은 아리스토텔레스 「시학」에서 차용한 것이다. 「시학」 1449b~1450a을 참조하라.

17) 언어를 통해 현실이 재구성된다는 주장은 "이해의 창조적 힘, 다양한 상징의 기능"을 설명할 때 주로 등장한다. 분석 철학의 전통에서는 굿맨이 이런 논의를 이끌고 있다(Nelsom Goodman:1978). 내러티브와 현실의 연결고리를 강조하는 또 하나의 영역은 역사이다.

밖으로 드러날 수 없다. 더더욱 텍스트의 형성은 파편화된 삶을 통일하는 것이다. 텍스트의 표현은 삶의 전체성을 드러내는 것이다.18). 텍스트 해석은 이런 의미에서 항상 부차적이다. 텍스트란 말은 어떤 형태이든 이런 텍스트를 가능하게 한 재현과정, 더 나아가 재현과정에서 나타나는 전체성을 담고 있다는 뜻이다.

우리는 텍스트와 삶의 연결 지점에서 두 가지 중요한 특징을 발견한 다.19) 첫 번째 특징은 텍스트가 작의적인 창작물이 아니라는 점이다. 텍스트와 삶의 연결고리는 현실의 특수성이다. 즉 인간의 시간 안에서 체험된 인간적 경험을 기록하는 것이다. 텍스트는 현실과 떨어질 수 없다. 텍스트와 현실의 연결 고리가 중요하다. 무엇보다 이 지점에서 드디어 체험된 인간의 시간이 기록되고 있기 때문이다. 좀 더 정확히 말하면 텍스트는 우주적인 시간과 주관적인 인간 시간의 교차지점에서 형성된다. 이 지점에서 텍스트의 시간이 인간의 체험 시간과 동일해진다. 리쾨르는 이 시간을 가리켜 "역사적 시간 (인간의 시간)"이라고 부른 다.20) 인간의 시간은 오로지 텍스트의 매개를 통해서만 존재한다. 그렇 지 않으면 시간이 지나면 소멸되고 만다. 그런 점에서 인간의 시간은 이야기된 시간이라고 할 수 있다. 따라서 인간의 시간은 역사와 문학의

---

18) 텍스트는 이미 저자의 의도를 벗어날 수 있다는 점에서 텍스트에 포함된 전체성은 저자의 의도를 벗어난다고 해야 한다.
19) 내러티브와 삶을 연관시키려는 노력은 알래스데어 매킨타이어, 찰스 테일러, 폴 리쾨르 의 저서에서 발견된다. 특히 매킨타이어는 삶과 내러티브의 상관관계를 논의하면서 '이 야기를 통한 삶의 통일'(narrative unity of life)을 주장한다(Alasdaire MacIntyre:1981).
20) 리쾨르에 따르면 과거, 현재, 미래라는 인간의 시간은 주체의 내면의 시간과 물리적 시간이 만나는 시간이다. 다시 말하면 헤라클레이토스의 흐르는 물처럼 의식은 연속적 인 흐름의 상태이기 때문에, 의식의 시간이 역사적인 시간이 되려면 절대적으로 정립 될 수 있는 물리적 시간과 만나야 할 뿐만 아니라, 흐름의 상태인 내면의 시간이 이야기 로 서술되어야 한다. 리쾨르는 이것을 인간의 시간이라고 지칭하면 이렇게 말한다. "인간적인 시간의 되는 조건은 다음과 같다. 시간은 내러티브 양식을 통해 분절되어야 한다는 것이다. 내러티브가 시간적 실존의 조건이 될 때 그 완벽한 의미를 획득한 다."(Paul Ricoeur/ Kathleen McLaughlin and David Pellauer trans., 1984:52)

시간이다. 무엇보다 역사의 시간처럼 연대기적 시간이지만, 각자에게 독특한 개인의 시간, 즉 특정 관점의 시간인 소설의 시간과 마주쳐야 한다. 이런 시간이 없다면 텍스트로 만들어질 수 없다. 그런 점에서 역사적 시간은 단순히 증언, 목도의 시간이 아닌 이야기된 시간이다. 이 시간은 인간 행동의 의미와 밀접하게 연관된다.

두 번째 특징은 이 시간이 갖는 윤리적 함의이다. 텍스트 구성은 하나의 전체를 담아내는 인간의 지적 작업이다. 이 작업에는 반드시 인간의 관점, 특히 윤리적 관점이 투영된다. 인간의 시간은 윤리적관계의 연속이다. 인간은 타인과 관계를 맺는다. 특히 인간의 시간 안에는 행동하는 자, 행동 때문에 영향을 받는 자의 관계가 개입된다. 즉 가해자와 피해자의 관계가 설정된다. 이 같은 가해자와 피해자의 관계는 윤리의 출발점인 상호성의 관계, 즉 나와 너의 인격적 관계를 전제한다.(나와 주위환경의 관계도 물론 전제된다. 하지만 대다수의 윤리적 문제는 상호성과 관련이 깊다). 물론 나와 너의 관계는 호혜적 관계를 통해 우리는 하나라는 독특한 관계로 발전된다. 따라서 현실과 연관된 텍스트의 내러티브는 늘 현실의 관점에 대한 평가가 개입할 수밖에 없다. 바로 이 같은 평가가 텍스트 구성에서 윤리적 시선을 반영한다. 사실 이 같은 지점은 기존 내러티브 연구에서 크게 주목하지 않았던 부분이다. 특히 객관적인 텍스트 해석에 치중하다보면 이 문제가 부각되기는 어렵다. 하지만 내러티브가 궁극적으로 삶의 재현의 한 방식이라고 한다면, 이 같은 재현이 갖는 중요성에 대해 철학적인 성찰이 필요하다. 내러티브를 통한 텍스트 구성 자체가 사실에 대한 묘사를 넘어 사실에서 추론 가능한 잠재적 사실을 드러내는 것이기 때문이다. 그 사실은 하나의 전체로 표현된 내러티브의 응결력과 응집력에 따라 그 진리치가 결정된다. 삶의 재현은 현실에서 가능한 또 다른 세계를 보여준다는 의미뿐만 아니라, 그 세계의 결말 또한 보여준다. 따라서 현실에서 일어나지 않았던 일을 하나의 가능세계로 보여주고, 그 가능세계를 통한 독자와의 소통은 현실에 대한 윤리적 평가에 달려 있다고 해도 과언이 아니다. 이 같은 윤리적 평가를 가능하게 하는 것은 아리스토텔레스가 적절하게 언급했듯이 이야기가 하나의 사상을 담아내고 있기 때문이다.

삶의 재현에 대한 윤리적 평가의 개입에는 몇 가지 특징이 있다. 먼저 윤리적 평가가 단순히 금지나 명령이 아닌 인간의 소망과 연계된다는 점에 주목해야 한다. 이때 윤리적이란 말은 인간에게 가능한 소망의 영역으로 나타난다. 삶의 재현에 대한 평가는 그런 삶에 대한 평가이며 인간의 삶에 대한 간접적인 평가라는 측면에서 철저히 윤리적이다. 우리는 왜 춘향전이나 홍길동전을 끊임없이 재해석하려고 하는가? 변해가는 현실에서 인간 소망이 차이가 나기 때문은 아닌가? 인간의 행위는 목적지를 찾지 못하고 긴 길을 떠나는 배와 같다. 이유를 모르고 그저 하는 행위. 기존 목적에는 위배되지만 왠지 다르게 하고 싶은 심정, 이런 인간 행위들이 그저 의미 없다고만 해야 하는가? 아니면 다른 의미를 찾을 수 있을까? 그 가능한 의미는 어떻게 이야기로 만들어지느냐의 문제에 달려 있다. 이런 경우 상상적 결말은 인간 행동에 대한 새로운 이해를 가능하게 한다.

윤리적 평가에는 관점이 중요하다. 텍스트의 내러티브는 메시지를 전달하는 저자의 관점뿐만 아니라, 텍스트를 읽는 독자의 관점도 중요하게 작동한다. 독자의 관점에서 사실에 대해 윤리적 평가를 내릴 수 있다. 텍스트는 단순히 현실에서 추론된 가능세계를 보여줄 뿐이다. 윤리적 평가를 내리는 것은 판단하고 사고할 수 있는 주체들이다. 따라서 텍스트를 읽고 경험하는 독자들 안에서 텍스트 세계에 대한 윤리적 평가는 매우 중요하다. 특히 텍스트로 표현된 윤리적 소망은 독자의 세계와 교차된다. 텍스트를 마주하는 독자는 텍스트의 세계를 이해하면서 윤리적 평가를 내린다. 더욱이 텍스트의 독자는 무차별적이다. 누군지 모르지만 텍스트를 읽는 독자라면 사고하고 판단할 수 있는 주체라고 가정된다. 그런 점에서 독자 누구나 윤리적 평가를 내릴 수 있다. 아리스토텔레스가 비극의 가장 중요한 요소로서 "모방을 통한 카타르시스"(「시학」1449b)를 언급한 것은 이런 가능성을 염두에 두고 있기 때문일 것이다. 독자가 체험하는 카타르시스는 단순히 극에서 벗어났다는 심리적 안도감으로는 설명할 수 없다. 텍스트가 재현하는 삶에 대한 가치 평가를 내릴 때에만 일어날 수 있다. 중요한 사실은 이 같은 평가가 이뤄지려면 텍스트의 매개가 필요하고, 적극적인 독자의 해독이 필요하다는 점이다.

해석학은 독자의 관점을 특히 중시한다. 무엇보다 독자의 다양한 해독 능력을 강조한다. 해석학에 따르면 해석은 일종의 놀이(play), 개념으로 아직 파악되지 못한 상태에서의 새로운 의미를 부여하는 순간이다. 이때 획득된 의미는 삶의 경험에 대한 이야기 형식으로 전달된다. 그런 점에서 놀이는 새로운 삶의 경험이다. 놀이는 독자의 관점에서의 가능하다. 놀이는 자유로운 내러티브의 힘을 느끼는 것이다. 놀이는 주관적인 심리적 상태를 뜻하지 않는다. 놀이는 텍스트의 세계와 연계되어 진리가 나타나는 현상, 숨겨진 진실을 드러나게 한다. 텍스트의 세계가 없다면 이런 변화는 일어나지 않는다. 텍스트의 세계를 통해서만 독자는 자신에게 숨겨진 진실을 드러낼 수 있기 때문이다. 내러티브 논의는 해석학적 전환을 요구한다. 이 같은 전환이 중요한 이유가 무엇인가? 해석학적 전환은 독자 관점으로의 전환, 텍스트를 통해 세계를 해석하고, 자신의 삶을 새롭게 이해할 수 있게 한다. 세계의 이해는 세계 의미의 변환을 가능하게 한다.

정리하자면 내러티브는 단순히 단어의 배열을 뜻하지 않는다. 행위주체의 능력으로서 자기 자신을 드러내는 하나의 방식이다. 내러티브를 통해 자기 자신을 외화하고 타인의 관심대상이 된다. 인간의 정체성은 이렇듯 내러티브의 도움을 필요로 한다. 그렇지 않으면 내면세계에 갇혀 타인과 교류할 수 없는 외딴 섬이 되고 만다. 말하자면 "생각하는 사람"은 초월적인 자아일 수는 있어도, 현실에서 타인과 교류하면서 삶을 공유할 수 있는 자아일 수 없다. 내러티브는 항상 타인을 향해 열려 있다. 내러티브가 내포한 자기기만의 가능성도 오로지 타인의 인정과 승인을 통해서만 벗어날 수 있다. 타인의 눈에 능력이 입증되지 않는 한, 자기 자신이 아직 진정한 자기 자신일 수 없다. 벌거벗은 사실과 이야기된 현실은 차이가 날 수밖에 없다. 사실 그대로는 아직 이해되지 않은 상태로 남아 있다. 하지만 이야기된 현실은 이미 하나의 전체를 담고 있으며 특정 전제에서 결말을 유도한다. 내러티브를 따라가는 것은 이야기 전개의 개연성과 필연성에서 윤리적 가치를 읽어내고 평가하는 것이다. 예컨대 목격의 순간과 증언자의 순간이 다른 이유도 여기에 있다. 목격의 순간은 사실의 존재를 확인하는 순간이지만, 목격자의 순간은 이 사실을 이야기로 전달하는 순간이기 때문이다. 목격자와 증언자는 특정의 목적 없이 자기 자신이 본 바대로 (그런 점에서 자신의 편견에서 본 바대로) 말하는 것이다. 하지만 이 말이 하나의 이야기로 전달된다는 점에서 차이가 있다. 이 이야기가 다시 소설이나 영화의 이야기로 각색되면 누가 나쁜 사람이고, 왜 그런 짓을 했는지 알 수 있다는 점에서 독자가 가치판단을 내릴 수 있기 때문이다.

5. 내러티브·형상화·반성적인 삶

독자의 개입은 내러티브의 전환에서 매우 중요한 계기이다. 여기서 우리는 다음과 같은 물음을 던질 수 있다. 독자에게 내러티브를 이해할 수 있는 능력이 있다는 말을 무슨 뜻으로 받아들여야 하는가? 기호학자나 구조주의자들이 텍스트의 다양한 의미가 가능하다고 주장했을 때 독자에게는 어떤 의미로 다가오는가? 이 물음은 해석학적 탐구의 중요성과 직결되는 문제이다. 텍스트의 구성적 측면에서 새로운 전체를 담는다고 했을 때 독자가 이 전체를 어떻게 이해하느냐의 문제는 새로운 국면을 제기한다. 함축된 물음은 이렇다. 독자는 텍스트의 의미를 단순히 수동적으로 받아들이는가? 아니면 적극적인 해석과 이해를 동반하는가? 전자의 뜻으로 받아들인다면 텍스트 의미의 다양성이 큰 역할을 하지 못하겠지만, 후자의 뜻으로 받아들인다면 아주 독특한 독자의 역할을 상정할 수 있을 것이다.

해석학자들은 후자의 접근방식에 높은 점수를 준다. 독일 해석학자 가다머의 '적용(application)'은 정확히 이 접근방식의 유용성을 보여주기 위한 시도이다.21) 리쾨르가 삼중 미메시스에서 '재형상화(refiguration)'라고 부른 영역도 이런 가능성을 모색하려는 시도이다.22) 이런 접근방식에서 공통적인 것은 독자의 내러티브 능력이 텍스트의 다양한 해석을 가능하게 함을 강조한다는 점이다. 말하자면 텍스트의 윤리적 세계를 독자의 세계와 만날 수 있는 가능성으로 상정하고 있다. 텍스트와의 만남 없이는 텍스트에 담긴 윤리적 세계를 해석하고 이해할 수 없다. 물론 독자 스스로 경험을 통해서 자신의 독자적인 세계를 구축할 수 있는 가능성이 없다고 할 수는 없다. 그러나 적어도 이야기를 따라갈

---

21) Hans Gadamer/ Joel Weinsheimer and Donald G. Marshall trans.(1989) 놀이 개념에 대해서는 1부, 적용 개념에 대해서는 2부를 보라.
22) Paul Ricoeur/ Kathleen McLaughlin and David Pellauer trans.(1984) 리쾨르는 재형상화 단계를 미메시스 III이라고 명명하면서 비판적 해석학의 가능성이라고 말한다. 비판적 해석학은 독자의 비판 가능성을 열어 놓고 있다. 하지만 이 같은 비판이 가능하려면 삶을 재현하는 조건으로서 전 형상화 단계(미메시스 I)가 전제되어야 한다. 전 형상화 단계를 성품의 모방이 아닌 행동의 모방이라는 아리스토텔레스 관점을 받아들이는 이유는 행위의 모방이 형상화 단계, 즉 가상을 통한 의미 부여 단계가 가능하기 때문이다.

수 있는 능력이 중요한 이유를 지적해야 한다. 인간이 타인, 또는 공동체의 가치와 만나는 지점은 정확히 이야기를 매개로 할 때 가능하다. 그런 점에서 독자는 이야기를 통해 가치를 '체험'하고 이해한다. 동시에 다양한 해석을 통해 새로운 가치를 만들어낼 수 있다.

여기서 주목되어야 할 점은 이야기를 따라갈 수 있는 독자의 능력이다. 재차 강조하지만 모국어를 사용하는 독자들은 아주 자연스럽게 이야기를 따라가면서 사건을 이해한다. 우리는 매일 9시 뉴스를 시청하면서 세상과 만난다. 아니면 인터넷을 뒤지면서 하루의 사건을 이해한다. 이런 만남과 이해가 가능한 것도 이런 능력 때문이다. 이 과정에서 독자의 삶과 이야기된 삶이 만난다. 이야기된 삶이 현실의 삶에 대한 윤리적 소망을 담고 있다면 독자들은 자신의 관점에서 이런 소망을 이해한다. 중요한 사실은 이 같은 이해가 텍스트를 심층적으로 해석하면서 더욱 깊어진다는 점이다. 지적했듯이 아리스토텔레스가 카타르시스로 명명한 것은 이 같은 능력의 놀라운 변화를 가리키기 위한 것이다. 미메시스를 이해하는 능력이 없다면 카타르시스는 일어날 수 없다.

이 대목에서 주목해야 할 또 하나의 사실이 독자 관점의 수용이 자기 자신을 이해하는 데 중요한 역할을 한다는 점이다. 이야기를 통한 타인의 삶(대부분의 경우 캐릭터의 삶)에 대한 이해는 자기 자신을 이해하는 것과 같다. 자신이 미처 생각하지 못했던 삶을 이야기 속에 체험된 형태로 이해하고, 그렇게 이해된 삶은 가다머가 말한 '지평의 융합'으로 이어질 수 있다. 그런 점에서 이야기를 듣고 이해하는 것은 자기 자신을 발견할 기회를 얻는 것이다. 특히 변형된 윤리적 가치들이 독자 자신의 세계 속에서 해석되고 이해됨으로써 새로운 가치를 창출할 수 있다. 말하자면 이야기된 삶은 자기 자신을 돌이켜보는 반성적 삶이다. 건전한 순환 속에서 자기 자신을 되찾는 계기이다. 이러한 자기 발견의 공간은 소크라테스의 아주 유명한 말 "음미되지 않는 삶은 살 가치가 없다"는 말의 의미를 되새기게 한다. 소크라테스의 말은 자기 자신의 삶, 정신적인 삶을 돌보지 않는 그 시대를 개탄하면서 각자 자기 자신을 향한 탐구로 방향을 돌리기 위한 것이다. 자기 자신의 진정성 발견이 새로운 공동체 삶에 대한 기대로 이어질 수 있다고 생각했기 때문이다. 그런 맥락에서 소크라테스의 명언은 다시 정립될 수 있다. "이야기되지 않는 삶은 살 가치가 없다." 이야기는 자기 삶에 대한 진정성을 드러내는 통로이다. 타인의 진정한 삶을 만나고, 자기 자신에 대해 생각하게 한다. 물론 이런 가능성은 매우 제한적이다. 참된 이야기를 전제로 할 때만 이 모든 가능성이 성립될 수 있다. 기만과 거짓 이야기가 난무할 경우 자기 자신의 진정성을 발견하기 어렵다. 탐욕과 일그러진 자기 자신만을 발견할 뿐이다. 플라톤의 「국가」편 10권은 거짓 이야기를 하는 자를 추방할 것을 권고한다. 이상 사회에서는 이런 거짓 이야기가 통해서는 안 된다고 생각한 것이다.

이런 순환에서 빼놓지 말아야 할 것이 '가상(schein)'이다. 인간의 내러티브에서 아주 신비스런 현상이다. 가상의 인식론적 위상은 믿음, 의견에 가깝다. 때문에 가상은 거짓으로 받아들여졌고, 인간의 상상력이 접목되는 가상의 창출지점을 회의적인 시각에서 봐왔다. 실재와 현상의 구분은 이런 인식론적 관점의 대표적인 예이고, 이런 맥락에서 가상은 현상의 일부로 가짜라는 의미로 다가온다. 그러나 가상과 기만은 구분되어야 한다. 가상은 기억과 경험을 연관시켜가는 과정이다. 일종의 상상적 변용이다. 이 변용은 현실에 대한 자기 느낌에서 비롯된다. 반면 기만은 현실의 왜곡이다 때문에 가상의 존재론적 위상은 인식론적 위상과 다르다. 존재론적 관점에서 가상은 현실의 재현을 의미하는 동시에 상상을 통한 변모로 받아들여진다. 여기에는 아리스토텔레스 4원인

설의 핵심 요소인 '작용인(efficient cause)'이 중요하다. 하지만 이 같은 작용인은 근대적 사유에서 소리 소문 없이 사라지고 만다. 이런 맥락에서 윤리적 가치를 한갓 인간 감정으로 여겨지게 된 것이다. 하지만 재현은 실재에 대한 묘사가 아니다. 주체를 드러내는 기억의 표상이며, 이 같은 표상은 인과관계로 엮어지면서 의미로 변환된다. 그런 점에서 칸트가 말한 '표상(vorstellung)'은 이미 주체가 부여한 의미와 결합된다. 이 표상이 개념과 이념으로 연결된다. 여기서 놓쳐서는 안 될 점은 이런 과정이 외화 되려면 내러티브의 도움을 얻어야 한다는 것이다. 인간 삶에서 빼놓을 수 없는 '유용성', '아름다움', '좋음'은 인간 삶을 반영하는 내러티브 안에서 현실을 반영하는 가치들이다. 그 의미는 내러티브와 연결될 때 나타난다.

6. 내러티브·역사적 주체·역사성

지금까지 논의된 내러티브가 함의하는 바는 무엇인가. 마지막으로 내러티브 논의가 갖는 함의를 살펴보면서 논의를 마무리하도록 하자. 나는 우리가 내러티브 논의에서 주목해야 할 두 가지를 지적해볼 것이다. 첫 번째 지적은 내러티브 논의가 갖는 정치적 함의와 관련된다. 내러티브를 통한 자기 자신의 발견은 인문학의 목표인 동시에 정치적 목표이다. 내러티브의 활용은 민주주의 시민의 능력과 깊은 관련이 있기 때문이다. 내러티브를 통해 윤리적 가치를 발견하고, 윤리적 가치를 창출할 수 있다는 점은 민주주의 시민이 갖추어야 할 정치적 역량과 같다고 할 수 있다. 개인의 자유로운 선택은 가치를 설정할 수 있는 능력을 전제하지 않으면 안 된다. 남의 이야기를 따르는 수동적인 인간이 정치적 역량을 갖춘 인간이라고 볼 수 없는 것과 같다. 현대 민주주의를 결정하는 두 요인, 즉 자기 스스로 선택하고 책임지는 주체, 다양한 가치가 존재한다는 것은 이런 내러티브 능력에 의존하고 있다. 랑시에르가 강조한 '능력의 평등'인 셈이다.

더욱이 내러티브의 개입은 현실에 대한 새로운 가능성에 대한 논의이다. 인간이 할 수 있는 능력을 확대하는 것이다. 인간이 할 수 있는 일에 대한 평가, 특히 윤리적 평가를 내리기 때문에 인간의 삶에서 아주 중요하다. 인문학은 이 지평에서 의미를 얻는다. 인간의 기대치가 다양한 삶과 만나 인류의 소망으로 연결된다. 다시 말하면 개인의 다양한 가치가 어떻게 공동의 가치로 모색될 수 있는지 찾는 것이다. 하지만 이 같은 견해는 지나치게 낙관적이라고 비판받을 수 있을 것이다. 개인의 다양한 가치가 공동의 가치로 모색되기에 앞서 개인의 욕망과 편견에 갇혀 파편화된 개인으로 떠돌아다닐 수 있기 때문이다. 찰스 테일러의 현대 진단은 정확히 이런 맥락과 상통한다.23) 이런 맥락에서 볼 때 현대사회에서 공동 가치를 발견하기란 쉬운 일이 아니다. 따라서 공동 가치의 발견의 가능성에 대해서는 의견이 분분할 수 있다. 사회의 유용성을 기반으로 공동 가치가 점진적으로 가능하다는 해석에서부터 개인의 실존적 상황에서의 급진적인 선택을 강조하는 해석까지 다양한 견해들이 제시되고 있다. 하지만 이 문제에 대한 구체적인 논의는 많은 지면을 요구하는 만큼 다음 기회로 미루기로 하자. 중요한 사실은 내러티브를 통해서만 이 같은 공동 가치를 발견할 수 있다는 점이다.

또 하나의 중요한 지적은 역사적이다. 인간 삶의 역사성과 관련된다. 공동의 가치가 가능하려면 전통과의 연결고리를 단절해서는 안 된다. 과거의 연결고리 안에서 인간의 역사성이 중요하다. 내러티브는 이런 인간의 모습을 가장 잘 반영한다. 모든 이야기는 선(先)이해를 전제한

---

23) 찰스 테일러는 현대사회를 개인주의 사회로 정의내리면서 비판하고 있지만, 일상 삶을 긍정하는 세속화 과정의 근대 사회적 상상력 속에서 공동의 가치를 모색하려고 한다.

다. 내러티브의 궁극적인 이해는 이전 내러티브의 도움을 받지 않고는 이해되기 어렵다. 그런 점에서 전통과 연결된 심각한 혁신 논의가 필요하다. '사건'으로서 '역사성'은 개인 및 집단의 과거 정체성과 동떨어질 수 없다. '역사적' 사건은 특정 시간의 의미나 가치에서 멀어지는 것이다. 기존 관점에서 볼 때 이질적이지만, 기존 관점과 새롭게 연결되면서 이해될 수 있는 것이다. 그것이 바로 '역사적 순간'이다. 하이데거 철학은 전적으로 이 역사성 개념에 호소하면서, 실존의 의미를 '본래성'에서 찾는다. 정치적 변혁도 이런 뜻의 변혁을 전제한다. 혁신은 환상이 아니고, 환상이 되어서는 안 된다. 진정한 혁신은 현실의 변화를 이끌어내는 것이고, 그것은 자신의 새로운 경험 속에서 과거를 해석하는 것이다. 과거 속에서 미래를 찾아내는 것이다. 과거는 텍스트로 표현될 수 있다. 또 아직 밖으로 드러나지 않고 내 기억에 남아 있을 수도 있다. 어느 쪽이든 상관없다. 혁신은 이런 과거와 연관되면서 일어나는 변증법이다.[24]

나는 서두에서 이야기가 인류와 함께 있어왔음에도 현대에 들어와서야 이야기에 대한 관심이 일어나게 된 배경을 서술한 바 있다. 만일 이런 관심을 '내러티브로의 전환'이라고 부를 수 있다면 앞서 말했던 여러 가능성을 상정해야 한다. 내러티브에 대한 관심은 어떤 의미에서 포스트-모더니즘라고 할 수 있다. 그러나 극단적인 형태의 포스트-모

---

[24] 과거와의 연결고리에서 새로운 의미를 찾으려는 노력은 모든 역사철학의 중요한 전제이다. 이 같은 역사철학은 서구의 전유물이 아니다. 홍미로운 점은 아직 분명하게 논의된 바 없지만 동양 고전에서도 비슷한 역사철학적 관점이 문제점으로 제기되고 있다는 것이다. 가령 공자의 '온고지신(溫故知新)'이나 노자의 '집고지도(執古之道)'의 논의는 과거 안에서 인간 삶의 의미를 찾아가는 방식이지만, 그 차이는 매우 크다. 그 차이에 대해서는 깊은 논의가 필요하지만, 이 글에서는 단지 그 문제점만 지적하고 싶다. 이 글에서 지적하고 싶은 것은 두 가지다. 무엇보다 과거와의 연결은 내러티브의 도움을 받을 수밖에 없다는 것이고, 텍스트를 매개할 경우 다양한 해석이 가능하기 때문에 혁신의 가능성이 높아진다는 것이다.

더니스즘이 아니다. 무엇보다 과거의 단절을 통한 모더니즘 이후를 꿈꾸는 것이 아니기 때문이다. 여기서 말하는 포스트의 진정한 의미는 과거의 연속성을 전제한다. 과거에 갇히지 않는 과정에서 드러난다. 과거를 통해 새롭게 미래를 보는 것이다. 그 연결고리로서 현재는 새로운 내러티브는 추구한다. 현재의 시각에서 보면 내러티브는 아주 뜨거운 이슈로 등장한다.

내러티브는 인간의 시간을 외화 하는 것이다. 사건의 기억, 지각, 감정을 종합적으로 결합한다. 인간의 행동을 하나의 전체로 이해하는 것이다. 이 같은 전체는 사건과 사건 간 법칙으로 환원되지 않는다. 사건에 대한 주체의 느낌, 이전 기억과의 관계는 늘 독자적인 의미를 모색한다. 말하고 이해하는 능력은 이야기를 만들고, 인간은 그 안에서 의미를 찾는다. 이야기가 개연적이거나 필연적일 때 그 이야기는 하나의 통일체로서 우리의 가치로 각인된다. 더욱이 그 통일체는 개인과 집단의 의미, 개인과 집단의 정체성을 형성한다. 그래서 말하고 이해할 수 있는 인간의 능력은 근본적으로 자기 자신에 대한 이해이다. 인문학은 이 같은 인간의 말하고 이해하는 능력을 떠나서는 설 자리가 없다. 인간 능력의 건전한 순환이 풍성한 인문학을 위한 토양이다. 어쩌면 인문학의 위기는 인간 능력의 불신에서 비롯됐는지 모른다. 말하고 이해하는 인간 능력을 포기하면 인문학의 이상은 달성될 수 없다. 타자에 매몰된 인문학은 사라지고 말 것이다. 인문학의 가능성은 늘 자기 자신 안에 있다. 누구도 자기 자신을 포기하지 않는다. 그런 점에서 현 인문학 위기 담론은 현재에 대한 불만, 자기 자신에 대한 불만일 뿐이다. 그 불만 뒤에는 항상 더 나은 자기 자신에 대한 갈망이 있다. 진정한 자기 자신을 찾기 위한 외침이 있다. 소크라테스, 칸트의 충언은 아직도 우리 가슴에 울린다. "너 자신을 알라.", "과감하게 알려고 하라."

우리 사회에서 내러티브 담론은 아직 걸음마 수준이라고 해도 과언이 아니다. 각 영역에서 내러티브에 대한 관심이 고조되고 있지만, 우리 관점에서 그 가능성이나 토대를 체계적으로 검토해본 바 없다. '내러티브로의 전환'이 진정 의미가 있으려면 내러티브에 대한 다양한 논의는 물론, 그 철학적 토대 또한 면밀하게 검토되어야 할 것이다. 우리에게는 미처 말하지 못한 이야기가 많다. 말 못한 설움과 고통의 이야기가 있다. 못 다한 이야기를 우리 자신의 모습으로 변신시킬 때 다양한 미래의 희망이 보일 것이다. 우리는 그 안에서 새로운 미래의 가능성을 찾아야 할 것이다. 이 가능성의 모색은 한국어를 모국어로 삼는 자들의 시대적 사명임은 분명하다.

참고문헌

빈센트 B. 라이치/ 권택영 옮김(1989), 「해체비평이란 무엇인가」, 문예출판사.
임마누엘 칸트/ 이한구 옮김(2009), 「칸트의 역사철학」, 서광사.
찰스 테일러/ 이상길 옮김(2010), 「근대의 사회적 상상」, 이음.

Alasdair MacIntyre(1981), *After Virtue: A Study on Moral Theory*, Notre Dame: The University of Notre Dame Press.
Charles Taylor(1989), *Sources of the Self: The Making of the Modern Identity*, Cambridge, Massachusetts: Harvard University Press.
Gilles Deleuze(1991), *Empiricism and Subjectivity: An Essay in Hume's Theory of Human Nature*, New York: Columbia University Press.
Hans Gadamer/ Joel Weinsheimer and Donald G. Marshall trans.(1989), *Truth and Method, London*: Continuum.
Immanuel Kant/ Hans Reiss ed.(1991), "Conjectures on the Beginning of Human History", in *Kant's Political Writings*, Cambridge: Cambridge University Press.

Ludwig Wittgenstein/ C. K. Ogden trans.(1922), *Tractuatus LogicoPhilosophicus*, London: Routledge & Kegan Paul LTD.

Nelson Goodman(1978), *Ways of Worldmaking*, Indianapolis: Hackett Publishing Company.

Paul Ricoeur/ Kathleen McLaughlin and David Pellauer trans.(1984), *Time and Narrative 1*, Chicago: The University of Chicago Press.

Roland Barthes/ Richard Howard trans.(1988), "Introduction to the Structural Analysis of Narrative," in *The Semiotic Challenge*, New York: Hill and Wang.

역사학, 구술사를 만나다
― 역사학자의 관점에서 본 구술사의 현황과 과제

이용기

1. 어느덧 만개한 구술사?

필자는 2002년에 구술사에 관한 글을 쓰면서 첫 문장을 이렇게 시작했었다. "구술사(oral history)라는 용어는 한국사학계에서 다소 낯선 것으로 보인다."[1] 필자가 구술사에 관심을 갖게 된 것은 2000년 무렵이었는데, 당시에는 동료 역사학자들로부터 '사람들이 중구난방으로 한 이야기를 어떻게 믿냐?'는 식의 원초적인 거부반응에 부딪히곤 했다. 그리고 구술사 방법을 활용한 논문을 쓴 것에 대해 '당신이 그런 진술을 받았다는 것을 어떻게 입증할 수 있냐?'거나 '녹취록을 공개하지 않으면 어떻게 객관성을 검증할 수 있냐?'는 당혹스런 비판을 받기도 했다. 10여 년 전만 해도 한국사학계에서는 구술사의 기본적인 발상이 이해되지 않거나 혹은 적극적으로 거부되던 분위기가 팽배했던 것으로 기억한다.

그런데 몇 해 전부터 인류학·사회학·여성학 등에서 구술사 연구가

---

1) 이용기(2002)

쏟아져 나오고 도처에서 구술채록 작업이 활성화되면서, 한국사학계에서도 더 이상 구술사라는 용어가 낯선 것이 아니게 되었다. 특히 한국사 분야의 가장 정통적인 사료수집기관인 국사편찬위원회가 구술자료 수집사업을 수행하면서 많은 한국사 연구자들이 구술채록 작업에 참여한 것이 이런 변화를 이루는 현실적인 힘이 되었다. 현재 진행 중인 인문한국(HK) 프로젝트의 상당수가 구술사 방법을 활용한다는 계획을 세우고 있으며, 최근에는 한국학중앙연구원이 대규모 구술자료 수집 프로젝트를 발주하여 크게 주목을 받고 있다. 이 정도면 가히 '구술사의 붐'이라는 표현이 그리 과장만은 아니라는 느낌을 받게 된다.

그럼에도 구술채록이 대단히 활발하게 수행되는 것에 비해서 그것을 활용한 구술사 연구가 부진하며, 구술사의 이론과 방법론에 대한 주체적·경험적 논의도 충분히 심화되지 못하고 있다. 특히 한국사학계는 근대 역사학에 근본적인 문제를 제기하고 있는 구술사의 이론적 쟁점에 대한 관심과 논의를 회피한 채 막연하게 구술사를 터부시하거나 단지 구술자료의 축적에만 매달려, 그것을 역사서술로 발전시킨 연구성과를 거의 내지 못하고 있다. 이 때문에 구술사의 이론적·방법론적 탐구는 서구의 논의를 수용한 사회과학계에 한정되어 있고, 한국적 특성이나 역사학의 특성을 반영하는 구술사의 전망을 적극적으로 찾지 못하고 있다.

이 글은 한국에서 구술사2)가 걸어온 발자취를 살펴보고 앞으로의 과제와 전망을 제시하기 위한 목적에서 작성되었다. 그런데 한국의 구술채록 작업과 구술사 연구 동향에 대해서는 이미 선학들이 기본적인 정리

---

2) '구술사'의 개념과 범주에 대해서는 다양한 입장이 있지만, 대체로 면담을 통해 구술자료를 생산하는 구술채록과 구술(자료)을 활용한 역사서술을 포함하는 개념으로 사용한다. 윤택림·함한희(2006:46-50). 이 글에서도 '구술사'는 양자를 모두 포함하는 개념으로 사용하되, 필자는 구술채록과 그것을 활용한 역사쓰기는 다른 차원이라고 생각하고 있기 때문에 양자를 구별할 때에는 '구술채록'과 '구술사 연구'라고 표현할 것이다.

를 수행한 바가 있다.3) 이 글에서는 한국사학계를 대상으로 구술사에 대한 소개와 문제제기를 한다는 차원에서, 구술사의 연구동향은 큰 가닥을 중심으로 정리한 뒤에, 역사학에서 구술사를 어떻게 이해하고 수용할 것인가에 초점을 맞춰 논의를 전개하고자 한다. 따라서 이 글은 구술사에 대한 꼼꼼한 연구사 정리나 본격적인 이론적 탐구라기보다는 역사학자의 입장에서 구술사를 고민해 온 필자의 개인적 경험에 근거한 문제제기이자 자기성찰이라는 점을 미리 밝혀둔다.

2. 한국 구술사의 역정

2.1. 구술사의 태동 : 잊혀져가는 삶과 감추어진 이야기를 찾아서

한국에서 구술자료를 이용한 책이 출간된 것은 1980년대에 '뿌리깊은 나무' 출판사에서 발간한 '민중자서전' 시리즈(전20권)가 처음이 아닌가 싶다. 이 시리즈는 목수, 양반가 며느리, 보부상, 옹기쟁이, 길쌈아낙, 소리꾼, 화전민, 농부 등 평범한 사람들의 잊혀져가는 삶이나 사라져가는 전통의 흔적을 남기려는 목적에서 구술자의 생애사를 정리하였다. '민중자서전'은 최소한의 편집과 윤문을 제외하고는 구술자의 말투와 사투리까지 그대로 살려서 텍스트화하였으며, 구술자와 면담자가 공동의 저자가 되면서도 구술자의 목소리와 면담자의 해설을 별도로 구성하는 등구술사의 기본적인 원칙에 충실하다는 특징을 보인다. 그래서 '민중자서전'은 지금도 구술사에 관심을 갖고 있는 연구자나 일반인들 사이에서고전적인 저작으로 꼽히지만, 출판사의 대중기획물로 시도된 것으로 당시에는 학술적인 조명을 크게 받지 못했다.

---

3) 허영란(2004), 김귀옥(2006), 윤택림·함한희(2006:34-39).

학술적인 차원에서는 1980년대 후반부터 한국 근현대사에 대한 관심이 고조되는 것에 발맞추어 격동기의 감추어진 이야기를 찾기 위한 '증언'[4] 채록이 이루어지기 시작했다. 1988~1990년에 계간지 「역사비평」은 그동안 불온시되던 좌익 활동가와 중간파 인사를 면담하고 그 내용을 '한국현대사의 증언' 시리즈로 집중 연재하였다. 이후 1990년대 말까지 한국 근현대사 관련 증언자료집이 연이어 출간되었는데, 대체로 ① 비전향장기수와 빨치산 등 좌익 활동가들의 증언[5], ② '광주5·18' 및 '제주4·3'과 관련한 지역민들의 증언[6], ③ 일제시기 군위안부 피해자들의 증언[7] 등이 주종을 이루었다. 이와 다소 다른 맥락에 있는 구술작업으로는 1990년대부터 계속 연재된 「역사비평」의 '나의 학문, 나의 인생' 코너와 「정신문화연구」에 연재된 원로 학자들과의 면담이 눈에 띤다.[8]

1980년대 후반에서 1990년대 말까지 한국 근현대사와 관련하여 전개된 구술채록은 반공이데올로기로 인해 금압되었던 격동기의 이면을 드러내고 일본의 '역사왜곡'에 대한 적극적인 비판을 수행한 점에서 커다란 의의를 갖는다. 그럼에도 이러한 '증언' 채록은 후술할 구술사의 의미와 특성, 그리고 핵심적인 쟁점에 대한 자의식을 갖지 못하고,

---

4) 구술자료는 크게 보아 ①여러 세대를 거쳐서 입에서 입으로 전승되는 구전(oral tradition), ②과거의 특정 사건이나 경험을 현재로 불러내어 서술하는 구술증언(oral testimony), ③한 개인이 태어나서 현재까지 살아온 경험을 현재로 불러내어 서술하는 구술생애사(oral life history)로 구분된다(윤택림·함한희, 2006:57-59). 그런데 필자가 이 글에서 '증언'이라는 용어를 사용할 때는, 위에서 분류한 '구술증언'을 지칭하는 것이 아니라 후술할 구술사의 특성을 충분히 반영하지 못하고 과거의 사실(fact)을 파악하는 것에 한정되는 방식의 구술채록을 특화시켜 말한다.
5) 이태호 저·신경완 증언(1991), 한국역사연구회 현대사증언반(1996), 한국정신문화연구원 현대사연구소(1999)
6) 한국현대사사료연구소 편(1990). 제주4·3연구소(1989), 제주일보 4·3취재반(1994ㄱ·ㄴ), 제주일보 4·3취재반(1995), 제주일보 4·3취재반(1997), 제주일보 4·3취재반(1998)
7) 한국정신대문제대책협의회(1993), 한국정신대문제대책협의회(1995), 한국정신대문제대책협의회(1997), 한국정신대문제대책협의회(1999)
8) 구체적인 목록은 허영란(2004)의 논문 참조.

문헌자료가 부족한 부분을 보완하기 위한 실증적인 정보 확보의 차원에서 이루어졌다는 점에서 한계를 갖는다.[9] 이 때문에 1990년대 말까지의 구술 작업은 일종의 '2차 문헌자료'에 해당하는 증언집을 발간하는 것에 중점이 두어졌고, 구술사를 하나의 역사연구 방법론으로 자리매김하지는 못했다.

2.2. 이론적 모색 : 새로운 역사쓰기 방법론으로서의 구술사

구술사에 대한 본격적인 탐구는 1990년대 중반부터 인류학계를 중심으로 서구의 구술사 이론이 수용되면서 불붙기 시작했다. 한국 구술사의 선구자라 할 만한 윤택림은 한 마을의 한국전쟁 경험에 관한 구술사 연구로 박사학위를 마치고 귀국한 직후에, 서구의 구술사 이론을 소개하고 새로운 역사쓰기의 시각과 방법으로 구술사를 제창함으로써 본격적인 구술사 연구의 출발을 알렸다.[10] 이와 함께 김성례, 윤형숙, 함한희, 유철인 등의 연구가 나오면서 인류학계를 중심으로 구술사의 이론과 방법론에 대한 논의가 심화되었다.[11] 이후 구술사에 대한 이론적 천착은 인류학계를 넘어 여성학·사회학·교육학 등의 분야로 확산되었다.[12] 기왕의 논의에서 대체적으로 공유되고 있는 구술사의 의의와 특성은 다음과 같이 정리해 볼 수 있다.

---

9) 한국의 초기 '증언' 작업이 갖는 의미와 한계에 대해서는 이용기(2002:367-370) 참조.
10) Yoon, Taek-Lim(1992), 윤택림(1994)
11) 1990년대 후반 인류학계에서는 구술사의 이론·방법론과 관련한 연구성과가 다수 제출되었다. 대표적으로 1999년에 열린 한국문화인류학회의 제6차 워크샵 자료집 "한국문화연구의 방법론 모색-구술사적 접근을 중심으로"에 수록된 발표주제를 소개하면 다음과 같다. "구술사와 우리시대의 인류학"(박현수), "구술사와 문화연구"(함한희), "구술사와 여성주의 방법론"(김성례), "생애사 연구방법-자료의 수집과 텍스트의 해석"(유철인), "구술자료의 해석과 텍스트화"(윤택림)
12) 김귀옥(1999), 김성례(2002), 한국교육사고 편(2003)

첫째, 구술사는 그동안 역사서술에서 배제·소외되었던 사회적 약자·소수자·하층민의 목소리를 전면에 내세우며, 구체적인 개인들의 삶에서 출발하여 국가·민족 중심의 거대서사로 구성된 공식기억에 도전하는 '대항기억'을 구성하고자 한다. 구술사는 단지 문헌자료의 공백을 메워주는 보완적인 역사서술이 아니라, 기존의 문헌중심 역사학에서 배제되었던 '기록을 남기지 않은 사람들'의 삶을 전면에 내세운다. 이는 한국 근현대사의 '증언' 작업이 역사상 중요하다고 판단한 인물을 대상으로 거대서사의 이면에 대한 사실 확인 차원에 집중되었던 것과는 다른 결을 갖는다. 또한 구술사는 민중을 역사의 주체로 선언하면서도 실제로는 그들의 구체적인 삶과 경험을 도외시하던 '변혁적 민중관'에 입각한 '민중사학'을 지양하려는 시도이기도 하다. 이러한 점에서 구술사는 지배자나 엘리트 중심의 위로부터의 역사는 물론이고 변혁론적 도식에 입각한 민중사학의 한계를 넘어서려는 '아래로부터의 역사쓰기'의 한 방법이다.[13]

둘째, 구술사는 과거의 경험에 관한 현재의 기억을 다루기에 '주관성'과 '현재성'을 본원적인 특징으로 한다. 바로 이 점에서 구술사는 과거 사실의 객관적 인식을 추구하는 근대 역사학의 규범에 발본적으로 도전한다. 기존의 문헌중심 역사학에서는 흔히 구술은 주관적이라는 이유로 그것의 사료적 가치를 인정하지 않았다. 이에 대해 구술사에서는 '주관성'은 구술자료에만 해당하는 것이 아니라 문헌자료 역시 그러하다고 반박한다. 한발 더 나아가서는 구술에 담긴 구술자의 주관적 해석을 적극적으로 이해하고, 오히려 이것을 구술사의 장점으로 살려나갈 것을 주장한다. 또한 기억의 '현재성'을 중시하여, 과거 그 자체가 아니라 과거의 경험에 관한 기억이 현재에 어떻게 구성·재현되고 있는가에 주

---

13) 윤택림(1995)

목함으로써 과거와 현재의 긴장관계를 통합적으로 이해하고자 한다. 이러한 주장은 근대 역사학의 핵심 규범에 문제를 제기하는 것이기에 역사학과 구술사의 만남을 위해서는 깊이 따져봐야 할 대목이다.

셋째, 구술사는 평범한 사람들이나 사회적 약자·주변인들을 역사의 주체로서만이 아니라 '역사서술'의 주체로 불러낸다. 구술사는 구술자와 면담자가 함께 만들어가는 것이기에 양자의 공동작업이자 양자간의 해석의 경합을 내포한다. 구술은 구술자와 면담자 어느 일방에 의해서가 아니라 양자간의 상호작용 속에서 이루어지며, 구술 자체가 구술자 나름의 관점과 해석이 반영된 것이고, 구술의 텍스트화와 분석 과정에서는 연구자(면담자)의 관점과 해석이 개입된다. 따라서 구술사에서는 구술자와 면담자를 공동의 역사서술의 주체로 이해하며, 동시에 양자간의 해석의 차이를 존중하기 위해 구술자와 연구자의 목소리를 구분한다. 그리고 연구자는 구술에 대한 해석의 권한을 독점해서는 안 되며, 면담 과정과 자신의 해석에 대한 자기성찰을 요구받는다. 이처럼 구술사에서는 전문적인 연구자만이 아니라 평범한 민중 역시 역사서술의 주체가 되는 것이다. 이는 역사서술의 주체를 확장함으로써 역사의 민주화를 추구하는 것이며, 나아가서는 전문화되고 특권화된 근대학문 자체에 대한 문제제기이기도 하다.

2.3. 구술사의 활성화: 구술사 연구의 본격화와 구술채록의 확대·심화

1990년대 중반부터 두드러진 구술사의 이론과 방법론에 대한 논의에 힘입어 2000년대에 들어서면서 한국의 구술사는 급격하게 양적으로 확장되고 질적으로 심화되어 왔다. 구술사 방법론을 수용한 연구가 활발하게 이루어지기 시작한 부분은 남북분단과 한국전쟁에 관한 연구였다. 김귀옥은 월남민 마을을 참여관찰과 구술사 방법으로 현지조사를 수행하여 그 동안 반공의 보루처럼 여겨졌던 월남민들의 다양한 경험과 정체성을 파악함으로써 '아래로부터의 반공이데올로기 허물기' 작업을 하였다.[14] 바로 이어서 한국전쟁 발발 20주년을 맞이하여 김동춘에 의해 '민중의 경험'에 입각한 한국전쟁 연구가 제창된 것에 발맞추어,[15] 한국 사학계에서도 구술사 연구방법을 본격적으로 수용하여 민중의 일상적 삶의 공간인 마을 차원의 전쟁 경험을 다룬 연구가 나왔다.[16] 이후 구술사 방법을 활용한 '아래로부터의 한국전쟁 연구'는 전남대학교 호남문화연구소와 한성대학교 전쟁과평화연구소의 공동연구를 중심으로 많은 성과가 축적되었다. 이를 통해 전쟁의 발발에 초점을 맞추던 기존의 (국제)정치학적 연구와 달리 민중의 구체적 경험에 천착하는 새로운 연구 경향이 등장하였다.[17]

한국전쟁 연구에서 본격화된 구술사 연구는 이후 1960~70년대의 산업화와 1980~90년대의 민주화에 대한 새로운 접근으로 나아갔다. 성공회대학교 노동사연구소는 '1960~70년대 한국 산업노동자의 형성과 생활세계 연구'라는 주제의 공동연구를 통해 제도사·정책사·운동사가 아니라 노동자의 생활세계를 중심으로 한 노동사를 개척하였으며, 전순옥은 여성노동자의 구술생애사 연구를 통해 남성중심적 운동사 서술을

---

14) 김귀옥(1999)
15) 김동춘(2000)
16) 이용기(2001)
17) 호남문화연구소의 공동연구는 표인주 외(2003), 김경학 외(2005), 최정기 외(2008)로 순차적으로 간행되었으며, 전쟁과평화연구소의 공동연구는 김귀옥 외(2008)로 발간되었다. 이 밖에도 개인 연구로는 윤택림(2003)을 비롯하여, 정근식(2002), 정근식(2004), 이용기(2003), 박찬승(2006) 등이 있다. 최근에 박찬승은 마을과 지역 차원에서 전개된 민중의 전쟁 경험에 관한 일련의 연구를 정리하여 「마을로 간 한국전쟁」(2010, 돌베개)을 발간했다.

극복하고자 했다.[18) 또한 이희영은 1980~90년대 학생운동 참여자들의 구술생애사를 통해 이들의 경험이 부모세대의 생애나 사회구조적 조건 과 어떻게 연결되는지를 탐구했다.[19) 최근에는 구술사 연구가 분단과 전쟁, 산업화와 민주화 등의 사회적 격동에 제한되지 않고 다양한 주제와 분야로 점차 확산되고 있다. 특히 사회적 약자와 주변인에 대한 관심이 높아지면서 여성학과 지방사 분야에서 구술사 방법이 적극적으로 수용 되고 있다.[20)

2000년대에 들어서면서 구술사 연구가 본격화되는 것에 짝하여, 구술 간행물의 주제와 성격이 질적인 변화를 보이는 점도 주목할 만하다. 이전부터 구술채록이 꾸준하게 이루어지던 일본군위안부나 비전향장기 수 등의 구술간행물은 단지 과거 사실에 대한 정보를 축적하는 차원을 넘어서 구술사의 본령에 맞는 관점과 방식으로 발간되기 시작했다. 즉, '묻기에서 듣기로' 면담 방식의 변화, 구술자의 개인적(주관적) 경험과 기억에 대한 천착, 특정 사건에 제한되지 않는 생애사적 접근이 두드러진 다. 또한 사투리, 말더듬기, 한숨, 몸짓 등 구술자의 표현을 생생하게 살리고, 구술면담의 상황적 맥락을 독자에게 알리며, 구술자의 이야기를 중심으로 하면서도 연구자의 해석과 자기성찰을 포함하는 방식으로 구 술자료를 텍스트화하였다.[21)

또한 구술의 범위도 평범한 삶을 살아간 민중의 생활사와 생애사로

---

18) 이종구 외(2004ㄱ), 이종구 외(2004ㄴ), 이종구 외(2005), 이종구 외(2006ㄱ), 이종구 외(2006ㄴ), 전순옥(2004)
19) Yi, Hee-young,(2004), 이희영(2005ㄴ), 이희영(2006)
20) 최근 활발해지는 구술사 연구의 주요 영역 중 여성학 분야에서는 여성주의 구술사의 이론적 논의가 심도 깊게 탐구되었고, 지방사 분야에서는 인류학·사회학 전공자들의 지역단위 공동연구가 활발하다는 특징을 보인다. 이와 관련된 대표적인 연구는 다음과 같다. ①여성학 분야: 김성례(2002), 김은실(2003), 이재인(2004), 이희영(2007) ②지 방사 분야: 진양교 외(2000), 정근식 외(2003), 역사인류학연구회 편(2004)
21) 대표적인 성과는 한국정신대문제대책협의회 2000년 일본군 성노예 전범 여성국제법 정 한국위원회 증언팀(2001), 이향규(2001), 제주4·3연구소(2002)를 들 수 있다.

확장되었고, 외국인노동자, 화교, 성매매여성, 원폭피해자, 한센병환자 등 과거에는 거의 무시되던 소외계층 또는 소수자까지 포괄하기에 이르렀다.22) 평범한 사람들이나 소외된 자들의 구술과 관련해서는 영남대학교 20세기민중생활사연구단의 작업을 특기할 수 있다. 이 연구단은 출발부터 규모와 기획의 방대함으로 학계의 주목을 끌었는데, 1980~90년대에 두드러졌던 민중운동사 중심의 민중사와 구별되는 '민중생활사' 영역을 선도적으로 개척했으며, 거의 10년간에 걸친 방대한 구술생애사 작업의 성과를 「20세기 한국민중의 구술자서전」(전6권)과 「한국민중구술열전」(전47권) 시리즈로 외화하였다.23)

2000년대에 구술사가 활성화된 또 하나의 중요한 측면은 바로 구술채록 사업이 대대적으로 확장된 점이다. 이전에는 개인 연구자나 민간학술·운동단체 차원에서 구술채록이 이루어졌고, 그 주제와 영역도 특정 부분에 한정되었다. 그러나 2000년대에 들어오면서 구술채록이 국가기관이나 정부산하단체로 확장되고, 학술진흥재단 등의 제도적 지원 하에 다양한 학술·사회단체로 확산되었다. 이에 따라 구술채록은 다양한 주체와 주제로 범위가 확대되었을 뿐만 아니라 작업 방식도 안정화되고 체계화되는 양상을 보인다.

특히 국사편찬위원회가 구술자료 수집사업을 시작한 것은 단지 또 하나의 구술 프로젝트가 시행되었다는 차원을 넘어서는 의미를 가졌다. 2003년에 국편은 그 동안 개별적으로 전개되던 다양한 구술작업의 현황을 체계적으로 조사·분석하고, 그것을 바탕으로 구술채록의 전체 공정에 대한 기본 매뉴얼을 작성하였다.24) 그리고 이러한 작업의 성과를

---

22) 최근까지 발간된 구술자료집의 목록은 허영란(2004:22-29), 한국구술사연구회(2005:211-231), 윤택림·함한희(2006:229-233) 참조.
23) 영남대학교 20세기민중생활사연구단의 성과에 대한 소개와 평가는 허영란(2006) 참조.
24) 2003년에 국사편찬위원회가 수행한 '한국근현대사관련 구술자료 조사·수집을 위한 현황조사연구'의 결과는 국사편찬위원회(2004)로 발간되었다. 이후에도 국편은 거의

널리 공유함으로써 전반적으로 구술채록의 수준이 한 차원 높아질 수 있는 계기를 마련하였다. 이후 공모방식으로 구술자료 수집사업을 지속시킴으로써 구술사에 관심을 가진 연구자들이 각자의 관심사를 가지고 참여할 수 있는 통로를 만들었다. 또한 서구의 구술사 이론을 바탕으로 그동안의 작업 경험을 반영한 구술사 입문서가 국내에서도 출간되어 구술사 연구와 구술자료 수집에 큰 자극과 전범을 제공하였다.[25] 이러한 성과로 인해, 2003년에 국사편찬위원회에서 처음으로 구술작업 현황을 파악했을 당시만 해도 주먹구구식으로 수행되는 경우가 많았던 것에 비해, 최근에는 대체로 기획→수집→정리→관리의 공정이 체계화되었다.[26] 그리고 이제는 구술자료의 수집을 넘어서 구술아카이브(oral archives) 구축, 구술채록 전문인력(oral archivist) 양성, 축적된 구술자료의 공개 및 활용 등으로 시야가 확장되고 있다.[27]

2.4. 구술사 활성화의 배경과 현재적 한계

2000년대에 들어와 구술사가 활성화된 배경에는 나름의 학술적·사회적 요인이 있다. 앞에서 보았듯이 1990년대 중반부터 인류학계에 의해

매년 구술사워크숍을 개최하여 작업 과정에서 나타난 문제점과 학술적 쟁점에 대한 논의를 전개하고 있다.

25) 윤택림·함한희(2006)

26) 2000년대에 수행되어 온 구술채록 작업들의 개별적인 현황은 다음의 자료들을 참조할 것. 이용기(2004), 국사편찬위원회(2004ㄱ), 국사편찬위원회(2004ㄴ), 이수원(2004), 김귀옥(2004), 권미현(2007), 노용석(2008), 민주화운동기념사업회(2008)

27) 최근에 한국구술사연구소와 한국구술사학회가 출범한 것은 한국 구술사의 여정에서 획기를 그은 일로 특기할 만하다. 한국구술사연구소는 구술사 연구를 활성화시키고 구술채록 전문가를 양성할 목적에서 2008년 2월에 설립되어, 정기적으로 구술사 세미나와 워크샵을 개최하고 구술채록사 양성과정을 운영하고 있다. 한국구술사학회는 다양한 학문분과에 걸쳐 있는 구술사 연구자들이 2009년 6월에 결성한 한국 최초의 구술사 전문학회로서 해마다 정기학술대회를 개최하고 기관지 「구술사연구」를 발간하고 있다.

소개된 서구 구술사의 이론과 방법론은 그 전까지의 한국 근현대사의 '증언' 채록 작업과는 상당한 차이가 있으며, 전통적인 역사학에 대한 상당한 도전을 함축하고 있었다. 그럼에도 구술사 연구가 활성화될 수 있었던 것은 2000년을 전후하여 국내에서도 근대비판의 관점에서 '새로운 역사학'을 모색하던 분위기가 형성되었기 때문이다. '새로운 역사학'은 포스트모더니즘의 문제의식을 수용하면서도 거기에 제약되지 않는 다양한 흐름으로 나타났는데, 과학적·변혁적 민중론과 구별되는 민중에 대한 새로운 인식, 거대서사에 대한 가려졌던 개인·가족·지역 등 미시공간의 생활세계에 대한 관심, 근대의 획일성에 대한 비판과 다양성·다성성의 추구, '객관적 진리'와 '역사발전'이라는 관념에 대한 비판적 성찰 등을 대체로 공유하였다.28) 이러한 '새로운 역사학'의 모색 과정에서 구술사는 전통적인 근대 역사학의 한계를 넘어설 수 있는 하나의 유력한 방법으로 수용되었던 것이다. 이와 같은 학술적인 요인 이외에도 2000년 대에 들어와 활발해진 '과거사 진상규명'이라는 현실적 의제도 구술사가 활성화되는 중요한 사회적 요인이었다. 식민지배와 국가폭력의 희생자에 대한 사회적 관심이 높아지면서 자신들의 고통과 희생에 관한 '기록을 남기지 못한 사람들'의 경험과 기억을 불러낼 방법으로 구술사의 역할이 부각되었던 것이다.

---

28) 이 글에서 '새로운 역사학'은 이거스가 말한 근대 역사학의 세 번째 국면에 해당하는 근대 비판적 역사연구 경향을 통칭하는 개념으로 사용한다. 이거스는 근대 역사학의 흐름을 19세기의 역사주의, 20세기 초의 사회과학적 역사, 20세기 말의 포스트모더니즘의 도전 등 세 국면으로 정리하였다. 그리고 세 번째 국면의 핵심적인 특징으로 '이야기체 역사의 부활', '거시사에서 미시사로', '언어로의 전환(linguistic turn)'을 꼽으며, 미시사·일상사·신문화사 등을 대표적인 새로운 연구 경향으로 소개하였다. Georg G. Iggers(1997)/ 임상우·김기봉 옮김(1999). Georg G. Iggers(1997) 필자는 여기서 말하는 세 번째 국면이 포스트모더니즘과 상당한 친연성을 가지지만, 그렇다고 그것과 동일시될 수는 없다고 본다. 따라서 포스트모던 역사학을 계기적으로 포함하면서도 그것으로 환원되지 않는 20세기 후반의 새로운 경향을 '새로운 역사학'으로 통칭하여 이해한다(이용기, 2001:6-13).

이와 같은 학술적·사회적 배경 위에서 구술사가 활성화되었지만, 지난 10여 년간의 구술사 현황을 돌이켜 볼 때, 현재 한국의 구술사에는 몇 가지 균열이 있음을 발견할 수 있다. 첫 번째 균열은 구술채록과 구술사 연구가 분리되어 있다는 점이다. 구술사의 두 측면 모두 이전에 비해 대단히 진전된 것은 틀림없지만, 그럼에도 구술채록은 구술자료의 생산에 치우치고 그것을 어떻게 활용할 것인지에 대해서는 아직 많은 고민이 이루어지지 않고 있다. 이 때문에 상당한 양의 구술자료가 축적되었으면서도 그것을 활용한 구술사 연구는 여전히 부진한 상황이다. 특히 한국사학계는 구술사의 의미를 문헌자료의 공백을 메우기 위한 구술자료 수집에 제한하는 경향이 강해서, 구술자료를 문헌자료와 마찬가지로 과거 사실에 관한 정보로써 부분적으로 활용하는 수준에서 크게 벗어나지 못하고 있다.

두 번째 균열은 구술사의 고유한 특징인 '과거의 경험'과 '현재의 기억'의 관계를 다루는 방식에서 나타난다. 구술은 과거의 경험에 대한 현재의 기억이 면담을 통해 발화되는 것이다. 그래서 구술사에서는 과거 경험의 실재성(사실성)이라는 측면과 현재 기억의 구성성(주관성)이라는 두 측면을 어떻게 이해할 것인가 하는 점이 최대 쟁점이 되어 왔다. 이와 관련하여 대체로 역사학과 사회학의 구술사 연구가 경험의 실재성에 관심을 갖는 반면에, 인류학과 여성학의 구술사 연구는 기억의 구성성과 의미화에 더 많은 관심을 기울여 왔다.[29] 사실 구술사의 두 가지 계기 중에서 어느 편에 더 관심을 갖는가 하는 점은 그 자체로는 문제가 될 수 없다. 그러나 어느 한 측면에 더 관심을 갖더라도 구술은 과거의 경험과 현재의 기억이 맞물리는 것이기에, 한국의 구술사가 한 차원 더 고양되기 위해서는 양자의 관계를 보다 진지하게 성찰할 필요가 있다. 특히 역사학에서는 '과거 사실'에만 시야를 한정하고 구술의 주관

---

29) 이희영(2005ㄱ:122-125), 허영란(2004:13-15).

성과 현재성의 의미를 천착하지 않기 때문에 역사학의 특성을 반영한 구술사의 이론적 정립에선 완전히 무능력한 모습을 보이고 있다. 구술채록과 구술사 연구가 분리되고 구술사의 이론적 논의가 인류학과 여성학 분야에서만 이루어지다시피 한 것도 바로 이러한 사정과 무관치 않을 것이다. 필자는 역사학이 구술사를 수용하기 위해 풀어야 할 핵심 과제가 과거 경험의 사실성과 현재 기억의 주관성의 관계를 천착하는 것이라고 보기 때문에, 이 문제에 대해서는 장을 달리하여 좀 더 구체적으로 살펴보고자 한다.

3. 역사학자의 관점에서 바라본 구술사

3.1. 구술사의 필요성과 '구술의 주관성'에 대한 변론

역사학은 기본적으로 과거에 생산된 문헌자료를 통해 과거의 사실을 탐구한다. 그러나 문헌자료는 두 가지 차원에서 본원적으로 한계를 갖고 있다. 첫째는 문헌자료의 양적 한계이다. 우리가 다룰 수 있는 문헌자료는 인간의 과거 경험의 극히 일부만을 담고 있기 때문에 이를 통해 구성되는 역사서술은 운명적으로 제한성을 띨 수밖에 없다. 둘째는 문헌자료의 질적 한계, 또는 당파성의 문제이다. 문헌자료는 기본적으로 글을 쓸 줄 아는 사람에 의해 작성된다. 현대 사회에서는 문맹률이 극히 낮아졌다 하더라도, 역시 대개의 문헌자료는 국가, 지배자, 승리자, 엘리트의 기록이다. 따라서 문헌고증 중심의 역사학은 '위로부터'의 관점을 취하기 십상이며, '기록을 남기지 않은 사람들', 즉 민중을 배제하거나 대상화시키는 경향이 강하다. 그렇다면 문헌자료의 한계를 어떻게 극복할 수 있는가? 기록을 남기지 않은 사람들의 삶을 어떻게 읽어낼 수 있는가? 구술사의 필요성은 어쩌면 이러한 단순한 질문에 대한 응답에서 출발할 것이다.

다시 말하면, 구술사는 문헌자료의 양적 한계를 보완하고, 문헌고증 중심의 역사학에서 배제되거나 대상화되어 왔던 민중의 삶의 경험을 드러내는 하나의 유력한 방법인 것이다. 그러나 구술사는 단순히 기존 역사학에서 읽어내지 못한 '잔여적 부분'을 보여주려는 것만이 아니라, 그동안 침묵되었던 민중의 기억을 불러내어 국가·민족이나 지배층·엘리트에 의해 구성된 공식기억에 균열을 내는 대항적 역사서술이다. 또한 구술사는 과거에 대한 사실적 설명에 머무는 것이 아니라, 민중의 목소리를 생생하게 드러냄으로써 독자들이 그들의 구체적인 고통과 희망, 좌절과 도전, 상처와 자존 등을 공감하고 이해하게 하는 강점을 갖기도 한다.30)

그럼에도 구술은 ① 과거에 대한 현재의 기억이기 때문에 과거를 온전하게 담아내지 못한다는 점(기억의 현재성), ② 구술자가 자의적으로 자신의 과거 경험을 진술할 수 있다는 점(진술의 자의성), ③ 면담의 상황에 영향을 받기 때문에 일관성이 없다는 점(면담의 상황성) 등을 이유로 이른바 '객관성'을 의심받아 왔다. 바로 이러한 '구술의 주관성' 때문에 전통적인 역사학에서는 구술사를 역사연구 방법론으로 인정하지 않았던 것이다.

그렇다면 과연 문헌자료는 객관적인가? 문헌자료 역시 상당수가 과거 특정 시점의 사실이나 경험을 그 후에 기록한 것이며, 기록자 나름의 목적과 관점을 가지고 기록한 것이며, 기록 당시의 역사적·사회적 조건

---

30) 구술자의 삶에 대한 독자와의 교감을 구술작업의 중요한 목표로 설정한 대표적인 예로는, 한국정신대문제대책협의회 2000년 일본군 성노예 전범 여성국제법정 한국위원회 증언팀(2001)을 들 수 있다. 이들에 따르면, "증언을 '듣는' 행위는 증인의 체험과 기억을 이론적으로 개념화하는 것과는 별개의 것이기도 하다. 그것은 말을 듣고, 기억하는 것이자, 말하는 이를 느끼며, 그 울림에 공명하는 것"이기에, 독자들에게 "증언자의 말을 속으로 따라 하듯이 읽되, 그 이야기를 마음속에 품은 채 읽어 나가기를" 권한다.

에 제약된다. 그러하기에 문헌자료도 구술사에 대한 공격의 무기인 '주관성'으로부터 자유로울 수 없다. 역사학자들도 문헌자료가 대단히 파편적이거나, 일관되지 못하거나, 서로 모순되거나, 기록자의 주관이 강하게 투영되는 경우가 적지 않다는 점을 잘 알고 있다. 그래서 역사학은 '사료비판'을 중시하고, 다양한 사료들을 교차 검토하여 최대한 과거의 사실에 다가서고자 애써왔던 것이다.

필자는 문헌자료와 마찬가지로 구술자료에 대해서도 비판적 독해를 함으로써 구술을 통해 과거를 탐구하는 것이 가능하다고 생각한다. 구술은 과거 경험을 고스란히 그리고 투명하게 반영하는 것은 아니지만, 거기에는 분명히 어떤 방식과 어떤 수준에서든 과거의 리얼리티가 담겨있기 때문이다. 결국 문헌자료와 구술자료는 둘 다 일정하게 주관적인 요소가 개재되어 있고, 부분적으로 과거의 실상을 담고 있다. 따라서 문헌자료는 객관적이고 구술자료는 주관적이라는 도식은 성립할 수 없다. 구술의 고유한 특성을 이해하고 그에 걸맞은 비판적 독해의 방법을 찾아야 하는 것이지, 이른바 객관성이란 잣대를 가지고 구술사를 일방적으로 불신하는 것은 곤란하다.

3.2. '과거/경험'과 '현재/기억'의 긴장 관계

문헌자료와 구술자료의 핵심적인 차이는 문헌이 과거에 문자로 기록되어 고정된 '과거완료형' 텍스트라면, 구술은 과거의 경험에 관한 현재의 기억이 면담을 통해 생산되는 '현재완료형' 텍스트라는 점일 것이다.31) 개인의 과거 경험은 기억을 통해 현재에 이르는데, 그 기억은

---

31) 구술자료는 현재 면담 과정에서 '생산'되고 있다는 의미에서 엄밀히 말하면 '현재완료진행형' 텍스트라 할 수 있다. 문헌자료는 이미 과거에 문자기록으로 고정되어 연구자와는 독립적으로 존재하며, 연구자가 언제든지 필요할 때 서가에서 빼내 읽으면 되는

물리적인 시간의 무게와 개인의 삶의 궤적에 따라 변형된다. 또한 구술은 면담 시점의 사회적 상황, 구술자의 사회적 위치나 시각, 구술자와 면담자의 관계, 면담자의 질문 방식 등에 영향을 받는다. 그래서 과거의 경험이 기억을 통해 현재까지 전달되고 면담을 통해 발화될 때는 의식적·무의식적으로 굴절-망각, 착각, 과장 혹은 축소, 침묵과 선택, 자기최면과 합리화 등-되기 마련이다. 그렇기 때문에 현재의 구술에 담긴 과거의 리얼리티에 다가가기 위해서는 기억의 현재성과 면담의 상황성에 대한 자각과 이를 전제로 한 구술의 비판적 독해가 필요하다.

우선 면담의 상황성을 고려한 독해에 대해 살펴보자. 구술자료는 특정한 면담 상황에서 만들어지며, 같은 면담자와 구술자가 다시 면담을 한다 해도 결코 동일하게 재현될 수 없는 유일한 판본이다. 따라서 구술자료를 독해할 때에는 어떤 상황에서 면담이 진행되었는지, 구술자와 면담자가 어떤 관계를 맺고 있었는지, 어떤 질문에 대한 진술인지, 구술자가 어떤 맥락에서 어떤 방식으로 진술을 한 것인지 등을 최대한 고려해야 한다. 면담의 상황은 구술이 특정한 방식으로 이루어지는 변수이기에 구술자료의 사료비판의 기준이 되기도 하는 것이다. 그렇기 때문에 구술사에서는 연구자가 구술의 상황적 맥락을 의식하면서 해석하고 그것을 독자들에게 인지시킴으로써 해석의 객관성을 담보할 수 있다.[32]

대상적인 자료이다. 이와 달리 구술자료는 연구자가 자료의 생산과정(면담)에 참여하고, 살아 있는 인격체인 구술자와의 상호작용을 통해 만들어진다. 따라서 구술의 경우에는 '어떻게 자료를 생산하는가'의 문제가 자료의 내용과 가치를 규정하는 중요한 요소가 되며, 연구자의 학문적 양심과 인간에 대한 예의라는 윤리적 문제가 개입된다. 이 때문에 구술자료의 생산, 즉 구술면담에 대한 관점이나 구체적인 방식에 대해서도 긴 논의가 필요하지만, 이에 대해서는 이미 훌륭한 안내가 이루어졌다. 윤택림·함한희(2006:84-105), 한국구술사연구회(2005:77-134). 그리고 최근에는 대부분의 구술채록 작업에서도 이러한 원칙이 적어도 이론적으로는 공유되고 있다고 보아, 이 글에서는 구술자료의 생산에 관해서는 생략한다.

32) 최근 구술사 방법론을 활용한 연구에서는 과거처럼 각주를 통해 '누구의 증언'이라는 정도만 밝히는 게 아니라 연구의 과정을 객관화시켜 해석의 적실성을 검증받기 위해 면담의 상황과 구술자의 특성을 구체적으로 적시하는 게 일반화되고 있다. 이와 관련

또한 구술자료를 활용하여 역사쓰기를 할 때에는 구술성(orality)을 살리는 텍스트화와 그것을 고려하는 비판적 독해가 필요하다. 구술은 특정한 상황에서 말과 몸짓으로 표현되는 것이기에 그것을 문자화할 때에는 필연적으로 일정한 굴절이 생긴다. 즉, 구술을 그대로 녹취하여 문자화시킨다 해도 구술 당시의 표정, 억양과 말투, 목소리의 크기와 고저, 침묵, 몸짓, 분위기 등을 완벽하게 재현할 수는 없다. 따라서 구술을 채록하여 녹취록을 만들 때에도 최대한 구술성을 살려야 하며, 구술 채록에만 멈추지 말고 구술자료를 생산한 바로 그 사람이 현장에 대한 감수성을 가지고 구술자료를 활용한 구술사 연구를 할 필요가 있다. 구술자료는 단지 구술을 문자화시켜 과거 사실에 관한 정보를 집적한 '2차 문헌자료'가 아니다. 따라서 구술의 맥락과 표현을 최대한 고려할 때 텍스트화된 문자기록의 이면에 담긴 진실과 의미를 심층적으로 해석할 수 있을 것이다.

다음으로 기억의 현재성을 고려한 독해에 관해 살펴보자. 구술자는 면담자의 질문에 대해 단순하게 사실적인 진술을 하는 것이 아니라 나름의 관점을 가지고 자신의 경험에 대한 해석과 의미부여를 한다. 그러므로 구술에는 구술자가 경험한 과거의 실상과 더불어 과거에 대한 구술자의 현재적 해석이 혼재되어 있기 마련이다. 따라서 구술에 담긴 과거의 실상을 파악하기 위해서는 현재의 기억에 담긴 주관적 요소를 잘 걸러내야 한다. 이를 위해 일차적으로는 구술간의 교차검토나 문헌자료와의 비교검토 같은 기본적인 '사료비판'이 필요함은 말할 나위가 없다. 그런

하여, 필자는 흔히 구술사에 가해지는 '엄정한 사료비판'의 요구가 문헌자료에도 동일하게 적용된다는 점을 강조하고 싶다. 역사학자로서 구술사에 관심을 갖다보면 스스로 '구술의 주관성' 문제를 느끼기 때문에 오히려 그것을 극복하려는 의식적인 노력을 기울이게 된다. 그럼에도 역사학에서는 문헌자료가 전통적으로 권위를 갖고 있기 때문인지, 구술사에 대해서만 너무 쉽게 '객관적이지 못하다'는 딱지를 붙이곤 한다. 그러나 사료비판이나 '객관성'의 문제는 문헌자료를 다루든 구술자료를 다루든 모두가 함께 풀어가야 할 문제임을 재삼 확인하고자 한다.

데 구술사에서는 여기서 한 발 더 나아가, 현재의 기억이 왜 그렇게 구성되어 있는가, 즉 왜 과거를 그렇게 기억하고 있는가라는 질문을 통해 말해진 바의 이면을 파고들어야 한다. 이를 위해서는 구술자의 생애사적 맥락과 현재 자기해석의 코드를 파악해야 한다. 과거의 경험에 대한 기억은 개인의 생애 과정을 거치면서 굴절되기 마련이며, 바로 지금의 시점에서 과거의 자기 경험을 어떻게 해석하고 있는가, 또는 어떻게 해석하도록 규정당하고 있는가에 따라 달리 재현되기 때문이다.

가령, 필자는 '이천의 모스크바'로 불리던 한 '빨갱이' 마을의 전쟁 경험을 연구할 때, 서로 다른 구술자들의 진술을 통해 과거의 실상에 접근하기 위해 구술자들이 전쟁 당시에 처해있던 위치, 전쟁 이후 구술자들이 살아온 과정, 면담 당시 구술자들의 마을 내 위치와 면담을 대하는 태도 등을 고려해서 구술을 비판적으로 독해해야 했다. 빈농 출신으로 전쟁 당시에 좌익 활동에 주체적으로 가담했던 한 인물과 중농 출신으로 좌익 활동에 휩쓸려 들었던 또 다른 인물은 전후의 삶의 과정도 너무 달랐고, 면담자인 필자에게 자신의 과거 경험을 진술하는 방식에서도 많은 차이를 보였다. 또한 이들은 '뭣도 모르고 똑똑한 사람을 따라갔던 무지랭이들의 희생'이라는 해석의 플롯(코드)을 공유하고 있으면서도, 그 '똑똑한 사람'을 기억하고 표현하는 방식에서 차이가 있었다. 이와 같은 구술자들의 생애사적 특성과 이들의 구술에 담긴 기억의 코드를 고려하면서 그들의 진술을 해석해야 서로 어긋나거나 심지어 상반되는 진술 속에 담긴 과거의 실상을 보다 합리적으로 추론해낼 수 있다.[33]

이상과 같이 현재완료형 시제인 구술에는 과거의 경험이라는 실재성의 측면과 현재의 기억이라는 주관성의 요소가 서로 긴장관계를 가지면서 공존하고 있다. 그렇기 때문에 구술에 담긴 과거의 리얼리티에 다가간

---

33) 필자가 여기에서 예를 들었던 경험적 사례에 대한 구체적인 분석의 방식에 대해서는 이용기(2001) 참조.

다는 것은 절대불변의 객관성을 담보할 수 있다는 것이 아니라, 구술에 대한 사료비판과 기억의 현재성이나 면담의 상황성을 고려한 비판적 독해를 통해 최대한 '그러했을 법한' 설명을 추론해 내는 것이다.[34) 그렇다고 이것이 역사적 객관성에 부합하지 않는 주관적 해석이라고 치부될 수는 없다. 왜냐하면 '역사적 객관성'이란 실증주의 역사학에서 완고하게 고집하는 것처럼 과거의 실체와 완전히 부합되는 진리를 의미하는 것이 아니라, 주어진 조건 속에서 가장 설득력 있고 개연성이 높은 해석을 제시하는 것이라 생각하기 때문이다.[35)

구술사에 내재된 과거의 경험과 현재의 기억 사이의 긴장관계와 관련하여, 지금까지 기억의 현재성을 고려하여 과거의 실재성을 탐구할 필요를 논했다면, 이제는 현재의 기억의 의미를 깊이 음미하기 위해서도 과거의 경험을 중시할 필요가 있다는 점을 말하고 싶다. 구술사의 이론과 방법론을 선도적으로 이끌고 있는 인류학과 여성학에서는 과거의 사실성보다는 기억의 현재성과 구성성에 더 주목하는 경향이 있다. 실제 구술 작업을 해보면, 구술과 기억은 과거에 접근하기 위한 매개라는 측면보다는 과거의 경험이 현재에 어떻게 기억되고 있으며, 그 의미는 무엇인가를 파악하는 것에서 더 강점을 갖고 있다는 느낌을 받곤 한다. 그럼에도 현재의 구술과 기억은 '현재형'이 아니라, 과거의 경험을 원초적인 질료로 하여 구성되고 재현되는 '현재완료형'이기 때문에 기억의 의미를 심층적으로 분석하기 위해서도 과거의 실재성과의 긴장관계 속

---

34) '과거 체험에 대한 사실성'은 구술자가 과거에 있던 바로 그 체험의 객관성 혹은 '과거 체험과의 동일성'을 뜻하는 것이 아니라 서사적 맥락 속에서 설득력을 갖는 과거 체험의 가능성을 지시한다. 이희영(2007:110).

35) 애플바이, 헌트, 제이콥은 포스트모더니즘의 '언어적 전환'에 따른 극단적 해체주의를 비판하면서도, 그것이 제기한 이른바 과학적 진리와 객관성에 대한 성찰의 필요성을 수용하여, "역사가는 더 이상 '절대적인 단 하나의 진리'를 좇아 헤매지 말고, '가장 개관적으로 가능한 설명들'을 모색해야 한다"고 역설하였다(Joyce Appleby, Lynn Hunt, Margaret Jacob, 1994:229). 육영수(2002)에서 재인용.

에서 현재의 기억을 해석해야 한다.

특히 '억눌린 기억'이나 '공식기억에 압도된 기억'의 경우, 과거의 다양하고 중층적인 경험이 현재의 기억에서는 단순화·코드화되곤 한다. 예를 들면, 앞에서 언급했던 필자의 현지조사 경험과 마찬가지로, '빨갱이' 마을의 전쟁 경험에 관한 구술에서는 '훌륭한' 또는 '대단한' 좌익 인물이 등장하고, 그의 리더십에 '뭣도 모르고' 또는 '어쩔 수 없이' 끌려갔다가 큰 희생을 당했다는 플롯이 나타나는 경우가 일반적이다.[36] 이는 일종의 '생존을 위한 구술전략'[37]이라 할 수 있는데, 연구자의 눈이 여기에서 멈추면 민중은 주체성과 자율성을 결여한 존재로서 단지 수동적인 역사의 희생자로 이미지화되고 만다.

기억의 현재성과 구성성에 중점을 두는 역사인류학자들이 한국전쟁 경험에 대한 지방민들의 구술에서 '自族之亂'이나 '一家主義' 같은 코드를 읽어내는 것은 구술자들의 전쟁 경험에 대한 현재의 자기해석을 잘 드러내주지만,[38] '왜 그렇게 기억하고 해석하는가?'라는 질문에 대해서는 설명력이 약하다고 느껴진다. 다시 말하면, 지방민의 구술에 담긴 '자족지란'이나 '일가주의'라는 해석이 자신을 규정하는 거대구조를 인식하기 어려운 민중의 '인식의 한계'인지, 달리는 도저히 해석할 수 없는 '절망감'의 반영인지, 그것도 아니면 구술자의 머리 속에 있는 기억과도 다르게 진술한 일종의 '구술전략'인지 등을 보다 치밀하게 궁구할 필요가 있다.

이와 더불어 구술자의 자기 해석과 다양성을 존중하는 것이 자칫하면 '민중의 낭만화'를 가져올 가능성도 경계를 해야 한다. 구술자는 연구자와 마찬가지로 자신의 경험을 스스로 해석(역사화)할 권리가 있으며, 구술사에서는 민중의 평범성과 다양성을 중시하여 기본적으로 구술자

---

36) 박정석(2003), 윤형숙(2003), 염미경(2003)
37) 이용기(2001:51)
38) 윤택림(2003), 윤형숙(2003)

의 삶과 그들의 해석을 존중한다. 이러한 평범성과 다양성의 추구는 직선적 진보 관념과 국가·민족 중심의 획일적 역사서술에 균열을 낸다는 점에서 필자도 그 의미에 공감한다. 그러나 민중(구술자)은 자율성을 가지면서도 동시에 국가와 자본의 지배의 자장에서 결코 완전히 자유로울 수 없는 존재이다. 그렇기 때문에 구술자들의 삶 자체와 그에 대한 구술자의 해석도 자본의 물신성이 체화되어 있거나 민족주의의 코드에 포섭되어 있는 경우가 많다. 따라서 구술자의 경험과 기억을 존중하고 하나의 역사(해석)로 승인하는 것에서 더 나가서, 거기에 담긴 지배의 코드를 비판적으로 재해석할 때 비로소 구술사는 지배적·공식적 기억에 대항하는 대안적 역사서술이 될 수 있을 것이다.

결국 구술사에서는 과거의 경험과 현재의 기억이라는 두 측면의 긴장 관계를 깊게 탐구해야 한다. 기억에 담긴 과거의 리얼리티에 제대로 접근하기 위해서는 기억의 현재성·구성성을 고려해야 하며, 현재의 기억이 어떻게 구성되었는가를 깊게 이해하기 위해서는 그 기억에 담긴 원초적 경험을 고려해야 한다. 이런 의미에서 구술사는 과거의 경험과 현재의 기억 사이의 끊임없는 긴장적 대화인 것이다.[39]

---

39) 한국의 구술사 연구에서 과거 경험의 실재성과 현재 기억의 서사성의 연관성을 제대로 고려하지 않고 있음을 지적하면서 그 대안으로 '생애사 재구성 방법론'을 제시한 이희영(2005, 2007)의 문제제기가 주목된다. 그는 "무엇을 경험했는가와 어떻게 이야기하는가"가 갖는 상호연관의 방식"을 해명하기 위해 '체험된 생애사(a life as experienced)', '이야기된 생애사(a life as told)'를 개념적으로 구분하고 양자의 연관성을 밝히고자 한다. 필자는 그의 진단이나 문제의식에 크게 공감하지만, 그가 제시한 생애사 재구성 방법론이 이 문제를 적절하게 해결하고 있는지, 그리고 이런 방법론이 역사학에서 구술사를 해나갈 때 어떻게 도움을 줄 수 있는지에 대해서 아직까지는 판단을 유보한다.

4. 역사학과 구술사의 아름다운 만남을 꿈꾸며

　역사(학)란 과거를 다루는 학문임에 틀림없다. 그러나 과거를 어떻게 인식하고 다룰 것인가 하는 문제에 대해서는 과거 사실의 인식 가능성에 대한 이해의 차이에 따라 다양한 입장이 있을 수 있다. 과거를 '있는 그대로' 복원하고자 했던 19세기의 랑케식 역사주의와는 달리, 20세기의 사회과학적 역사학은 과거와 현재는 분리될 수 없다고 생각하며, 역사가 의 선택과 해석을 통해 역사가 '구성'된다는 입장에서 역사의 객관성에 문제를 제기하였다. 그러나 이들은 역사적 지식은 비록 불완전하고, 부정확하며, 이론의 여지가 있을 수 있지만, 수정과 재해석을 통해 끊임없이 축적됨으로써 과학적·객관적 역사가 가능하다고 믿는다. 반면에 '언어적 전환(linguistic turn)'을 수용한 입장에서는 언어가 실재를 반영하는 것이 아니라 실재에 의미를 부여하고 실재를 구성하는 것이라는 관점에서, 역사란 실재하는 과거가 아니라 과거에 관한 담론 및 텍스트를 의미한다고 본다.[40]

　과거의 사실을 탐구하는 학문인 역사학으로서는 이러한 포스트모더니즘의 도전을 수용하는 것이 쉽지 않은 일이다. 그러나 극단적 해체주의를 전적으로 받아들이지는 않는다 해도, 포스트모더니즘의 지적 자극을 통해 과거는 하나의 정답을 갖는 고정된 실체가 아니며 절대적인 하나의 진실은 없다는 자각을 얻을 수 있다. 과거의 사실은 객관적으로 존재했지만, 역사가는 과거의 사실 그 자체를 직접 확인할 수는 없고 끊임없이 거기에 다가가고자 노력할 뿐이다. 따라서 역사에서 객관성이란 절대적인 것이 아니라 '상대적 객관성'이며, 역사적 진실이란 다양한 진실 중에서 유력한 하나의 진실 혹은 '가능성으로서의 진실'로 봐야 할 것이다.[41]

---

40) 안병직(2007:287-291)
41) 엄격한 실증을 강조하는 실증주의와 문학과 역사의 경계를 너무 쉽게 부정하는 해체주

그렇다면 역사는 엄밀한 객관성을 추구해야 하고, 그것이 문헌자료를 통해 입증될 수 있다는 신념도 달리 볼 수 있다. 이 지점에서 역사학과 구술사는 결합할 수가 있다. 그럼에도 과거완료형의 문헌자료를 중시하는 역사학과 현재완료형의 구술자료를 활용하는 구술사가 그저 사이좋은 이웃이 되기에는 난점 또한 많다. 적어도 역사학이 근대 분과학문으로서의 장벽을 고수하는 한 구술사와의 만남이 그리 쉽지 않아 보인다. 과연 구술사는 출자가 다르다는 이유로 역사학으로부터 늘 차별당할 운명을 가진 서자인가, 역사학의 성안에 들어와 역사학을 내파시킬 트로이의 목마인가, 아니면 역사학에 새로운 활력을 불어넣고 그 영역을 확장하고 재편성할 촉매제인가? 이에 답변하려면 좀 더 많은 고민과 연구가 축적되어야 하겠지만, 역사학이 과거에 관한 탐구라면, 그 과거를 보다 잘 이해하기 위해서 어느 정도의 혼란과 위험을 감수하더라도 기존 역사학의 정체성만을 고집할 필요는 없는 게 아닐까? 더구나 역사가 과거 그 자체가 아니라 과거에 관한 현재의 해석이라면, 그리고 역사가 과거와 현재의 끊임없는 대화라면, 구술사를 통해 과거의 리얼리티와 현재의 기억 사이의 긴장을 읽어냄으로써 '기억을 둘러싼 투쟁'에 보다 적극적으로 개입할 수 있을 것이다.42)

이제 한국사학계는 '역사의 객관성'에 대한 진지한 성찰을 통해 '구술의 주관성'이라는 선입견과 맹목적 혐의를 벗어 버리고, 구술채록을

의를 모두 비판하면서 '가능성의 역사'를 지향하는 미시사가들에 주목할 필요가 있다. 조반니 레비가 말하는 '제한된 합리성'이나 나탈리 데이비스가 말하는 '가능성 있는 진실'에 대해서는 곽차섭(2000)에 실린 "미시사에 대하여"(레비)와 "절름발이에 대하여"(데이비스)를 참조.

42) '기억투쟁' 혹은 '기억의 정치'는 과거의 '진실'이 무엇인가보다는 왜 그렇게 인식·기억하는가, 다시 말하면 과거에 대한 인식·기억이 어떻게 구성되어있는가 하는 차원에서 전개된다. 이런 점에서 최근의 일본 역사교과서 문제에 대한 비판이 사실의 왜곡 여부가 아니라 '자애적 내셔널리즘'이라는 차원에 맞춰져야 한다는 지적은 정곡을 찌른다(야스마루 요시오, 2001).

넘어서 구술을 활용한 구술사 연구에 적극적으로 뛰어들어야 한다. 바로 이러할 때 우리는 한국의 역사적·현실적 특성을 담아내는, 그리고 과거를 탐구하여 현재에 개입하려는 역사학의 특성을 반영하는 구술사의 이론과 방법을 적극적으로 모색해 나갈 수 있을 것이다.

참고문헌

Georg G. Iggers(1997)/ 임상우·김기봉 역(1999), 「20세기 사학사」, 푸른역사.
곽차섭(2000). 「미시사란 무엇인가」, 푸른역사.
국사편찬위원회(2004ㄱ), 「현황과 방법, 구술·구술자료·구술사」, 국사편찬위원회.
국사편찬위원회(2004ㄴ), 「구술 아카이브 구축의 현황과 과제」(구술자료 수집 기관·단체 워크숍 자료집).
권미현(2007), "강제동원 구술자료의 관리와 활용—일제강점하강제동원피해진상규명위원회 소장 구술자료를 중심으로" 「기록학연구」(한국기록학연구소) 16.
김경학 외(2005), 「전쟁과 기억」, 한울.
김귀옥 외(2008), 「전쟁의 기억, 냉전의 구술」, 선인.
김귀옥(1999), "지역 조사와 구술사 방법론—경험과 성찰, 새로운 출발"(서울대학교 사회발전연구소 워크샵 자료집).
김귀옥(1999), 「월남민의 생활경험과 정체성—밑으로부터의 월남민 연구」, 서울대학교출판부.
김귀옥(2004), "한국산업노동자의 형성과 생활세계 연구를 통해 새롭게 구성되는 노동사", 「20세기민중생활사연구단 발표자료집」.
김귀옥(2006), "한국 구술사 연구 현황, 쟁점과 과제", 「사회와 역사」(한국사회사학회) 71.
김동춘(2000), 「전쟁과 사회—우리에게 한국전쟁은 무엇인가」, 돌베개.
김성례(2002), "여성주의 구술사의 방법론적 성찰" 「한국문화인류학」(한국문화인류학회) 35-2.

김은실(2003), "식민지 근대성과 여성의 근대체험—여성경험의 구술과 해석에 관한 방법론적 모색", 조순경 외,「한국의 근대성과 가부장제의 변형」, 이화여자대학교출판부.

노용석(2008), "'과거사 진실규명'에 있어서 구술사의 수집과 활용",「한국구술사연구소 2차세미나 발표자료집」.

민주화운동기념사업회(2008) "구술아카이브 구축 방안과 운영",「민주화운동기념사업회 구술워크샵 자료집」.

박찬승(2006), "종족마을 간의 신분갈등과 한국전쟁—부여군 두 마을의 사례",「사회와 역사」(한국사회사학회) 69.

박찬승(2010),「마을로 간 한국전쟁」, 돌베개.

안병직(2007), "한국사회에서의 '기억'과 '역사'",「역사학보」(역사학회) 193.

야스마루 요시오(2001), "'역사 교과서' 문제와 현대 일본",「당대비평」(당대비평사) 16.

육영수(2002), "포스트모던 시대의 역사와 역사학", 김기봉 외,「포스트모더니즘과 역사학」, 푸른역사.

윤택림(1994), "기억에서 역사로—구술사의 이론적, 방법론적 쟁점들에 대한 고찰",「한국문화인류학」(한국문화인류학회) 25.

윤택림(1995), "탈식민 역사쓰기—비공식적 역사와 다중적 주체",「한국문화인류학」(한국문화인류학회) 27.

윤택림(2003),「인류학자의 과거여행—한 빨갱이 마을의 역사를 찾아서」, 역사비평사.

윤택림·함한희(2006),「새로운 역사쓰기를 위한 구술사 연구방법론」, 아르케.

이수원(2004), "민주화운동 구술사료 수집의 현황과 과제",「20세기민중생활사연구단 발표자료집」.

이용기(2001), "미군정기의 새로운 이해와 '사회사'적 접근의 모색",「역사와 현실」(한국역사연구회) 35.

이용기(2001), "마을에서의 한국전쟁 경험과 그 기억—경기도의 한 '모스크바' 마을 사례를 중심으로",「역사문제연구」(역사문제연구소) 6.

이용기(2002), "구술사의 올바른 자리매김을 위한 제언",「역사비평」(역사비평

사) 58.

이용기(2003), "1940~50년대 농촌의 마을질서와 국가—경기도 이천의 어느 집성촌 사례를 중심으로", 「역사문제연구」(역사문제연구소) 10.

이용기(2004), "구술 아카이브 구축의 현황과 과제", 국사편찬위원회, "구술 아카이브 구축의 현황과 과제"(구술자료 수집기관·단체 워크숍 자료집).

이용기(2004), "한국근현대사 관련 구술자료 수집 및 관리 현황", 국사편찬위 원회(2004), 「현황과 방법, 구술·구술자료·구술사」, 국사편찬위원회.

이재인(2004), "서사방법론과 여성주의 연구", 「여/성이론」(여성문화이론연구 소) 10.

이종구 외(2004ㄱ), 「1960-1970년대 한국의 산업화와 노동자 정체성」, 한울.

이종구 외(2004ㄴ), 「1960-70년대 노동자의 생활세계와 정체성」, 한울.

이종구 외(2005), 「1960-70년대 노동자의 작업장 경험과 생활세계」, 한울.

이종구 외(2006ㄱ), 「1960-70년대 한국 노동자의 계급문화와 정체성」, 한울.

이종구 외(2006ㄴ), 「1960-70년대 노동자의 작업장 문화와 정체성」, 한울.

이태호 저·신경완 증언(1991), 「압록강변의 겨울—납북요인들의 삶과 통일의 한」, 다섯수레.

이향규(2001), 「나는 조선노동당원이오」, 선인.

이희영(2005ㄱ), "사회학 방법론으로서의 생애사 재구성—행위이론의 관점에 서 본 이론적 의의와 방법론적 원칙" 「한국사회학」(한국사회학회) 39-3.

이희영(2005ㄴ), "체험된 폭력과 세대간의 소통—1980년대 학생운동 경험에 대한 생애사 재구성 연구", 「경제와 사회」 68.

이희영(2006) "타자의 (재)구성과 정치사회화—학생운동 참여자의 1990년대 생애체험에 대한 사례 연구", 「한국사회학」 40-6.

이희영(2007), "여성주의 연구에서의 구술자료 재구성", 「한국사회학」 41-5.

전순옥(2004), 「끝나지 않은 시다의 노래」, 한겨레신문사.

정근식 외(2003), 「구림연구—마을공동체의 구조와 변동」, 경인문화사.

정근식 외(2004), 「인류학과 지방의 역사—서산사람들의 삶과 역사인식」, 아카넷.

정근식(2002), "한국전쟁 경험과 공동체적 기억", 「지방사와 지방문화」(역사문 화학회) 5-2.

정근식(2004), "지역 정체성, 신분투쟁, 그리고 전쟁기억—장성에서의 전쟁 경험을 중심으로", 「지방사와 지방문화」(역사문화학회) 7-1.

제주4·3연구소(1989), 「이제사 말햄수다」 1·2, 한울.

제주4·3연구소(2002), 「무덤에서 살아나온 4·3 '수형자'들: 이제사 말햄수다 3」, 역사비평사.

제주일보 4·3취재반(1994ㄱ), 「4·3은 말한다」 1, 전예원.

제주일보 4·3취재반(1994ㄴ), 「4·3은 말한다」 2, 전예원.

제주일보 4·3취재반(1995), 「4·3은 말한다」 3, 전예원.

제주일보 4·3취재반(1997), 「4·3은 말한다」 4, 전예원.

제주일보 4·3취재반(1998), 「4·3은 말한다」 5, 전예원.

진양교 외(2000), 「주민생애사를 통해 본 20세기 서울현대사」, 서울시립대학교 부설 서울학연구소.

최정기 외(2008), 「전쟁과 재현」, 한울.

표인주 외(2003), 「전쟁과 사람들」, 한울.

한국교육사고(2003), 「구술사 이론·방법론 워크샵 자료집」

한국구술사연구회(2005), 「구술사—방법과 사례」, 선인.

한국구술사연구회(2005), 「구술사—방법과 사례」, 선인.

한국문화인류학회(1999), "한국문화연구의 방법론 모색—구술사적 접근을 중심으로"(한국문화인류학회의 제6차 워크샵 자료집).

한국역사연구회 현대사증언반(1996), 「끝나지 않은 여정」, 대동.

한국정신대문제대책협의회 2000년 일본군 성노예 전범 여성국제법정 한국위원회 증언팀(2001), 「기억으로 다시 쓰는 역사—강제로 끌려간 조선인 군위안부들 4」, 풀빛.

한국정신대문제대책협의회(1993), 「강제로 끌려간 조선인 군위안부들」 1, 한울.

한국정신대문제대책협의회(1995), 「중국으로 끌려간 조선인 군위안부들」 1, 한울.

한국정신대문제대책협의회(1997), 「강제로 끌려간 조선인 군위안부들」 2, 한울.

한국정신대문제대책협의회(1999), 「강제로 끌려간 조선인 군위안부들」 3, 한울.

한국정신문화연구원 현대사연구소(1999), 「지운 김철수」, 한국정신문화연구원.

한국현대사사료연구소 편(1990), 「광주오월민중항쟁사료전집」, 풀빛.

허영란(2004), "구술과 문헌의 경계를 넘어서", 국사편찬위원회 편, 「현황과 방법, 구술·구술자료·구술사」, 국사편찬위원회.

허영란(2006), "구술생애사 읽기", 「역사문제연구」(역사문제연구소) 16.

Georg G. Iggers(1997), *Historiography in the Twentieth Century: From Scientific Objectivity to the Postmodern Challenge*, Wesleyan University Press.

Yi, Hee-young(2004), "Gespiegelte Utopian in einem geteilten Land: Eine biografie—rekonstruktive Studie zu politischen Sozialisationen in den 80er Jahren in Korea", Dissertationsarbeit an der Kassel Universität

Yoon, Taek-Lim(1992), "Koreans' Stories about Themselves: An Ethnographic History of Hermit Pond Village in South Korea", Ph.D. dissertation, University of Minnesota.

* 이 글은 아래의 논문을 이 책의 기획과 형식에 따라 수정, 가필한 것임을 밝힌다.
  이용기(2009), "역사학, 구술사를 만나다: 역사학자의 관점에서 본 구술사의 현황과 과제" 「역사와 현실」(한국역사연구회) 71.

서술의 유형학에서 발화 행위의 프락시스(praxis)로

박 진

1. 서사학의 경계를 넘어서

서사학(narratologie)은 구조주의의 산물이다. 서사학의 발생에 결정적인 영향을 미친 러시아 형식주의는 '체계'나 '구조' 등과 같은 구조주의의 개념들을 선취하고 있었으며, 전통 시학의 형이상학적인 주관성과 자의적인 규범성을 거부하면서 자율적인 '문학 과학'을 표방하였다. 이를 계승한 구조주의 시학은 구체적인 텍스트들을 그 자체로서가 아니라 어떤 추상적 구조의 발현체로 이해하고, 개별 텍스트의 의미나 가치에 주목하는 대신에 그것들을 발생시킨 일반 법칙을 탐구했다. 이로써 구조 시학은 문학적 담화의 특수한 구조와 기능을 설명하는 연역적이고 기술적(descriptive)인 보편 이론이 되고자 했다. 서사학은 구조 시학의 이같은 지향을 이어받는 한편, 그 대상을 문학적 담화(언어 서사물)만이 아니라 다양한 장르와 매체의 서사적 담화로 확장시킴으로써 탄생하였다. 언어학을 모델로 하여 서사적 요소들의 체계적인 목록을 작성하고 그것들 사이의 결합 가능성을 파악하는 구조주의 이론으로서의 성격은,

서사학이라는 이름 안에 지금도 여전히 새겨져 있다.

하지만 이후 서사학은 후기구조주의 이론을 비롯하여 문화기호학, 정신분석학, 탈식민주의 이론, 실존의 해석학 등과 활발하게 결합하면서 구조주의의 테두리를 훌쩍 넘어서게 되었다. 이는 구조주의 서사학에 내재했던 한계들(환원적인 유형화, 구조의 탈역사적 정태성, 탈이데올로기적 자족성 등)을 극복하면서[1] 서사학이 자신의 영역을 넓혀나가는 과정이기도 하고, 달리 말하면 서사학이라는 자기동일적인 영역이 이질적인 다른 학문과 담론들 속으로 분산되고 흡수되는 과정이기도 하다. 이 같은 확산과 혼종화의 양상은 서사학이라는 '고유한' 학문의 쇠퇴나 소멸이 아니라, 오히려 그것의 현재적인 존재 방식이자 미래적인 가능성을 의미할 수 있다. "문화의 영역에는 내부 영토가 없다. 그것은 전적으로 경계를 따라서, 모든 측면에 걸쳐 뻗어 있는 경계를 따라서 분포되어 있다. (…) 모든 문화적 행위는 본질적으로 경계 위에서 살아 움직인다"[2]는 바흐친(Mikhail Bakhtin)의 말처럼, 어떤 학문이나 이론도 순수하고 자족적인 자기동일성 안에 머물러 있을 수 없을 뿐더러, 폐쇄적인 자기 경계를 고수하는 한, 그것은 곧 '죽은 것'이 되어버릴 테니 말이다.

이처럼 확장 또는 혼성된 서사학은 반드시 '서사학'이라는 자신의 이름을 고집할 필요가 없을는지도 모른다. 서사학의 영역을 한정하고 그 본질을 규정하는 일보다 더욱 중요한 것은, 서사학의 개념과 체계와 이론적 성과들이 오늘날 어떠한 논의들 속에서 어떻게 이어지거나 재기입(再記入)되고 있으며 그 의미는 무엇인지를 추적하는 일일 것이다. 이 글에서는 이러한 관점에서 서사학의 서술(narration) 이론[3]이 구조주

---

1) 이 같은 한계에 대한 자기 성찰과 그 한계를 극복하기 위한 다양한 모색들은 실제로 구조주의 서사학 안에도 이미 내재해 있었다. 박진(2005:143-146, 173-175)

2) Mikhail Bakhtin/ Caryl Emerson trans.(1984:301)

3) 이 글에서 서술 이론은 서술자(narrateur)와 서술 수준(niveaux narratifs), 화법(mode)과 서술태(voix, 목소리) 등을 포괄하는 개념으로, 토도로프의 용어로는 언표적 국면

의적인 틀을 벗어나 또 다른 논의의 장으로 이행하는 양상을 검토하고자한다. 서사학의 여러 국면들 가운데서도 특히 서술 이론은 언어와 담론의문제, 글쓰기 주체와 텍스트의 타자성 문제 등에 대한 이론적 탐구들과결합하여 더 넓은 의미망 속에 자리잡게 되었다. 서술과 관련된 서사학적개념과 체계는 이 같은 논의들을 활성화하고 진전시키는 데 기여했을뿐 아니라, 그 과정에서 서사학의 경계를 넘어서는 새로운 맥락과 실천적가능성을 향해 스스로를 개방하였다. 그 양상을 구체적으로 살펴보기위해 우선 구조주의 서사학의 서술 이론이 직면한 난제들과 이를 극복하기 위한 모색의 장면들을 지켜보기로 하자.

2. 서술 이론의 딜레마와 글쓰기-주체의 문제

서사학은 발생 초기부터 체계화·유형화에 대한 지향과 그 불가능성에대한 인식 사이의 팽팽한 긴장 위에 세워져 있었다. 이 점은 특히 서술자(또는 화자, narrateur), 서술 수준(niveaux narratifs), 화법(mode), 서술태(voix, 목소리) 등과 관련된 서술의 층위에서 가장 분명하게 드러난다.

주네트(Gérard Gennette)와 토도로프(Tzvetan Todorov) 등은 영미 계열의 소설 기법론에서처럼 '일인칭' 서술과 '삼인칭' 서술, 또는 보여주기(showing)와 말하기(telling) 등으로 서술의 형태를 유형화할 수 없음을 잘 알고 있었다. 담화의 층위에서 발화(언표 행위, énonciation)의주체인 서술자는, 텍스트 안에 자신의 모습을 드러내든 그렇지 않든간에, 언제나 일인칭인 '나'이다.[4] 따라서 발화된 문장(언표, énoncé)의

(l'aspect verbal)에 해당된다.

4) 발화의 주체인 '나'는, (나는 말한다) "그는 달린다", (나는 말한다) "나는 달린다"와같이 텍스트 안에는 보통 드러나지 않은 채로 숨겨져 있다. 글쓰기에 대한 자의식을강하게 보여주는 텍스트들에서는 발화 주체인 '나'가 겉으로 모습을 드러내게 되는데,

주어(발화된 대상 또는 발화 내용의 주어)가 '나'인가 '그'인가를 기준으로 일인칭 서술과 삼인칭 서술을 구분하는 것은 논리적으로 옳지 않다. 또한 언어가 모방(mimesis)할 수 있는 것은 오직 언어뿐이기 때문에, 언어로 된 텍스트는 어떤 경우에도 행위를 재현하거나 '보여줄' 수가 없다. 그런 의미에서 보여주기란 말하기의 대립항이 아니라 말하기의 특수한 방식, 즉 미메시스의 환영을 창조하는 디에게시스(diegesis)의 한 방식으로 보아야 한다.

기존의 이론들이 지닌 모순에 대한 이 같은 통찰을 가능하게 만든 것은 바로 논리적 정합성과 체계적 질서를 추구하는 구조주의적 사유의 힘이었다. 그러나 동시에 서사학은 그 모순들을 해결하고 또 다른 체계를 구축해야 할 어려운 과제에 직면하였다.

2.1. 일인칭 인물-서술자의 모호성과 작가-서술자의 지위

서술의 유형학과 관련하여 특히 문제가 되는 것은 흔히 '일인칭 서술'이라 불리는 서술의 양태였다. 주네트는 서술자가 일인칭으로 자신을 지칭하는 경우라도 그가 스토리상의 인물인 경우와 그렇지 않은 경우가 있다는 데 주목했다. "나는 1632년 요크 시에서 태어났다"고 말하는 로빈슨 크루소와 "나는 군대와 군사들을 노래하노니…"라고 쓰는 비르길리우스는 문법적으로는 동일하지만 서술의 차원에서는 분명히 구별되어야 하기 때문이다.[5] 따라서 그는 작가에게 있어서 정작 중요한 것은 문법적인 인칭을 선택하는 문제가 아니라, 스토리 세계 안의 인물이 이야기하느냐 아니면 스토리 바깥의 서술자가 이야기하느냐 하는 두

이런 발화는 "나는 말한다, 그는 달린다고", "나는 말한다, 나는 달린다고"와 같은 형태를 띤다.

5) Gérard Gennette(1972:252)

가지 서술 입장 사이의 선택이라고 생각했다. 주네트는 이 두 유형을 각각 동종 이야기(homodiégétique)와 이종 이야기(hétérodiégétique)라고 부르고, 동종 이야기 가운데 유독 강력한 자기 서술의 유형(서술자가 자신의 서술의 주인공인 경우)을 따로 자동 이야기(autodiégétique)라고 명명했다.

주네트에 의하면 서술자의 위치를 결정짓는 데는 서술자와 스토리 사이의 관계(동종 이야기/이종 이야기)뿐 아니라 서술 수준이라는 또 다른 층위가 개입한다. 서술 수준은, 작가를 대리하여 독자를 향해 이야기하는 가장 바깥 층위의 서술(겉이야기, extradiégétique)과, 겉이야기에 등장하는 인물이 서술자의 자리를 물려받아 이야기를 이끌어가는 다음 층위의 서술(속이야기, intradiégétique), 그리고 속이야기에 등장하는 인물이 다시 서술자의 자리에 서게 되는 보다 하위의 서술(두 겹 속이야기, métadiégétique) 등으로 나뉜다. 이에 따르면 서술자의 위치는 다음과 같이 유형화된다.

(1) 겉이야기이며 이종 이야기: 「무정」의 이광수와 같이, 본인이 스토리에 나타나지 않는 제일 바깥 구조의 서술자
(2) 겉이야기이며 동종 이야기: "날개"나 "종생기"의 이상과 같이, 자기 자신의 이야기를 하는 제일 바깥 구조의 서술자
(3) 속이야기이며 이종 이야기: 「천일야화」의 세헤라자데와 같이, 자신이 전혀 나타나지 않는 스토리를 이야기하는 속구조의 서술자
(4) 속이야기이며 동종 이야기: "광염소나타"의 음악 비평가 K씨와 같이, 자신이 등장하는 이야기를 하는 속구조의 서술자

주네트의 유형화는 일인칭과 삼인칭이라는 기존의 단순한 분류법이 지닌 구조적 모순을 극복하고 있지만, 그 복합성에도 불구하고 여전히

유형화의 틀을 벗어나는 한계 지대와 만나게 된다. 문제는 역시 일인칭으로 호명되는 서술자 '나'로 인해 발생한다. 예를 들어 밀란 쿤데라의 「불멸」에서, 한 노부인이 불러일으킨 "엄청나고 불가사의한 향수", "바로 그것이 내가 아녜스라고 이름 붙인 인물을 탄생시켰던 것이다"라고 말하는 '나'는 분명 스토리 세계 바깥에 있는 저자(밀란 쿤데라), 곧 이종 이야기의 서술자일 것이다.[6] 그런데 바로 그 서술자('나'-밀란 쿤데라)는 이 소설 후반부에서 자신의 여주인공 아녜스의 남편 폴과 수영장에서 우연히 마주친다. 또 '나'의 친구 아베나리우스 교수는 아녜스의 여동생 로라를 만나 사랑에 빠지기도 한다. 이런 측면에 유의하면 이 소설의 서술 방식은 동종 이야기로 분류되어야 할 것이다. 그렇다면 「불멸」은 과연 동종 이야기인가, 이종 이야기인가?

마찬가지로 이 소설은 겉이야기인지 속이야기인지가 불분명한 텍스트이기도 하다. 저자로서의 '나'가 독자를 향해 이야기하는 부분은 명백히 겉이야기일 테지만, 인물로서의 '나'가 등장하는 부분은 여전히 겉이야기로 보아야 할지 아니면 저자-서술자(겉이야기의 서술자)에게서 서술권을 위임받은 또 다른 '나'가 서술을 이끌어가는 속이야기로 보아야 할지 단정짓기 어렵다. 만일 이 부분에서 서술 수준이 달라져 겉이야기에서 속이야기로의 이행이 발견된다고 보면, 저자인 '나'와 인물인 '나'는 동일인(밀란 쿤데라)이면서도 같은 존재가 아니라는 뜻이 된다. 이런 딜레마를 어떻게 설명해야 할 것인가?

이 문제는 주네트의 유형화에 내재한 오류 때문이거나 몇몇 실험적인 텍스트의 예외적 성격 때문이라기보다는 오히려 스스로를 '나'라고 지칭하는 인물-서술자 자체의 모호성에서 비롯된다. 동종 이야기의 서술자 '나'는 담화상의 발화의 주체인 '나'(저자 또는 겉이야기-이종 이야기의

---

6) 이 경우에도 그 서술은, 서술자 '나'의 존재가 전혀 드러나지 않는 이종 이야기들(이광수의 「무정」과 같은)과 동일한 유형으로 분류되기에는 너무나 이질적이다.

서술자)와 일치하지 않으며, 스토리상의 행위의 주체인 '나'(대상화된 '나')와도 구별된다. "나는 달린다"고 말하는 주체는 달리기를 하고 있는 '나'와 동일한 존재가 될 수 없듯이, 자신에 관해 말하는 '나'는 더 이상 발화 내용 속의 '나'일 수 없기 때문이다. 동종 이야기의 '나'는 '그'라고 불렸다면 특정한 역할을 담당했을 스토리 속 인물과 다를 뿐만 아니라, 잠재적인 '나'라고 할 수 있는 숨어 있는 작가와도 다른 것이다.[7] 이런 이유로 토도로프는 다음과 같이 주장했다.

> 작품의 한 인물이 '나'라고 말하는 텍스트에서 발화의 주인인 서술자는 그의 참된 모습이 한결 더 왜곡될 따름이다. 일인칭의 이야기는 서술자의 이미지를 밝히기보다는 오히려 반대로 더욱 더 숨기고 만다. 그리하여 이 경우 진실을 밝혀주려는 일체의 시도는 발화의 주인을 더욱 더 완벽하게 숨기는 결과에 이를 수밖에 없다. (⋯) 작품 속에서 '서술하는' 자는, 주인공과 서술자를 자신 안에서 하나로 합치기는커녕 전혀 독특한 위치를 차지하는 것이다.[8]

인물–서술자는 발화 내용의 주어인 '나'(인물)와 발화의 주인인 '나'(저자–서술자) 사이에 끼어들어 그 관계를 복잡하고 난해하게 만들어버린다. 그렇다면, 주네트의 구분에서 겉이야기이며 동종 이야기라는 유형은 사실상 존재할 수 없을 것이다. 「날개」나 「종생기」의 서술자 '나'가 아무리 저자인 이상과 흡사하게 보인다 해도, 그 인물–서술자는 숨어 있는 작가–서술자와 같은 서술 수준에 속하지 않기 때문이다. 바흐친이 "'저자의 이미지'라는 용어 자체"의 "부적절성"을 지적하면서, "나 자신의 '나'와 내가 하는 이야기의 주어인 '나'를 완전히 동일시하는 것은

---

7) Tzvetan Todorov(1968:66)
8) Tzvetan Todorov(1968:66-67)

자기 머리카락을 잡아당겨서 자신을 들어 올리려는 것만큼이나 불가능하다"[9]고 말했던 것도 그런 맥락에서 이해될 수 있다.

일인칭 인물–서술자가 숨어 있는 작가–서술자로도, 행동하는 등장인물 가운데 하나로도 규정될 수 없다면, 그 '나'는 과연 누구인가? 어쩌면 그것은 문법적인 주어로나 존재하는 텅 빈 자리가 아닐까? 그것은 언표 행위의 '기원'이 아니라, 차라리 언표 행위(글쓰기)에 의해 발생하는 '효과'라고 말해야 하지 않을까? 서사학의 서술 이론이 제기한 이 같은 질문들은 필연적으로 더 넓은 의미의 글쓰기(écriture)와 주체의 관계에 대한 후기구조주의적 사유(주체를 언어와 글쓰기 과정의 산물로 이해하는)로 이어지게 된다.

그 단적인 예로, 현대적인 텍스트에서 일인칭 서술자 '나'의 변화된 지위와 발화 주체의 문제를 탐구하던 바르트(Roland Barthes)는 결국 "저자 자신"이라는 개인을, "표현을 통해 작품을 파생시키는 주체·지주·기원·권위·아버지로 삼는 것을 단념"하고 그 자신을 "종이 존재(un être de papier)"와 "생체–문자(une bio–graphie)"로, 또는 "글쓰기 그 자체로 간주"해야 한다고 주장하기에 이른다.[10] 글을 쓰는 주체 자신이 무수한 다른 텍스트들, 기원을 잃어버린 코드들의 무한한 연쇄 그 자체이기에, "언표 행위에 어떤 기원, 어떤 관점을 부여한다는 것은 불가능하다. (⋯) 담화, 아니 보다 정확히 표현하면 언어가 말하고 있으며, 그게 전부"[11]라는 것이다. "글을 쓰면서만 우리는 글로 쓴다. 글쓰기의 '주체'는 존재하지 않는다. (⋯) 글쓰기의 주체는 관계들의 시스템이다"[12]라는 데리다(Jacques Derrida)의 말은, 언표 행위 주체(저자–서술자)에 대한

---

9) Mikhail Bakhtin/ Caryl Emerson & Michael Holquist ed./ Michael Holquist, trans.(1981:256)
10) Roland Barthes(1970:217)
11) Roland Barthes(1970:62)
12) Jacques Derrida(1967:355)

서사학의 이 같은 인식이 주체의 보편적인 근본 조건으로 받아들여진 상황을 잘 대변해준다.

서술의 유형학과 구조적인 체계화를 향한 서사학의 집요한 탐색은 서술하는 '나'의 모호성에 직면하여 그 어떤 불가능성에 도달했지만, 그 불가능성에 대한 날카로운 인식 자체가 언어와 글쓰기 안에서 주체의 현전성(현전의 형이상학)을 해체하는 새로운 사유의 가능성을 열어주었다. 이와 유사한 양상은 화법과 서술태(목소리)의 영역에서도 찾아볼 수 있다.

2.2. 자유간접화법의 혼종성과 발화자의 복수성

보여주기/말하기라는 기존의 이분법을 지우고 미메시스(보여주기)의 환영을 창조하는 디에게시스(말하기)의 다양한 방식들을 탐구했던 서사학은, 행위의 재현(미메시스의 환영) 이외에도 '언어의 재현'이라는 또 다른 문제에 천착하였다. 주네트는 인물의 언어를 모방하는 담화의 직접성(무매개성)의 정도를 다음과 같이 세 단계로 유형화했다.

> (1) 직접화법 또는 인용된 진술(style direct, le discours rapporté):
>   예) 그는 "난 정말이지 그 애를 미치도록 사랑해"라고 말했다.
> (2) 간접화법 또는 전도된 진술(style indirect, le discours transposé):
>   예) 그는 자신이 그녀를 진심으로 열렬히 사랑하고 있다고 말했다.
> (3) 설명된 진술(le discours raconté):
>   예) 그는 그녀에 대한 자신의 진실하고 열렬한 사랑을 나에게 털어놓았다.

직접화법은 인물의 말이 아무런 변화를 겪지 않고 그대로 삽입되어 전달되는 경우이고, 간접화법은 인물이 한 말을 서술자의 언어(인칭, 시제 등을 포함하여)로 변형하여 전달하는 경우이다. 설명된 진술은 언어 행위를 비언어적 행위와 유사한 방식으로 전달하기 때문에 변형의 정도가 가장 심하다고 할 수 있다. 그러므로 인물의 말(지시 대상)을 환기하는 데 있어 직접성과 정확성은 직접화법의 경우에 최대가 되고, 서술자(전달자)에 의한 매개성은 설명된 진술의 경우에 가장 두드러진다.

여기서 다소 문제가 되는 것은 자유간접화법(style indirect libre)이라는 특이한 전달의 방식이었다. 자유간접화법에서는 인물의 말이 간접화법의 문법적인 형태로 변형되면서도 본래의 발화(직접화법)의 뉘앙스들이 고스란히 유지되기 때문인데, 이때 '말하다'와 같은 보고동사가 생략된다는 점도 특징적이다. 위의 예문을 자유간접화법으로 바꾸면, '그는 정말이지 그녀를 미치도록 사랑했다'와 같은 형태가 될 것이다. 주네트는 이를 특이한 변이형(la variante)으로 취급했고[13] 토도로프는 직접화법과 간접화법의 중간형태로 이해했지만,[14] 이후 자유간접화법은 발화 주체의 복수성과 비규정성이라는 관점에서 더욱 주목받기 시작했다. 자유간접화법은 인물의 언어와 서술자의 언어가 혼성되어 있는 상황을 인상적으로 예시하기 때문이다.

자유간접화법의 이 같은 성격에 주목한 대표적인 이론가가 리몬케넌(Shlomith Rimmon-Kenan)이다. 리몬케넌은 직접화법과 같은 언어의 재현이 행위의 재현에 비해 '순수한' 미메시스에 가깝기는 하지만, 이때에도 인물의 말을 인용하여 전달하는 서술자의 존재가 개입하므로, 결국 언어의 재현에서도 '순수한' 미메시스란 존재하지 않는다고 생각했다. 이런 관점에서 그는 디에게시스적 요약으로부터 자유직접화법에 이르기까지 대화 재현의 모방적 성격(미메시스의 환영)이 증가하는 양상을 일곱 단계로 나누어 설명했다.[15] 그리고는 자유간접화법에 대해 집중적

---

13) Gérard Gennette(1972:192)
14) Tzvetan Todorov(1968:51-52)

으로 논의하기 위해 따로 한 장을 할애한다.

리몬케넌에 의하면, 인물의 목소리와 서술자의 목소리가 중첩되어 있는 자유간접화법은 발화자의 복수성과 그로 인한 태도의 복수성을 암시하곤 하는데, 두 가지 목소리나 태도의 이 같은 공존 가능성은 텍스트의 의미론적 밀도를 높여준다. 자유간접화법은 경우에 따라 서술자와 인물의 관계를 공감적으로 만들기도 하고(서술자의 말이 인물의 말에 감염되는 경우) 반대로 그들 사이의 정서적·도덕적 거리를 부각시켜(인물의 말 속에서 이질적인 서술자의 말이 튀어나오는 경우) 아이러니를 발생시키기도 한다. 리몬케넌은 감정이입과 아이러니가 공존할 수 있는 가능성에 대해 언급하면서, "아마도 가장 흥미로운 것은 독자가 아이러니와 감정이입이라는 두 가지 태도 가운데 하나를 선택할 도리가 없는 경우"일 거라고 말하기도 했다.[16]

자유간접화법에 대한 리몬케넌의 관심은 그것이 서사적 발화의 한 예외적 현상이 아니라 서사 텍스트의 다성성과 문학성을 드러내는 핵심적인 표지일 수 있다는 생각에서 비롯된 것이었다. 하지만 자유간접화법의 서사학적(시학적) 성격과 지위에 대한 리몬케넌의 엄밀한 탐색은 그 자신의 의도를 넘어, 자유간접화법을 "모든 텍스트나 모든 언어적 본성의 축소 반영"[17]으로 이해하는 데까지 나아갔다. 언어는 항상 다른 언어를 참조하고 인용하므로 '직접적인' 발화자(발화의 기원)란 세상 어디에도 존재하지 않으며, 내가 하는 말 속에는 언제나 '이미 말해진' 다른 언어들이 드러나거나 드러나지 않게 뒤섞여 있기 때문이다. 후기구조주의적인 해체론에 대항하여 서사 텍스트(문학)의 특수성을 체계적으

---

15) 디에게시스적 요약, (덜 순수하게 디에게시스적인) 요약, 내용의 간접적인 패러프레이즈(간접화법), 미메시스적인 간접화법, 자유간접화법, 직접화법, 자유직접화법 등이 그것이다. Shlomith Rimmon-Kenan(1983:109-110)

16) Shlomith Rimmon-Kenan(1983:114)

17) Shlomith Rimmon-Kenan(1983:115)

로 재정립하고자 했던 리몬케넌의 이론은 뜻밖에도 이렇듯 바르트나 데리다적인 사유와 만나게 된다.

이와 유사한 인식은, 저자-서술자의 권위 있는 담화(독백)를 교란하는 인물의 이질적인 담화들, 저자마저도 그 속의 한 참여자로 끌어들이는 발화들 사이의 '대화적' 관계에 주목했던 바흐친에게서부터 발견된다. 바흐친이 보기에도 이질언어들(heteroglot)의 대화적 공존은 곧 발화의 본성과 통하는 것이었다. 어떠한 발화자도 자신의 화제에 대해 말하는 최초의 인물이 아니며, 우리가 하는 말은 언제나 이미 다른 사람들의 언표로 넘치도록 가득 차 있다. 그런 의미에서 모든 발화는 '보고된 발화'이며, '이미 말해진 것들'에 대한 대화적 응답이 될 수밖에 없는 것이다.

> 모든 발화는 다양한 이질성을 지닌, 반쯤 숨겨져 있거나 완전히 은폐되어 있는 수많은 타자의 말들로 이루어져 있다. 따라서 발화는, 멀리 떨어져 있어서 거의 들리지 않는 발화자들 사이의 주고받는 메아리와 대화적 배음, 그리고 (…) 극도로 약화된 언표의 경계면들로 인해 온통 주름져 있다.[18]

이러한 통찰로 인해 바흐친의 관심은, 저자의 말과 다른 인물들의 말 사이의 대화적 관계에 대한 탐구로부터 언표들 각각의 내부에서 이루어지는 내적 대화주의(internal dialogism)로 이행하게 된다. 바흐친은 또한 언표의 소유권을 원칙적으로 단독 화자에게 귀속시키는 언어학적·서사학적 방법론의 한계를 비판하면서, 산문적(일상적) 언어의 복잡한 대화성을 독백적인 체계로 환원하는 '산문의 시학(The Poetics of

---

18) Mikhail Bakhtin/ Caryl Emerson & Michael Holquist ed./ Vern W. McGee trans./(1986:93)

Prose)'(토도로프의 저서 제목) 대신에 '산문의 산문학(the prosaics of prose)'과 같은 전혀 새로운 접근법이 필요함을 시사하기도 했다.[19]

들뢰즈(Gilles Deleuze)에 이르면, 언표와 언표 행위는 더욱 현저히 탈개인화·익명화된다. 그는 '최초의' 언어는 간접화법이며, "직접화법이야말로 간접화법으로부터 추출된 것"[20]이라고 단언했다. 들뢰즈가 보기에 특히 자유간접화법은, 언표 행위란 선명한 변별적 윤곽을 지니지 않는 '집단적' 발화임을 말해주는 모범적인 예시였다. "나의 직접화법은 여기저기서 나를 가로지르는, 다른 세계나 다른 행성에서 온 자유간접화법"에 다름 아니라는 것이다.[21] 들뢰즈는 이처럼 탈개인적이고 비인격적인 발화 행위자를 '집단적 배치물'이라고 불렀다.

> 직접화법은 덩어리에서 떨어져나온 파편이며 집단적 배치물이 절단된 결과 탄생한다. 하지만 집단적 배치물은 언제나 소문(나는 여기서 내 고유명을 길어낸다)과도 같고, 서로 어울리거나 어울리지 못하는 목소리들(나는 여기서 내 목소리를 끄집어낸다)의 집합과 같다. 나는 언제나 분자적 언표 행위라는 배치물에 의존한다. 이 배치물은 (…) 많은 이질적 기호 체제들을 결합한다. 이 배치물은 횡설수설인 것이다. 글쓰기, 그것은 아마도 이 무의식의 배치물을 백주에 드러내고, 속삭이는 목소리들을 골라내고, 부족들과 비밀스런 관용어들을 소환하는 일이며, 거기서 내가 '자아'라고 부르는 그 무엇을 추출해내는 일이리라.[22]

그러므로 들뢰즈의 관점에서, 익명적이고 비인칭적인 목소리들의 다

---

19) Gary Saul Morson & Caryl Emerson(1990:19)
20) Gilles Deleuze(1980:106)
21) Gilles Deleuze(1980:107)
22) Gilles Deleuze(1980:106-107)

발로부터 다른 목소리들과 구별되는 '나'의 목소리를 분별해내고자 하는 시도는 불가능할 뿐만 아니라 아무 의미도 없는 일일 것이다. '내 목소리' 와 '내 고유명' 자체가 가장 엄격한 몰개성화의 운동을 통과하고 난 뒤에나 비로소 추출되는 것이니 말이다. 그리고 그 과정은 집단적 배치물 안에서 어떤 변수들을 잠정적으로 '나'에게 할당하고 귀속시키는, 유동 적인 과정으로 나타난다.

이처럼 화법과 서술태(목소리)에 천착한 서술 이론은 구조주의적 체계 화의 불가능성을 예외적 현상으로 간주하는 데서 한 발 더 나아가, 바로 그 속에서 언표와 언표 행위의 본성을 발견하는 사유의 전환을 감행했다. 자신의 모순적 한계와 불가능성을 또 다른 가능성으로 치환함으로써, 서술 이론은 구조주의 서사학의 영역을 넘어서는 존재의 전화(轉化)를 겪게 된다. 이는 특히 실천적·윤리적 행위로서의 글쓰기의 의의에 대한 탐색의 과정과 결부되어 있다. 다음 장에서는 발화의 기원이자 중심으로 서의 주체를 해체하는 일, 단일 화자의 단독 언표 속에 통합되지 않는 목소리들의 다수성을 확인하는 일이 어떻게 실천적이고 윤리적인 문제 들(프락시스의 차원)과 만나게 되는지 살펴보기로 하자.

3. 발화 행위의 창조적 잠재력과 윤리적 실천

다시 바흐친으로부터 이야기를 시작해보자. 바흐친에게 있어 산문적 인 이질언어성은 권위적이고 독백적인 담론을 탈중심화(대화화)하여 그 지위를 변화시킬 수 있는 실천적인 창조력의 원천이었다. 바흐친이 강조했던 이질언어들 사이의 내적인 대화는 이미 말해진 것들에 대한 '응답 가능성'을 전제로 한 것이었음을 기억해보자. '응답 가능성'은 '책임'의 문제와도 분리될 수 없는데('responsibility'는 응답 가능성과 책임, 둘 모두를 의미할 수 있다), 이는 자신이 말한 것에 대해 독점적인 소유권을 주장할 수 없다고 해서 그 윤리적 책임이 면제되는 것은 아님을 암시한다.

바흐친에게 모든 발화가 앞서 말해진 언표들에 대한 '응답'일 수 있는 이유는, 말하는 매 순간마다 우리가 기존의 언표들에 대해 어떤 태도를 취하고 '강세'와 '억양'을 덧씌움으로써 새로운 어떤 것을 첨가하기 때문이다. 바흐친에 따르면, '개인적' 발화는 이미 말해진 것들을 흡수하고 재강조하여 가공하는 '가치평가적 음조'를 통해 타자의 말을 자기화함으로써 가능해진다.23) 이 같은 미세한 대화(microdialogue)를 통해서, 우리는 언표들 속에 누적되어 있는 가치들과 전제들에 의문을 제기하거나 기존의 문맥을 변경할 수 있다. 바흐친은 일상의 산문적 발화가 이러한 창조적 잠재력으로 충만해 있다고 보고, 사회의 변화를 이끌어내는 것은 더디고 눈에 띄지 않지만 끊임없이 이루어지는 언어적 변화들의 산물임을 강조했다.24)

바흐친의 대화주의를 상호텍스트성(intertextualité)으로 재해석한 크리스테바(Julia Kristeva)는 바흐친이 지향했던 사회적 실천의 의미를 더 분명하게 부각시켰다. 그는 산문적(일상적) 언어의 잠재력에 대한 바흐친의 각별한 관심을 시적(문학적) 언어의 혁명성으로 되돌렸지만, 바흐친과 마찬가지로 서사 시학의 정적 관념과 비역사주의에 반대했다. 바르트처럼 그는 작가란 언어의 "체계 속으로 빨려들어"간 "인칭도 무엇도 아닌 존재", 또는 "이야기로부터 담화로, 담화로부터 이야기로의 변환 가능성 그 자체"인 "익명성·부재·공백"이라고 생각했지만,25) 바르트와는 달리 현실 변혁을 위한 텍스트의 실천 능력을 중요시했다.

---

23) Mikhail Bakhtin(1986:88)
24) Gary Saul Morson & Caryl Emerson(1990:23)
25) Julia Kristeva(1969:95)

크리스테바의 사유에서 '개인=글쓰기의 주체'라는 개념은 '글쓰기의 양가성(l'ambivalence de l'écriture)'에 자리를 내어주는데, '양가성'은 텍스트 내에 역사(다른 모든 텍스트들)가 들어 있고 역사 속에 텍스트가 들어 있음을 전제로 한다.[26] 다른 텍스트를 흡수하고 그것에 대한 '응답'의 행위로서 산출되는 텍스트는 철자 오류(paragramme)의 글쓰기를 통해 그 사회에 참여한다. 시적 철자 오류란 단일 논리적 담론과 단일 논리를 파괴하는 담론들의 공존을 뜻한다.[27] 과학주의·도덕주의 담론은 그 내용이 선하거나 진보적이라 할지라도, 초월적 자아의 획일성을 주조하며 억압적인 정의를 통해 체계의 목적론을 표방한다. 크리스테바는 전언의 그 같은 일의적 진술이 텍스트의 윤리적 실천과는 상반된다고 주장했다.

우리는 지금 텍스트의, 더 일반적으로 말해서 예술의 윤리적 기능과 관련된 문제의 핵심에 와 있다. 형식주의에서 버림받고, 관념주의 철학과 통속적인 사회학 만능주의에 의해서 도덕적 인문주의로 변해버린 이 문제는 오직 언어 속에서의, 아니면 보다 일반적으로는 의미 속에서의 주체의 과정을 고려하는 새로운 전망 속에서만 다시 제기될 수 있다. 여기서 말하는 윤리는 실천 속에서 나르시시즘을 부정하기라고 이해해야 할 것이다. 달리 말하면, 의미화 과정이 사회적-언어 상징적 실현 과정 속에서 나르시시즘적 (좁은 의미로는 주체적) 고착을 해체하는 실천은 윤리적이다. (…) 우리는 '예술'에게—텍스트에게—'긍정적'이라고 간주된 전언을 발신하라고 요구할 수 없게 된다. 그리고 그러한 전언의 일의적 진술은 이미 우리가 이해한 것과 같은 윤리적 기능의 삭제이다. 주체의 과정에 관한, 그리고 진행중인 역사적 발전 과정의 여러 경향에 관한 과학적인 진리들을 진술하면서, 텍스트가 그 윤리적

---

26) Julia Kristeva(1969:88)
27) Julia Kristeva(1969:122)

기능을 다하는 것은 오로지 그러한 진리들을 복수화하고, 분쇄하고, '음악화'한다는 조건하에서이다. 다시 말하면 그 진리들을 웃음거리로 만든다는 조건에서이다.[28]

크리스테바에게 사회적 실천은 나르시시즘적으로 고착된 단일 주체를 해체하고 일의적인 진리들을 복수화하여 분쇄하는 글쓰기의 실천을 통해서 가능해지는 것이었다. 그것은 곧 분산되고 탈중심화된 주체의 윤리이자, 텍스트의 윤리였다. "윤리는 진술될 수 없다. 윤리는 상실될 각오로 자신을 실천한다. 텍스트는 이와 같은 실천의 가장 완성된 예들 중 하나"[29]라는 것이다. 이렇듯 바흐친과 크리스테바에게 있어 다른 텍스트들 속에서의 글쓰기(대화성과 상호텍스트성), 또는 통일된 의미의 기원으로서의 저자-주체의 고유성을 포기하는 일은 사회적·윤리적 책임의 방기나 회피가 아니라, 비로소 그 책임을 수행할 수 있게 하는 적극적인 실천의 가능성이 된다.

가장 탈개인화되고 탈인격화된 글쓰기-주체를 상정하는 들뢰즈에게서도 이 같은 문제의식을 찾아볼 수 있다. 들뢰즈는 탈주체화의 움직임을 '인간 이전의 세계'나 '비인간적인 힘들'로까지 밀고 나가는데, 그에게 그것은 "보편적이고 자연적인 코기토"[30]의 산물인 통념(doxa)과의 투쟁이기도 했다. 이 싸움은 인식론적인 차원(대중의 통념인 '상식'과의 투쟁으로서)만이 아니라 정치적인 차원으로도 이해될 수 있다. 통념은 양식(bon sens, 일방향을 뜻하기도 한다)에 기반을 두는데, 양식은 사유 재산과 계급 구조의 산물이기 때문이다.[31] 들뢰즈는 비인격적이고 익명적인 카오스를 통해 특정 계급의 이익을 대변하는, 일방향으로 정위된 세계에

---

28) Julia Kristeva(1974:203)
29) Julia Kristeva(1974:204)
30) Gilles Deleuze(1968:216)
31) Gilles Deleuze(1969:94)

저항하고자 했으며, 그것이 예술의 책임이라고 생각했다. 예술이 하나의 방향(양식) 대신에 또 다른 한 방향을 제시하는 것으로는 충분하지 않으며, 예술가는 통념의 상투성으로 뒤덮인 세계를 갈가리 해체하는 카오스의 힘을 통해 전혀 다른 비전을 제시할 수 있어야 한다는 것이다.[32] 이 점을 고려하면, 주체를 해체하고 탈중심화하는 일련의 사유가 윤리적·사회적 실천의 문제를 도외시한다는 생각은 그릇된 편견임을 확인할 수 있다.

이 같은 흐름과는 상반되는 움직임으로, 해체된 '나'를 복원함으로써 주체의 윤리와 실천의 문제에 대답하려는 시도도 계속 이어져왔다. 그 가운데 가장 주목할 만한 이론가가 리쾨르(Paul Ricœr)이다. 그는 '응답 가능성'이라는 바흐친의 개념을 심화시켜, "너 어디 있니?"라는 타자의 물음(나를 요구하는 타자에 의해 제기되는)에 "나 여기 있다!"라고 응답할 수 있으려면 타자의 '신뢰'에 부응할 수 있는, 책임 있는 '자기(soi)'[33]를 유지해야만 한다고 강조한다.[34] 저마다 "지도부에 대항해 반란을 일으킨 세포들과도 같"[35]은 복수적·탈인격적 발화(자)로는 이 같은 '자기 유지'가 불가능하다는 것이다.

따라서 리쾨르는 부서져버린 유아론적 코기토를 대신하여, '동일자와 타자의 변증법'으로 이루어진 또 다른 주체(자기)를 정립(또는 탈–정립)하고자 한다. 그러기 위해서 그는 서술 이론의 딜레마와 발화 행위 이론의 쟁점들로 되돌아간다. 어떻게 '자기'는 우리가 말하는 대상으로 삼는 인물인 동시에 이인칭의 다른 존재에게 말을 걸면서 자신을 일인칭으로

---

32) Gilles Deleuze(1991:192)
33) '자기(soi)'는 '나(je)'를 대체하는 대명사로서, 대명동사의 재귀대명사 'se'의 강세형이다. 'se'는 모든 인칭대명사들, 나아가 '각자(chacun)', '사람들(on)' 등과 같은 비인칭 대명사들과도 관련된다. 리쾨르는 '자기(soi)'라는 용어로써 '나'이면서 타자인 주체, 타자로서 자기 자신(soi-même comme autre)인 주체의 개념을 제시한다.
34) Paul Ricœr(1990:197)
35) Paul Ricœr(1990:27)

지칭하는 주어가 될 수 있는지, 또한 서사적 담화의 삼인칭 인물은 어떻게 자신을 일인칭으로 지칭하는 누군가로 이행할 수 있는지를 탐구하는 것이다. 그는 인칭대명사들 사이의 이 같은 교환 가능성을 "익명적이라기보다는 배분적인 지칭의 힘"으로 이해하고, "이 '각자'의 힘을 간직할 수 있어야 한다"[36]고 말한다. 리쾨르는 또, 이인칭의 발화 상대자('나'를 이인칭으로 지칭하는 또 다른 발화 행위자)없이는 '나'의 존재를 구체화할 수 없음을 지적하면서 '자기'란 타자에게 근원적으로 귀속되어 있는 존재임을 밝히는 한편, 타자들 역시 '나'와 마찬가지로 스스로를 일인칭으로 지칭하는 '자기'라는 사실을 통해 타자에 대한 윤리적 책임의 중요성을 이끌어낸다.

리쾨르의 질문은 결국 "서사적 차원에서 사라지는 것처럼 보이는 어떤 자기를 윤리적 차원에서 어떻게 유지할 수 있는가?", "그토록 변덕스러운 나, '그럼에도 불구하고' 네가 나를 믿을 정도인 나는 누구인가?"[37] 하는 것으로 모아진다. 흥미롭게도 그 해답은 '한 삶의 서사적인 통일성'에서 구해진다. 자기 삶의 화자로서 우리는 종결 불가능하고 일관성이 없는 우리의 삶을 '플롯'으로 만들고, 그럼으로써 사건들의 우연성을 필연성으로 변화시킨다.[38] 내 삶의 이야기는 최종적인 완결이 불가능하며 수정 가능성을 향해 언제나 열려 있을 수밖에 없지만, 거듭되는 그 서사화 행위는 자기 자신에 대한 끊임없는 해석 작업으로서 윤리적 성격을 지니게 된다. 리쾨르는 그 작업을, '좋은 삶'이라는 우리의 목표와 매순간 직면하는 개별적인 선택들 사이를 왕복운동하는 '해석학적 순환'으로 설명한다.

나아가 이 과정은 자기에 대한 긍정 평가와 타자에 대한 배려가 '교환'

---

36) Paul Ricœr(1990:49).
37) Paul Ricœr(1990:197-198).
38) Paul Ricœr(1990:170).

되는 변증법적 과정이기도 하다. 인칭대명사들(역할들)의 가역성과 행동하고 책임을 지는 자기의 대체 불가능성을 동시에 보존하고자 했던 리쾨르에게, 타자에 대한 "배려는 나 자신에 대한 타자의 평가에 대답"하는 일이자 "내가 나 자신을 평가하듯이 너 또한 너 자신을 평가할 수 있다"는 사실을 인정하는 것을 의미한다.[39] 자기 자신처럼 타자를 존중하고 타자처럼 자기를 존중하는 이들의 '좋은 삶'을 향한 의지는 '지배'와 구별되는 '공동 권력', '국가'의 개념으로 환원되지 않는 더 넓은 의미의 '정치성'을 띠게 된다.[40]

리쾨르의 이론은 구조주의의 '적'으로 간주되기도 했을 정도로 전통적인 주체의 복원에 주력한 것처럼 보이지만, 실제로 그의 사유는 구조주의 서사학이 처음 제기했고 후기구조주의 해체이론이 끝까지 밀고 나간 질문들에 대한 또 하나의 응답임을 알 수 있다. 리쾨르에게서도 주체는 무엇보다도 우선 '말하는'(글쓰기를 포함하여) 자였고, 모든 발화는 대화(interlocution)였으며, 발화 행위는 모든 행위의 훌륭한 모델이었다. 그에게 '누가 말하는가?'라는 질문은 '누가 행동하는가?', 그리고 '누가 그 행동에 책임을 지는 주체인가?' 하는 문제와 분리될 수 없었으며, 서사학적·화용론적 통찰들은 고통받는 자기의 현상학이나 윤리적인 실존의 해석학과 결렬하지 않을 수 있었다. 리쾨르의 이론은 서사 이론으로도, 해석학이나 실천 철학으로도 명명될 수 있겠지만, 어떤 이름으로 불리든 간에, 서사학이 자신의 내적인 장애물과 한계 지대를 우회하지 않고 돌파해냄으로써 가닿을 수 있는 사유의 가능성을 펼쳐보인다.

---

39) Paul Ricœr(1990:226)
40) Paul Ricœr(1990:227-228)

4. 서사학의 현재적 의의와 역설적인 존재 방식

오늘날 구조주의 서사학의 영역을 한정짓고 그 경계를 확정하고자 하는 시도는 시대착오적인 것이 될지 모른다. 서사학의 의의는 지금, 자신이 발견한 난제들과 스스로 골몰했던 자기 모순들 속에 생생히 현존하고 있다. 서술 이론에서 발화 행위 이론으로, 화자와 담화의 유형학에서 실천의 윤리학으로 몸을 바꾸어간 서사학의 자기 갱신/자기 극복 과정은 이를 잘 예시해준다. 한편 이러한 변화의 흐름 속에는, 유형화와 체계화를 향한 욕망이 계속 이어지고 있기도 하다. 그 욕망은 구조주의 서사학(시학)과는 근본적으로 다른 관점에서 산문적 담화의 유형학을 제시하려 했던 바흐친이나,[41] "철자 오류적인(paragrammatique) 방법론"으로만 존재할 수 있을 철자 오류의 기호학을 세우고자 했던 크리스테바에게서도 찾아볼 수 있다.[42]

유형화와 체계화에 대한 서사학의 지향은 그 자체로도 여전히 유효성을 지니고 있다. 다만 그것은 데리다적인 의미의 어떤 단절, 곧 "구조의 구조성이 사유되기 시작했을 때" 비로소 발생한 반복적인 "회로 차단(disruption)"[43]과 더불어서만, 그렇게 자기를 바깥에서 사유하는 반성적 인식을 동반함으로써만 유지될 수 있을 것이다. 크리스테바의 말을 변용해서 말하면, 서사학자가 직면한 문제는 "'침묵'에 빠질 것인가, 아니면 형식화해야 하는가 사이의 양자택일"[44]의 문제이다. 형식화의 전망을 포기할 수 없다면 스스로를 체계의 구축자인 동시에 파괴자로, 또는

---

41) 홑목소리의 말과 겹목소리의 말을 나누고, 겹목소리의 말을 다시 수동적 겹목소리의 말과 능동적 겹목소리의 말 등으로 나누었던 바흐친의 복잡한 도표를 떠올려보자. Mikhail Bakhtin/ Caryl Emerson trans.(1984:199)
42) Julia Kristeva(1969:146)
43) Jacques Derrida(1967:411)
44) Julia Kristeva(1969:146)

균열들의 체계이자 체계의 균열들로 만드는 것이야말로 서사학의 역설적인 존재 방식이 아닐까.

참고문헌

박진(2005), 「서사학과 텍스트 이론」, 랜덤하우스중앙.

Gary Saul Morson & Caryl Emerson(1990), *Mikhail Bakhtin: Creation of a Prosaics*, California: Stanford Univ. Press.

Gérard Gennette(1972), *Figures III*, Paris: Seuil.

Gilles Deleuze(1968), *Différence et répétition*, Paris: P.U.F..

Gilles Deleuze(1969), *Logique du sens*, Paris: Minuit.

Gilles Deleuze(1980), *Mille plateaux: Capitalisme et schizophrénie*, Paris: Minuit.

Gilles Deleuze(1991), *Qu'est-ce que la philosophie?*, Paris: Minuit.

Jacques Derrida(1967), *L'écriture et la différence*, Paris: Seuil.

Julia Kristeva(1969), *Σημειωτική: Recherches pour une sémanalyse*, Paris: Seuil.

Julia Kristeva(1974), *La révolution du langage poétique*, Paris: Seuil.

Mikhail Bakhtin/ Caryl Emerson & Michael Holquist ed./ Michael Holquist, trans.(1981), *The Dialogic Imagination: Four Essays by M. M. Bakhtin*, Austin: Univ. of Texas Press.

Mikhail Bakhtin/ Caryl Emerson & Michael Holquist ed./ Vern W. McGee trans./(1986), *Speech Genres and Other Late Essays*, Austin: Univ. of Texas Press.

Mikhail Bakhtin/ Caryl Emerson trans.(1984), *Problems of Dostoevsky's Poetics*, Minneapolis: Univ. of Minnesota Press.

Paul Ricœr(1990), *Soi-même comme un autre*, Paris: Seuil.

Roland Barthes(1970), *S/Z*, Paris: Seuil.

Shlomith Rimmon-Kenan(1983), *Narrative Fiction: Contemporary Poetics*,

London & New York: Methuen.

Tzvetan Todorov(1968), *Poétique: Qu'est-ce que le structuralisme?*, Paris: Seuil.

* 이 글은 아래의 논문을 이 책의 기획과 형식에 따라 수정, 가필한 것임을 밝힌다.
  박진(2008), "서술의 유형학에서 발화 행위의 프락시스로", 「한국문학이론과 비평」(한국문학이론과 비평학회) 40.

질병체험과 서사

황임경

1. 들어가는 말

미국의 철학자인 매킨타이어(A. MacIntyre)는 "인간은 이야기를 하는 동물이다."라고 했다.[1] 서사는 인간의 삶과는 뗄 수 없는 것이다.[2] 어릴 때부터 우리는 서사를 통해 삶에 필요한 지식과 세상살이의 방식을 배웠고, 삶을 살아가면서 터득하게 되는 지혜를 서사를 통해 전달함은 물론이며, 삶 속에서 겪게 되는 수많은 상처와 감정들을 서사를 통해 재구성하고 처리하게 된다. 서사는 마치 공기나 물과 같아서 서사가 없는 삶은 상상할 수도 없다. 만약 이야기를 할 수 없다면 우리는 삶의 의미를 만들어가는 인간으로서의 존재를 포기하고 단순한 유기체나 생물체로서의 삶만을 영위할 수 있을 것이다. 서사는 인간 존재의 근본 조건중 하나인 것이다.

---

1) MacIntyre A.(1884)/ 이진우 역(2003:318)
2) 본 논문에서는 이야기와 서사를 구분 없이 쓴다. 하지만 서사학에서는 내용을 의미하는 이야기와 그것이 서술되는 방식을 의미하는 담론으로 서사를 나누기도 한다. 또한 내러티브라는 용어를 번역하지 않고 그대로 쓰는 경우도 있지만 본 논문에서는 원칙적으로 내러티브는 모두 서사로 쓴다.

의학에서도 환자의 이야기를 귀담아 듣고 그 이야기를 통해 환자의 고통에 다가서려는 '서사적 전통'이 존재했다. 임상의학은 본질적으로 환자와 의사가 치유라는 공동의 목표를 달성하기 위해 나누는 상호 소통적 이야기 행위이다. 하지만 근대의 과학적 생의학이 개인의 주관적 경험보다는 통계적으로 추상화되고 표준화된 인간과 질병에 주로 관심을 갖게 되면서 의학은 이런 '서사적 전통'과 결별하게 된다.[3] 고도로 발달하고 전문화된 의료기술의 힘을 바탕으로 하여 현대의학은 인류를 각종 질병의 위협에서 벗어나게 하였다. 하지만 현대의학이 성공을 거둘수록 질병에 걸린 인간이 소외되는 모순적인 현상이 발생하고 있다. 의학의 치료 목표인 질병은 인간을 떠나서는 존재할 수 없는 것임에도 불구하고 현대의학은 질병과 인간을 자꾸 분리해 내려고 하였다. 질병에 걸린 인간이 갖게 되는 고통과 두려움은 질병이 해결되면 저절로 없어질 부차적인 문제일 뿐이라는 것이 현대의학의 기본 가정이다. 하지만 질병은 생물학적인 존재일 뿐만 아니라 인간이 필연적으로 어떤 의미를 부여하는 존재이기도 하다. 그리고 그런 의미는 서사를 통해서 드러나게 된다. 따라서 의학의 서사적 전통을 되살리는 것은 현대의학이 소홀히 하고 있는 질병과 의학의 인간적인 차원을 회복하려는 시도라고 할 수 있다. 본 논문은 현대의학에서 설자리를 잃어버린 개인의 주관적 경험과 고통에 대한 이해를 되살리기 위해서는 질병의 과학적, 생물학적 측면에 대한 과도한 관심보다는 질병이 삶 속에서 갖는 체험적 의미에 더 많은 관심을 기울여야 한다고 주장하는 바이다. 그리고 질병의 체험적 의미를 환자들의 서사, 즉 질병체험서사(illness narrative)[4]를 통해 살펴보고자

---

3) Sacks, O.(1984)/ 조석현 역(2006:12)
4) 'Illness narrative'는 질환이야기, 질환내러티브, 질병체험이야기 등으로 다양하게 번역되고 있다. 'Illness'에는 생물학적 질병뿐만 아니라 그것을 앓는 사람의 주관적 측면이 포함되기 때문에 본 논문에서는 '질병체험서사'로 번역하고자 한다.

한다. 특히 질병이 몸, 시간, 자아의 측면에서 환자의 삶에 어떤 영향을 미치는 지를 주로 환자들이 쓴 투병기를 통해 탐구할 것이다. 질병체험서사 속에는 질병을 겪는 환자들의 고통, 타인이나 사회와의 관계, 의료인에 대한 생각, 죽음, 삶의 계획 등과 같은 질병으로 인해 변화된 삶의 총체적 모습이 드러나게 된다. 그러므로 이런 질병체험서사를 음미해 보면 현대의학이 잃어버린 '인간학적 전통'을 되살리는 단초를 찾을 수 있을 것이다.

2. 질병의 존재론

오늘날의 의료인들에게 질병의 본질에 대한 물음은 매우 낯선 것이다. 질병은 이미 실체로 인정된 아프리오리(a priori)이며 질병의 본질에 대한 의문보다는 그것의 원인이 무엇이며 어떻게 제거할 것인가에 관한 물음이 더욱 중요하다. 일반인들이 보기에 매일 매일 질병과 마주치는 의사들이 "질병이란 과연 무엇인가?"라는 의문을 품어 보지 않는다는 사실이 놀라울 수도 있지만, 의철학자인 울프(H.R. Wulff) 등에 의하면 이런 현상은 오히려 자연스러운 일이다. 그들은 쿤(T. Kuhn, 1922-1996)의 패러다임 론을 이용하여 이 현상을 설명한다. 즉, 의과 대학생이나 의사들은 건강과 질병의 본질에 대한 추상적인 개념이나 이론을 자세히 배우는 대신, 교과서를 읽고 강의를 듣고 실습을 하면서 쿤이 이야기한 암묵적 지식(tacit knowledge)을 익히게 되고, 이런 교육 과정을 거치면서 현대의학이 당연시하는 가정들을 자연스럽게 체득하게 된다. 따라서 의사들에게 중요한 것은 그런 가정들에 대해 의문을 갖는 것이 아니라, 그런 가정들을 바탕으로 새로운 의학 지식을 창출하여 환자에게 적용하는 것이다.5) 그렇다면 현대의학을 지배하고 있는 패러다임, 현대의학이 가정하고 있는 암묵적 지식이란 무엇일까? 그것은 기계론적 세계관에 바탕을 둔 생의학 모델(biomedical model)이다. 철학적으로는 몸과 정신의 분리라는 데카르트의 이원론에 바탕을 두고 있는 생의학 모델은 인간을 객체화하여 의학 기술이 자유롭게 몸에 개입할 수 있는 기계론적 사고를 특징으로 한다. 이런 생의학 모델은 20세기 전반기를 거치면서 각종 감염성 질병이나 급성 질병들을 제압함으로써 그 효과를 증명하였고, 이를 통해 현대의학은 '정상 과학'의 위치를 차지하게 된다. 하지만 쿤에 의하면 이런 상태는 영원히 지속될 수 없다. 기존의 이론과 들어맞지 않는 변칙 현상들이 나타나고 이것이 쌓여 패러다임의 위기가 발생하기 때문이다.[6] 이런 관점에서 보면 질병의 본질에 대한 물음은 결국 현대의학의 패러다임에 대한 근본적인 의문과 맥을 같이 한다.

생의학 모델은 파리 임상학파의 병원 의학 그리고 독일의 실험실 의학을 거치면서 발전하기 시작하였고 20세기 들어서서 세균학과 미생물학의 발전 그리고 항생제의 개발과 더불어 꽃을 피우기 시작했다. 생의학 모델에 의하면 인간의 몸은 장기, 조직, 세포, 유전자 등으로 분해할 수 있고, 환원시킬 수 있는 몸이다. 따라서 인간의 몸의 각 부분은 새것으로 대체하거나 교환할 수 있다는 기계적인 사고가 가능해 진다. 그리고 그 결과 인간의 몸은 분절화된 몸(fragmented body), 표준화된 몸(standardized body), 낯선 몸(estranged body)으로 표상된다.[7] '분절화된 몸'은 분해와 결합이 가능하고 새로운 부분으로 대체할 수 있는 몸이다. '표준화된 몸'이란 각 개인의 몸과는 관계없이 의학적으로 그리고 통계적으로 구성된 몸이다. 그러므로 몸은 개인의 삶의 맥락과는 분리되고, 혼자 힘으로는 제어할 수 없는 '낯선 몸'이 되는 것이다.

---

5) Wulff, H. R. et al(1986)/ 이호영·이종찬 역(1999:16-18)
6) Wulff, H. R. et al(1986)/ 이호영·이종찬 역(1999:20-21)
7) Marcum, J. A.(2008:311-320)

이런 생의학 모델에서는 질병, 환자—의사 관계, 의료에 대한 사회의 관점이 특정한 방향으로 결정되기 마련이다. 특히 환자-의사 관계에 미치는 영향은 매우 클 수밖에 없다. 질병은 인간과 사회의 총체적 삶과는 분리된 채, 몸의 형태적, 기능적 이상으로 정의되고, 의료인들은 이상이 있는 몸의 부분에만 임상적 시선을 두게 된다. 의료인들은 환자의 몸에 나타나는 징후에 집중하거나 환자의 이야기에 귀 기울이기보다는 몸과 연결된 각종 의료기기들이 보내는 신호에만 관심을 기울이게 된다. 즉, 의료에 있어서 환자의 주관성은 철저히 배제되고, 객관적, 정량적, 통계적 사고만이 가치 있게 된 것이다. 따라서 생의학의 관점에서 보는 질병은 개별 인간과는 구별되며 관찰 가능한 외부의 실체가 된다.

이런 질병관을 대표하는 것이 부어스(C. Boorse)의 생물통계학적 이론 (biostatical theory)이다. 부어스에 의하면 질병이란 특정한 종(species)의 정상적인 기능에 장애가 생긴 상태인데, 이런 생물학적 기능은 특정한 목적을 위해 종 디자인(species design)에 의해 자연적으로 주어진 것이며, 경험적이고 통계적인 방법으로 측정 가능한 것이다. 예를 들어 신장은 몸속의 노폐물을 걸러내는 기능을 수행하기 위해 디자인되었고, 이런 기능은 경험적인 방법을 통해 측정가능하다는 것이다. 따라서 신장이 경험적, 통계적으로 정의된 제 기능을 수행하지 못한다면 질병에 걸렸다고 볼 수 있다. 이런 관점은 생리학이나 생화학 같은 과학만이 질병의 본질에 대해 설명할 수 있다는 생물학적 환원론에 근거하고 있으며 질병에 대한 가치중립적인(value free) 시각을 대표한다고 볼 수 있다. 질병은 객관적으로 기술될 수 있는 실체이고, 개인적 또는 사회적 맥락과는 연관이 없다는 것이 가치중립적인 질병관이다.8) 그리고 이런 질병관은 인간의 경험과는 무관하게 거리를 두고 있는 관찰자의 시점에서 분석적

---

8) Marcum, J. A.(2008:63-67)

인 방법을 통해 획득된 관점이다.9)

하지만 질병이란 정상 기능에서 벗어난 생물학적 과정일 뿐만 아니라, 개별 인간과 그 인간을 둘러싼 사회적 맥락이 서로 영향을 주고받는 사건이기도 하다. 현대의학이 패러다임의 위기를 겪는 것도 질병을 둘러싼 다양한 맥락을 눈여겨보지 않기 때문이다. 따라서 질병은 가치중립적인 것이 아니라 오히려 가치를 담지하고(value laden) 있다고 보는 것이 더 적절하다. 여기서 현대의학의 주요한 방법론인 객관적, 정량적 방법으로는 질병의 본질을 포착할 수 없다고 주장하는 철학자 가다머(H.G. Gadamer, 1900-2002)의 생각을 음미해 볼 만하다. 가다머에 의하면 의학의 객관화와 그에 따른 환자의 객체화는 보다 더 큰 맥락, 즉 현대 문명이 추구한 도구적 이성과 합리성의 틀에서 보아야 한다. 가다머에게 이런 합리성이란 근대 자연과학을 이끄는 동인(動因)이라 할 수 있는데, "자연의 질서 속에서 법칙과 규칙을 수학적이고 양적인 측면에서 분리한다는 것은, 인간의 행위에 대해 정확한 조건에서 다양한 개입이 반복될 수 있다는 가능성을 허용하는 특정한 인과의 문맥을 분리해 내다는 것"을 의미한다.10) 따라서 고대 그리스이래로 자연을 바라보는 '총체성'이라는 개념은 근대에 이르러 폐기되었고, 근대 과학은 방법론적인 절차를 통해 세계에 대한 인간의 경험을 객관화하는 데 성공하게 된 것이다.11) 그러므로 현대의학 또한 "살아 있는 신체의 보편적인 도구화"와 떼어서 생각할 수 없다.12) 현대의학은 질병을 인간과 분리된 객관적 실체로 규정하고 이를 빠르게 제거하는 능력을 발전시키면서 인간의 삶에서 질병이 가지고 있던 위상을 변화시킨 것이다. 이제 질병은 과학적 언어로

---

9) Brody, H.(2003:47)
10) Gadamer, H. G.(1993)/ 이유선 역(2002:63)
11) Gadamer, H. G.(1993)/ 이유선 역(2002:117)
12) Gadamer, H. G.(1993)/ 이유선 역(2002:126)

무장한 의사들의 의료 행위로만 공식적으로 규정할 수 있는 존재가 되었다. 그리고 이 지점에서 질병에 대한 과학적 개념화와 더불어 환자-의사 관계에 있어서도 새로운 사회적, 정치적 변화가 도래하게 되는 데, 근대 이전의 의사들이 환자와의 관계에서 우위를 점하지 못하였던 반면, 근대 이후의 의사들은 생의학 모델을 이용하여 의료의 헤게모니를 장악하게 된 것이다. 하지만 가다머는 신체 경험과 같은 개별적인 경험이 과연 과학적 객관화로 온전히 해명될 수 있는가를 묻는다. 그에 의하면 "신체와 삶은 평형을 잃었다가 다시 새로운 평형점을 찾는, 끊임없는 운동으로 경험"하게 되는데, 질병은 바로 이런 평형상태가 균형점을 넘어설 때이다. 그리고 이런 평형 모델은 우리에게 "잠들고 깨어나는 리듬, 병에 걸리고 회복되는 리듬, 그리고 궁극적으로 무로 전환되는, 즉 삶 자체를 소멸시키는 운동으로 나아가는 리듬"이자 "우리 삶의 전체 과정을 조정하는 시간적인 구조"를 보여준다. 따라서 인간은 종말을 다시 시작과 연결할 수 없으며 그래서 죽을 수밖에 없는 존재, 즉 한계 상황 속의 존재일 수밖에 없다. 그러므로 인간 삶의 고유한 질서와 리듬은 신체에 대한 도구화된 관계로써 완전하게 대체할 수 없다는 것이 가다머의 주장이다.[13] 질병 또한 총체적 인간 삶의 지평에서 평형을 찾아가는 고유의 리듬 속에서 파악될 수 있다는 그의 주장은 다음과 같은 물음에 잘 드러나 있다. "질병은 그 병을 앓는 사람에게 무엇을 말해 주는가?" 이것은 곧 질병의 의미를 묻는 것이다. 생의학의 객관화와 도구적 합리성으로는 질병 체험이라는 현상을 파악할 수 없다는 것을 가다머는 간파했던 것이다.

---

13) Gadamer, H. G.(1993)/ 이유선 역(2002:128-130)

3. 서사를 통해 본 질병체험 현상
― 몸, 시간, 자아

생의학이 인간의 물질적, 생물학적 측면에만 관심을 집중하고 있다는 것은 자명하다. 하지만 질병은 인간의 신체에 물리적, 화학적 변화를 일으킬 뿐만 아니라, 인간 삶에 새로운 의미를 부여하는 우연적인 사건이기도 하다. 따라서 이런 질병 경험을 이해하기 위해서는 생의학 패러다임이 아닌 새로운 시선의 틀이 필요하다. 그런 의미에서 현상학은 좋은 길잡이가 될 수 있다. 현상학은 선입견을 배제하고 의식에 주어진 그 자체로서의 사물에 대한 직접적 경험과 그런 의식이 의미를 구성하는 과정을 밝히려는 것을 주목적으로 하기 때문이다.[14] 질병이 몸을 매개로 하여 의식의 지평 속에서 어떻게 체험되는 지를 살펴보는 것은 과학적 시선으로 포섭되지 않는 질병의 또 다른 차원을 열어줄 것이다. 특히 이런 체험은 질병을 앓는 이들의 이야기를 통해서 드러나게 된다. 따라서 이런 서사를 살펴보면 질병을 앓는 이의 몸과 시간 경험 그리고 그것이 자아 정체성에 어떤 영향을 미치는 지 파악할 수 있다.

---

14) 여기서 현상학은 후설(E. Husserl, 1859-1938)에 의해 주창된 것만을 의미하지는 않는다. 의학에 현상학적 방법을 도입한 대표적인 학자인 툼스(K. Toombs)도 자신의 저서에서 이를 지적한 바 있다. 툼스는 후설이 심리학적 현상학과 초월적 현상학을 구분했음을 밝히면서, 자신이 질병의 의미를 분석하는데 사용한 것은 심리학적 현상학에만 국한됨을 분명히 한다. 두 방법 모두 현상학적 환원을 이용하지만 깊이에 있어서는 차이가 있는데, 심리학적 현상학이 외부 세계에 대한 '판단 중지'를 통하여 의식작용의 노에시스와 노에마를 밝히려 한다면, 초월적 현상학에서는 외부 세계는 물론 개별 의식조차도 '괄호 치기'를 통해 의식의 궁극적 구조를 밝히려 했다는 점에서 차이가 있다. 결국 의학적 맥락에서의 현상학적 접근은 질병 체험의 현상을 이해하기 위해 여러 현상학자들의 이론을 취사선택한 다층적 접근법이라고 볼 수 있다. Toombs, S. K.(1993:121)

3.1. 몸

질병은 무엇보다도 몸과 밀접한 관련을 갖는다. 근대 서양의학이 그토록 알고자 노력했던 것도 바로 몸 어딘가에 자리 잡고 있을 질병의 자리였다. 질병의 과정은 곧 그로 인한 몸의 변화 과정이며, 질병 경험이란 바로 그러한 몸의 변화 과정을 인식하는 것이다. 따라서 질병 경험은 무엇보다도 몸을 매개로 벌어지는 체험 현상이며, 몸을 떠나서는 존재하기 어려운 현상이다.[15) 또한 질병 경험은 몸을 인식하게 해 주는 동시에, 몸에 대한 우리의 관념을 새롭게 구성하는 데도 큰 역할을 한다.

환자가 처음 통증을 느끼고 그것을 질환으로 인지하여 병원을 방문한 후 의료인에 의해 공식적인 질병으로 인정받게 되는 일련의 과정 속에서 환자에게 몸은 각기 다른 의미로 다가오게 된다. 맨 처음에는 살아 있는 몸, 삶과 분리되지 않는 육화된(embodied) 몸이었던 것이 아픔이나 기능 이상을 느끼면서 비로소 주체의 의식의 지평 속에 떠오르는 대상으로서의 몸으로 전환된다. 그리고 이렇게 전환된 몸은 질병을 담지한 몸으로 인식된다. 하지만 여기서의 몸은 아직 주체의 그늘아래, 주관성의 영역 안에 있는 몸이고 타자와의 소통이 불가능한 몸이다. 따라서 이런 주관적인 경험 영역의 몸이 치료의 대상이 되기 위해서는 타자에게 객관적으로 드러날 수 있어야 하는데, 여기에 의료인이 개입하게 된다. 주관적인 몸은 의사의 지식과 기술을 매개로 하여 비로소 의학적 대상으로서의 객관적 몸으로 전환되는 것이다. 이런 일련의 전환 과정 속에서 몸에

---

15) 여기서 말하는 몸은 과학적 대상으로 구현된 물리적 육체만을 의미하지는 않는다. 그것은 현상학적인 의미의 날것으로서의 몸이며 삶의 지평 속에 있는 몸이다. 예를 들어 사물을 바라볼 때 감각기관인 눈을 통해 사물의 상이 맺힘에도 불구하고 우리가 눈을 통해 바라본다는 사실을 항상 의식하지는 않는다. 내 앞에 존재하는 사물을 바라보는 것은 '나'이지 '눈'이 아닌 것이다. 나는 곧 나의 몸이며, 몸은 도구처럼 나와 분리되는 존재가 아니다. 따라서 몸은 주체가 일상에서 의식적 행위를 수행하는 바탕이자 통합된 전체로서 존재한다.

대한 인식의 변화는 환자들의 질병 경험에 근본적인 영향을 미치게 된다.

환자들이 질병에 걸린 몸을 경험하는 순간, 그 몸은 이전과는 다른 낯선 몸이고 그런 몸은 당혹스러움을 안겨 준다. 저명한 신경과 의사이자 저술가인 색스(O. Sacks)는 등산 중 조난을 당하여 다리를 다쳤을 때 겪었던 몸에 대한 경험을 다음과 같이 이야기한다.

그런데 그 순간 나는 더 이상 내 다리를 인지하지 못 했다. 바로 그 첫 번째 만남의 순간에 나는 더 이상 내 다리를 인지하지 못했다. 다리는 완전히 낯설었고, 내 것이 아니었으며 친숙하지 않았다. 전혀 못 알아보겠다는 시선으로 나는 다리를 응시했다. …내가 원통형 석회 모양의 깁스를 쳐다보면 쳐다볼수록, 그것은 낯설고 이해할 수 없는 것으로 다가왔다. 나는 그것을 '내 것'으로 나의 일부로 느낄 수 없었다. 그것은 나와는 전혀 관계없는 것처럼 보였다. 그것은 절대적으로 내가 아니었는데도 말도 안 되게 나에게 부착되어 있었으며, 더 가관이게도 나와 더불어 계속 존재했다.[16]

부상당한 다리는 더 이상 나의 다리가 아니라 침대위에 아무렇게나 내팽겨진 사물로서의 다리일 뿐이다. 부상당한 다리는 뛰고 축구하고 등산하는 일을 할 수가 없다. 생활 세계에서 우리가 수행하던 행위들을 더 이상 할 수 없게 된 것이다. 또한 이런 몸의 변화는 우리가 이전에 점유하고 활동하던 공간에도 영향을 미친다. 온 몸이 마비된 환자라면 그의 삶의 공간은 병원 침대에 한정될 수밖에 없다. 의식적 행위를 통해 삶의 공간을 차지해 나가던 이전의 몸은 사라지고, 타인의 도움 없이는 이동할 수 없는 제약된 몸만이 존재한다. 따라서 질병에 걸린 몸은 어떤 식으로든 주체를 좌절하게 만든다.

---

16) Sacks, O.(1991)/ 한창호 옮김(2006:73-74)

소변을 보고 잔뇨를 체크하느라 하루가 꼬박 갔다. 아침 잔뇨는 38cc. 오늘 몇 번씩 재 본 잔뇨량은 8cc. 이제 안심이다. 소변 줄을 끼지 않고 지낼 수 있을 것 같다. 드디어 소변 문제에서 구원을 받았나 보다. 소변을 혼자 해결할 수 있다는 것은 남에게 한 가지라도 도움을 덜 받아도 되는 고마운 일이다. 비로소 지옥에서 빠져나갈 수 있다는 희망을 갖게 된다. 너무 기쁜 마음에 장모님 등 여러 사람에게 전화를 했다. 모두들 전화를 받고는 내가 좋아지고 있는 것을 축하해주었다.

그러나 소변보기는 결코 만만치 않은 작업이었다. 소변을 볼 때는 주변을 조용하게 하고 방해를 받지 않도록 온 신경을 집중하였다. 소변이 찬 느낌이 들면 우선 배를 몇 번 들썩여 방광을 자극하고, 소변이 나오려고 할 때는 몇 차례 참아 소변이 요도에 이르게 하였다. 이런 식으로 반사를 크게 하면서 배를 연신 큰 호흡으로 들썩거려 더 이상 소변을 참을 수 없을 때쯤 한꺼번에 보았다. 그래 봐야 남한산성 북쪽 골짜기의 늦가을 물줄기처럼 힘없이 졸졸 소변이 나온다. 전에는 상암동 분수처럼 힘차게 나오던 소변인데…17)

질병에 걸리기 전에는 의식 없이 행하던 일상적인 행위가 어려워지면서 환자들은 변화된 몸에 대한 새로운 기술을 터득하고 연마해야 한다. 그리고 이런 연마의 과정은 환자들을 더욱더 고통 속에 빠져들게 한다.

물리치료실에 가보면 환자들 대부분이 무표정한 얼굴이다. 마치 짐승의 표정처럼, 짐승들이 하루하루를 살아남는 것 외에는 다른 감정을 가질 여유가 없듯이 환자들 역시 살아남기 위한 노력 말고는 정신적 여유가 없어 그리 무표정하리라18)

새로운 몸 기술을 터득해야 하는 환자들은 마치 황야에 내던져진 짐승

---

17) 전범석(2009:84-85)
18) 전범석(2009:149)

들이 "하루하루를 살아남기 위해" 사투를 벌이듯이 오로지 생존을 위한 생물체, 유기체의 영역에 머무른 채 "인간의 표정"을 잃어가는 것이다.

질병에 걸린 몸이 주체를 가능성의 영역에서 멀어지게 할 뿐만 아니라, 의학적 치료 또한 몸의 경험에 큰 영향을 미친다. 의학의 큰 아이러니 중의 하나는 질병에 의한 고통을 치료하기 위해 새로운 고통을 가해야 하는 경우가 발생한다는 사실이다. 의학적 치료가 점점 더 침습적이고 공격적으로 변화한 현대의학에서 이런 현상은 더욱 더 두드러질 수밖에 없다. 환자들의 몸은 현대의학의 각종 첨단 무기들이 각축을 벌이는 일종의 '전쟁터'가 된 것이다. 그리고 전쟁터로 경험되는 혼란스러운 몸 앞에서 환자는 제어할 수 없고 예측할 수 없는 몸을 경험하게 된다.

> 결국 나는 내 몸을 전쟁터로 보기 시작했다. 사실 의료 분야에서는 암 치료를 위한 방법을 단지 세 가지만 허용한다. 그것은 수술, 방사선 치료, 화학 치료 요법으로, 일종의 화학적 전쟁의 형태이다. 이는 경찰 이나 군대가 사회적 동요나 혁명에 대항해 사용하는 세 가지 주요 무기 에 비유할 수 있다. 나는 우리가 해야 할 일은 스스로에게 왜 우리의 몸이 반항하고 있는가를 자문하는 것이며 몸뚱이를 지치게 하고 진정 제를 주어 우리를 입 다물도록 해서는 안 된다고 생각했다.[19]

따라서 질병과 현대의학에 의해 억압된 몸이 제 목소리를 찾고자 하는 것은 어쩌면 당연한 귀결일 것이다. 한 루게릭병 환자는 안구 마우스를 이용하여 글을 쓸 수 있게 되었을 때의 기쁨을 다음과 같이 말한다. 띄어쓰기조차 힘겨운 일이어서 다닥다닥 붙여 쓴 그의 글은 몸의 경험이 완전히 육화된 서사이면서 동시에 몸을 넘어서려는 해방의 몸짓이다.

---

19) Lupton, D.(2003)/ 김정선 역(2009:127)

비장애자였을적엔

1분에늦어도2백타가넘었는데

이제는1분에다섯글자도버겁다.

난목소리를찾은기쁨이더커서

그무엇과도비교하지않는다.

2년만에찾은내목소리

그래서난요즘너무행복하다.[20]

3.2. 시간

질병은 또한 시간에 대한 환자의 경험에 영향을 미친다. 여기서의 시간은 물리적 시간이 아니라 삶에서 경험되는 시간이다. 후설은 시간을 살아있는 시간(lived time) 또는 주관적인 시간(subjective time)과 객관적인 시간(objective time)으로 구분함으로써 내적 시간과 의식의 관계를 규명하고자 했다. 살아있는 시간은 의식의 흐름 속에서 사물의 시간 단계를 지속적으로 그리고 즉각적으로 경험할 수 있는 것이다. 반면에 객관적인 시간은 시계나 달력 등으로 측정될 수 있는 물리적 시간을 말한다. 영화관에서 신나는 액션 영화를 보고 있는 사람을 떠올려 보자. 영화가 끝날 때까지 관람객은 시간 가는 줄 모르고 장면 하나하나에 빠져든다. 그리고 영화가 끝나고 시계를 보았을 때 어느덧 두 시간이라는 시간이 훌쩍 지나갔다는 사실을 알고 놀라게 된다. 이처럼 내적 시간의 지속적인 흐름 속에서 인간은 객관적인 척도에 따라 측정할 수 있는 시간과는 비교할 수 없는 새로운 시간의 차원을 경험하게 되는 것이다.[21] 몇 년 동안 떨어져 있던 가족을 만나기 위해 기다리고 있는 사람의

---

20) 이규연, 박승일(2009:144)

21) Toombs, S. K.(1993:4)

한 시간과 좋아하는 축구 경기를 보면서 신나게 응원하고 있는 사람의 한 시간은, 물리적으로 같은 한 시간임에도 불구하고 실제 삶에서의 흐름과 속도가 다를 수밖에 없는 것이다.

그렇다면 질병은 시간에 대한 경험에 어떤 영향을 미치는 것인가? 질병의 경험이라는 측면에서도 주관적인 시간과 객관적 시간과의 구분은 중요한 함의를 가진다. 환자에게 질병은 시간의 흐름 속에서 개별적이고, 원자화되어 있는 특정한 한 순간이 아니라, 과거와 미래가 현재로 합쳐지는 불쾌함의 연속을 의미한다. 따라서 그것은 시계 바늘로 일정하게 측정되는 초, 분, 시 단위의 질서 정연한 시간 연속을 따르는 것이 아니라, 질병의 강도와 동반되는 감정 상태에 따라 비균질적으로 경험되는 것이다. 질병은 객관적인 시간의 측정을 거부한다. 심한 통증을 겪고 있는 사람에게는 단지 몇 분이 몇 시간처럼 느껴질 것이다. 극장에 간 사람이 관람 도중에는 시계를 보지 않다가 나중에 깜짝 놀라는 것처럼, 아픈 사람도 실제 아픔을 느끼면서 지내는 동안에는 그것에 압도되므로 물리적 시간을 거의 의식하지 않게 된다.[22] 따라서 질병에 걸린 사람은 내적 시간과 객관적 시간 사이의 괴리와 충돌을 항시 경험하게 된다.

낮에 침대에 누우면
홀연히 잠이 온다
통증으로 깨어보면
시계는 제자리에서 서성이네

밤이 되어 잠을 청하면
잠은 하얗게 달아나고
통증과 더불어 숫자만 헤아리네

---

22) Toombs, S. K.(1993:15)

세월이 빠르다는 말!
시간은 저만치서
통증에 시달리는 나를
다소곳이 기다리네[23]

또한 현재는 단지 정적인 것이 아니라 과거나 미래와의 상호 작용을 통해 움직이는 것으로 경험되기 마련이다. 우리는 미래의 가능성을 바탕으로 현재에 특정한 행위를 한다. 하지만 질병에 걸리면 미래에 대한 관심과 가능성은 사라져 버린다. 환자는 지금 바로 이 시점에서 벌어지고 있는 질병의 고통에만 몰두하게 되어 현재에 갇혀 버리고 미래에 대한 계획은 의미가 없어진다. 질병은 몸을 통해 공간적 제약을 가하는 동시에, 환자를 현재에 사로잡아 둠으로써 미래에 대한 인간의 가능성을 제약하는 것이다. 이제 삶의 계획은 포기하거나 변해야 한다.

새해가 되면서 물리치료사가 ○○○ 치료사로 바뀌었다. 치료사들이 외래, 병실을 번갈아 가며 치료할 수 있게 순환 근무를 하는 탓이다. 치료사가 바뀌면 물리치료 내용도 바뀌니 변화가 있어 좋다. 그러나 세월은 가는데 정작 몸의 변화는 별로 없고, 하루가 똑같은 하루, 일주일이 똑같은 일주일, 한 달이 똑같은 한 달처럼 느껴지고 있다.[24]

예후가 매우 불량한 질병에 걸려 남은 시간이 얼마 남지 않은 경우에는 특히 미래에 대한 시간 경험에 현저한 변화가 찾아온다. 사랑하는 사람들과 미래를 함께 할 수 없다는 점이 더 큰 아픔으로 다가올 수밖에 없다. 미래가 사라져 버리는 것이다. 반면에 서서히 진행하는 퇴행성 질환을 앓고 있는 경우에는 미래뿐만 아니라 현재도 사라져 버린다. 현재 질병이

23) 대한암협회 편(2005:167-168)
24) 전범석(2009:187)

아무리 경미하다 할지라도 앞으로 점점 더 심각해질 가능성으로 인해 현재의 삶은 심각하게 훼손될 수밖에 없다. 현재는 언젠가 다가올 미래에 이미 사로잡혀 있게 되고, 미래에 대한 기존의 목표는 수정되어야 한다. 질병은 미래뿐만 아니라 현재도 사라지게 만드는 것이다.

과거 또한 변화한다. 과거에 심각한 질병이나 사고를 겪었던 환자는 그것을 먼 과거의 일이 아닌 바로 어제 일어났던 일로 느끼기 마련이다. 또한 암과 같은 질병에 걸렸다가 회복된 환자는 항상 재발의 위협에 사로잡히게 된다. 과거의 위협적인 사건이 현재를 살아가는 데 심각한 두려움을 유발하고 활동을 제약하게 되는 것이다.25)

그래서 의사를 찾아갔다.

"선생님! 다른 약으로 바꿔주세요. 너무 아파요. 이 상태로 어떻게 5년을 살아요?"

선생님은 지금 먹는 약이 효과가 가장 좋지만 삶의 질도 중요하다며 같은 성분의 다른 약으로 바꿔 주었다.

병원을 나오는데 웃음이 나왔다. 참 배부른 소리한다고 … 언제는 속만 뒤집히지 않으면 이까짓 아픔이야 얼마든 참을 수 있다고 하더니 사람 마음 참 간사하기 짝이 없다.

혹시, 재발할 지도 모르는 불안함, 그리고 삐거덕거리는 통증을 안고 살아야 하는 것은 어쩔 수 없는 일임을 알면서도 가끔은 나도 모르게 "아프다, 정말 아프다"라는 말이 튀어 나온다. 이 불안함이, 이 아픔이 언제 끝날지 모르는 날들을 살면서 죽을 것 같이 힘들었던 때엔 하루만 행복하자고, 그러니 하루만 아프지 않게 해달라고 빌었던 날들을 나는 자꾸만 잊고 산다.26)

---

25) Toombs, S. K.(1993:68-70)
26) 전수림(2009:201)

이와 같이 시간은 개별 환자에게 매우 다양하고 주관적인 의미의 내적 시간으로 새롭게 경험되는 것이다. 따라서 질병 경험을 타자와 공유하기 어려운 요인 중 하나는 바로 이 내적 시간과 객관적 시간과의 공약 불가능성에 있다. 질병을 드러내기 위해서 환자는 객관적인 시간 척도에 비추어서 질병 경험을 설명해야 한다. 하지만 질병은 내적 시간과의 직접적인 관계 속에서만 환자에게 경험되는 것이다. 그러므로 내적 시간의 살아 있는 경험을 객관적인 시간 척도에 끼워 맞추어 표현해야 하는 환자는 당연히 어려움을 겪을 수밖에 없다. 반면에 의사는 질병의 생물학적 과정을 측정하기 위해 객관적인 시간 척도를 사용할 수밖에 없다. 결국 환자와 의사는 서로 다른, 공약 불가능한 시간의 차원에 따라 서로 다른 질병의 시간성을 구성하게 되는 것이다. 따라서 질병은 시간적 차원에서 보면 환자나 의사 모두에게 서로 모순적인 과제를 요구한다고 볼 수 있다.[27]

3.3. 자아

질병에 걸린 인간은 여러 가지 물음을 갖게 된다. "왜 하필 나에게 이런 일이 생겼을까?", "내가 뭘 잘못한 걸까?", "앞으로 어떻게 대처해야 하나?", "나와 내 가족은 미래는 어떻게 될까?" 이런 질병과 관련된 물음들은 삶의 기획 전반과 관련을 가지게 된다. 특히 "왜 나일까?"라는 질문은 나의 정체성과 자아에 관한 근원적인 의문을 제기하게 된다.

자아는 '나'라는 인간의 한 측면이며 내 인간성의 전제조건이다. 하지만 자아는 '나'라는 인간의 전부를 뜻하지는 않으며 주로는 나 자신과의 관계에 관련되는 인간의 측면을 의미한다. 따라서 '나' 속에는 나만이 알 수

---

27) Toombs, S. K.(1993:15, 24)

있는 자아가 존재하기도 하지만, 타인과 세계와의 관계를 통해 드러나는 인간의 측면도 존재하게 된다. 즉, 자아는 인간성에 포함되지만 그것과 전적으로 같다고 할 수 없는 인간의 한 부분으로 존재한다.[28] 그러므로 인간됨(personhood)에는 자아를 포함한 여러 가지 요소가 들어있고 각 요소들은 서로 상호작용을 하면서 전체를 형성된다. 카셀(E. Cassell)은 의학의 목적과 고통의 관계를 이해하기 위해서는 인간의 다차원적 위상에 대해 진지하게 연구해봐야 한다고 주장한다. 인간은 고유한 인간성과 성격을 갖고 있고, 과거를 갖고 있는 존재이며, 가족 관계에 큰 영향을 받고, 문화적 배경에서 살아가며, 고유한 사회적 역할을 갖고 있고, 타자에 의존해서 살며, 정치적 존재이고, 행위를 하는 존재이며, 규칙적인 행동양식을 취하고, 몸을 지니고 있는 존재이며, 자신만의 비밀스런 삶을 가지고 있고, 미래를 위해 살며, 초월적인 영혼의 삶을 갖는 존재이다.[29] 따라서 인간의 다양한 차원을 하나의 전체로 이해하지 못하고, 인간이 얼마나 복잡한 존재인지를 알지 못하면 질병에 의한 인간의 고통 또한 이해할 수 없다고 말한다. 이를 달리 표현하면 질병은 하나의 통합적 전체로서의 인간 존재의 이해와 형성에 큰 영향을 미치는 사건이라는 것이다.

특히 포스트모던의 자아는 삶의 과정에서 끊임없이 변형되고 재구성되는 과정을 거치게 되므로, 질병은 자아 정체성을 형성하는 데 크나큰 영향을 주는 사건임이 분명하다. 질병에 의해 야기된 몸, 공간, 시간에 대한 변화된 경험은 자아를 변화시킬 수밖에 없다. 심한 뇌졸중을 겪은 후 한쪽 다리가 마비된 환자는 재활 과정에서 변형된 몸의 이미지와 공간의 제약을 받아 들여야 한다. 이런 과정 모두가 자아, 특히 자아 존중감에 부정적인 영향을 미칠 수 있다. 따라서 질병은 무엇보다도 자아를 훼손시키는 사건이다.

---

28) Cassell, E. J.(1994)/ 강신익 옮김(2002:96)
29) Cassell, E. J.(1994)/ 강신익 옮김(2002:105-117)

오랜 투병 생활을 해오는 동안에 두드러진 증상으로는 먼저 얼굴이 완연 병색으로 변해버린 점을 들 수 있다. 나이에 비해 10년은 더 늙어 보인다고 한다. 온 몸 구석구석을 살펴보아도 정상적인 부위는 찾아보기 어렵다. 뜨거운 물이나 증기로 푹 쪄서 건져낸 생선을 방불케 한다면 지나친 표현이 될까[30)]

오랜 투병 과정에서 환자는 인간으로서의 존재감에 위기를 겪게 되는데 그것은 자신의 몸이 마치 '푹 쪄서 건져낸 생선'처럼 변형되고 훼손되었다는 사실을 발견하면서 부터이다.

이런 자아 훼손은 트라우마(trauma)를 겪은 사람들이 자아 존중감을 잃는 것과 유사하다고 볼 수 있다. 허먼(J. Herman)에 의하면 외상 사건은 신체적 안녕 수준에서부터 개인의 자율성을 침범한다. 침해당하고 더럽혀진 신체를 통제할 수 없게 된 피해자는 심한 자율성의 훼손을 경험하고 존엄에 대한 모욕감을 겪게 된다. 이런 수치심은 다른 사람과의 관계 속에서 자신을 보존하고 자신의 관점을 유지하지 못하도록 방해하며, 죄책감과 열등감 속에 빠져들게 한다. 그리고 기존에 갖고 있던 사회와 공동체에 대한 신뢰를 위태롭게 만들고 종종 그것을 심한 분노를 통해 표출하기도 하며, 반대로 타인에게 심하게 의존하는 경향을 보이기도 한다. 피해자들은 '자신을 통제할 수 없고 두렵고 무력하며 세계에서 내쫓긴 채 홀로 표류하는 것 같은 악몽'속에 떠있게 되는 것이다.[31)] 질병 또한 대개 예상치 못한 상황에서 발생하는 일종의 트라우마라고 본다면, 질병에 걸린 나와 건강했던 나 사이에는 건널 수 없는 존재의 심연이 생겨나며, 자아에 대한 인식에 상당한 변화가 일어나기 마련이다.

또한 현대의학의 체제 내에서는 병원이라는 환경이 긍정적이든 부정

---

30) 허성진(2000:57-58)
31) Herman, J.(1997)/ 최현정 옮김(2007:99-106)

적이든 이런 자아의 변화에 큰 역할을 담당하고 있다. 병원은 대부분의 사람들에게 두려움을 불러일으키는 동시에, 구원과 희망을 약속하기도 하는 모순된 장소이다.[32] 오늘날의 병원은 고도로 관료화된 조직이며 고유한 규범과 관리 체계를 갖추고 있는 독립적 공간들의 집합체이다. 환자는 병원에 들어서는 순간부터 병원이 부과하는 일련의 규칙에 순응해야 한다. 환자는 언제 먹고, 언제 잠을 자고, 어떤 옷을 입을 것인지, 어떻게 배설할 것인지 등 중요한 일상의 모든 것을 통제받고 위임하게 된다.[33] 의사와 간호사는 허락도 없이 아무 때나 들이 닥쳐서는 나를 깨우고 나의 몸을 조사해 간다. 이런 환경에서 환자는 끊임없이 외부에 노출되어 있고, 자신에 대한 통제를 할 수 없는 경험, 즉 일상적 삶의 붕괴를 경험하게 된다. 색스는 이것을 "체계적인 몰개성화"라고 명명한다.

    각자의 옷은 익명의 흰 환자복으로 대체되고, 손목에는 숫자가 적힌 신분 확인 팔찌가 채워졌다. 환자는 제도적 규칙과 규율에 복종해야 한다. 환자는 더 이상 자유로운 행위자가 아니다. 환자는 더 이상 권리를 가지지 못한다. 그들은 더 이상 세상 안에 존재하지 않는다. 그것은 엄밀히 말해 죄수가 되는 일과 유사하며, 학교에 처음 등교한 날을 수치스럽게 기억하는 것과 비교할 수 있다. 환자는 더 이상 한 개인이 아니라 '입원한 자'다. 이러한 절차를 통해 보호받게 된다는 점을 이해하지만, 그것은 무섭기도 하다. 오래 끄는 입회의 형식적 절차들을 밟아가는 동안 나는 지위가 격하됐다는 모멸감과 두려움에 사로잡혔다.[34]

---

32) Lupton, D.(2003)/ 김정선 옮김(2009:157)
33) Lupton, D.(2003)/ 김정선 옮김(2009:157)
34) Sacks, O.(1991)/ 한창호 옮김(2006:44-45)

고유한 주체성을 포기하고 익명의 환자로 바뀌는 순간, 우리는 '환자'라는 새로운 정체성을 받아들이도록 강요받는다. 그리고 그것은 우리가 통제할 수 있는 영역이 아닌, 적응할 수밖에 없는 당위인 것이다.

> 이제 봄이 막 가고 있다. 스물일곱 번째 봄을 맞이하고 또 보내는 내 이름은 김미경이다. 하지만 언제부터인가 나에게는 내 의지와 상관없이 독종, 희귀종, 천연기념물, 철의 여인이라고까지 수식어가 따라다녔다. 지금부터 13년 전, 나는 그 끈질긴 병마와의 싸움을 시작한 것이다.[35]

하지만 질병이 새롭게 자아가 형성되는 과정에 부정적인 영향을 주는 것만은 아니다. 많은 환자들은 질병의 고통을 이겨내는 경험을 통해 이전과는 다른 강인한 자아상을 형성해 내기도 하고, 끝내 질병을 극복하지 못 한 환자들 중에서도 투병 과정을 일종의 배움과 수련의 과정으로 승화시켜 죽음을 편안하게 받아들이는 사람들이 있기 때문이다. 이를테면 평생 한센병의 멍에를 짊어지고 살았던 한 환자는 자신의 질병 체험을 쇠를 담금질하는 작업에 비유한다.

> 풀무질하는 화덕 속을 드나들며 대장장이의 망치로 두들김을 당하고 담금질을 받은 쇠는 매우 단단하고 또 강하다. 이것이야말로 꾸준한 단조작업을 통해 만들어낸 결과가 아닐 수 없다. 나는 이 담금질한 쇠처럼 한센병, 즉 나병의 혹독한 연단을 통해 오늘의 내가 있게 되었다. 나는 하나님의 연금술로 재생된 인생이라 말할 수 있다. 이는 내가 어디서나 자신 있게 말할 수 있는 부분이다.[36]

---

35) 강춘남 외(2002:26)
36) 정경욱(2009:2)

질병의 고통은 '대장장이의 망치질'처럼 강하고 아프게 그를 두들겼지만, 그는 고통을 이겨내고 그 보다 더 단단한 '쇠'로 담금질되어 '재생된 인생', 즉 새로운 자아를 획득하게 된 것이다. 담도암으로 인해 죽음을 눈앞에 두고 있는 다른 환자도 질병으로 인해 깨닫게 된 삶의 의미와 자신의 모습에 대해 다음과 같이 이야기한다.

암에 걸려 이 세상을 보니 모든 것이 새로웠다. 암은 나에게 새로운 의미를 주었을 뿐만 아니라 세상은 새로운 모습으로 나에게 다가왔다. 매일 먹는 음식도 새로운 맛이었고 매일 만나는 사람들도 새로운 사람들이었다. 대화 한마디 한마디가 소중했으며 모든 것을 마지막으로 보듯 내 눈과 마음속에 받아들였다. 이제 무엇을 아끼고 욕심을 부린다는 것이 부질없었고, 다른 사람들과 옳고 그름의 시비를 가린다는 것도 한낮 우스운 일이었다. 진작 이렇게 살았으면 얼마나 좋았겠는가? 이제 철이 난 것일까? 이런 것을 두고 각성했다고 할 수 있을까? 미몽에서 깨어나고 어리석음에서 깨어나 각성할 때의 인간의 모습이 바로 이런 것일 것이다. 이젠 "나는 행복한가?"라는 어리석은 질문은 하지 않게 되었다. 그냥 나는 행복하다는 감정만 가지게 되었다. 내가 그전에 느껴 보지 못했던 행복도 이 때 느끼게 되었다.[37]

투병 과정은 나와 세상에 대한 새로운 배움과 깨달음의 과정이기도 한 것이다. 그동안 내 안에 있던 욕심, 고집 등을 버리고 새로운 나를 만들어 나가는 여정이 가능했던 것은 질병 체험을 통해 자아에 대한 깊이 있는 성찰을 했기 때문이다. 질병은 자아를 훼손하기도 하지만, 자아를 긍정적으로 재구성하고 새롭게 창조하기도 한다.

---

37) 홍순길(2010:18)

4. 질병체험서사의 중요성

질병과 치료 경험은 물리적, 시간적 차원 그리고 결국에는 자아라는 인간적 차원에서 매우 혼란스럽고 중대한 영향을 끼치는 사건이다. 하지만 생의학에서는 질병과 삶의 총체적 관계에 대한 인식이 매우 미약하다. 질병은 환자와는 철저히 분리되는 실체이기 때문이다. 그리고 이런 좁은 시선으로는 질병으로 인한 고통에 가까이 다가갈 수가 없다. 바로 이 지점에서 질병체험서사의 중요성이 드러난다.

질병체험서사는 질병을 앓고 있는 환자가 그것의 원인, 전개 과정, 치료나 질병 경험, 질병으로 인한 사회적, 경제적 어려움 등과 같이 질병이 자신에게 미치는 모든 영향을 말이나 글로 풀어낸 것이라 할 수 있다. 질병체험서사는 환자의 관점에서 바라 본 질병의 이야기이며, 따라서 질병에 대한 환자의 설명, 해석, 이해 등이 모두 포함되게 된다. 질병체험서사는 환자의 질병 경험이 독립적인 사건이 아니라 환자 자신의 고유한 삶의 이야기 속에서 의미를 갖고, 그 경험이 환자의 과거와 미래에 연결되어 있다는 것을 알려주며, 환자의 생활 세계에 대해 중요한 정보를 제공한다.38) 특히 환자들이 쓴 투병기는 질병에 의한 고통과 그것을 겪어나가는 인간의 모습이 총체적이고 적나라하게 드러난다는 점에서 질병체험서사의 전형이라 할 수 있다.

그러나 현대의학에서는 환자의 주관적인 질병체험서사 보다는 생의학적 관점을 바탕으로 하는 의료인의 객관적 서사39)가 우위에 서 있다. 환자들의 서사는 혼란스럽고, 논리적이지 않으며 따라서 의학적으로

---

38) Toombs, S. K.(1993:103-110)
39) 이를 '의학적 서사(medical narrative)'라고 부를 수 있다. 의학적 서사는 의료인들의 서사 행위에 의해 생겨나는 텍스트들을 말하는데, 의학교육과 의료행위가 펼쳐지는 바탕이 된다. 여기에는 각종 증례보고, 의학논문, 의무기록, 의사들 간의 공식적, 비공식적 대화 등이 포함된다.

유용한 정보를 담고 있지 않다는 것이 의료인들의 일반적인 시각이다. 그렇다면 환자의 질병 이야기가 의학적으로는 큰 쓸모가 없다고 여기는 의료인들의 일반적인 생각은 과연 옳은 것일까?

그는 키제베터의 논리학에서 배운 '케사르는 사람이다. 사람은 죽는다. 따라서 케사르도 죽는다'는 유명한 삼단 논법은 케사르에게나 적용되지 자신에게도 적용된다고는 꿈에도 생각지 않았다. 그가 볼 때 인간 케사르는 인간이었으므로 법칙의 적용은 정당했다. 그러나 자기 자신은 케사르가 아니므로 인간이 아니며 항상 다른 사람들과는 전혀 다른 특별한 존재라고 여겼다. 그는 엄마, 아빠, 미챠, 볼로쟈, 장난감, 마부, 유모, 카텐카, 유년시절, 소년시절, 청년시절의 기쁨과 슬픔, 환희와의 관계에서 항상 바냐(이반의 애칭)였던 것이다. 바냐가 그토록 좋아하던 끈을 꼬아 만든 가죽 공 냄새는 케사르를 위한 것이었다는 말인가? 정녕 케사르가 그렇게 어머니의 손에 키스를 하고 어머니의 비단옷 자락은 케사르를 위해 사락사락 소리를 냈다는 말인가? 법학교에서 만두 때문에 난리를 일으킨 게 과연 케사르란 말인가? 사랑에 빠질 수 있었던 인간이 과연 케사르란 말인가? 재판을 그렇게 진행시킬 수 있었던 사람이 과연 케사르냐고?[40]

생의학이라는 보편적 설명 체계를 개별적 인간에 적용할 때는 필연적으로 생략되는 부분이 존재할 수밖에 없다. 생의학의 보편적 체계란 과학적, 논리적 기초 과학의 결과를 많은 환자에게 적용하여 얻은 통계적 지식 체계와 연관되므로, 개별 인간에게 이를 적용할 때에는 주관적 요소에 대한 고려가 불필요해 진다. 하지만 이반 일리치가 절규하듯이, '이반은 일반적 인간인 케사르와는 다른' 존재이다. 그는 '어린 시절 가죽 공 냄새를 좋아하고, 어머니를 사랑하며, 법학교 다니기를 몹시도

---

40) 고일(2005:69-70)

싫어했던' 바로 그 이반이다. 누구에게나 통용되는 법칙이 기계적으로 적용되는, 맥락이 없는 인간이 아닌 것이다. 질병에 걸린 환자 또한 마찬가지이다. 질병이 개별 환자라는 실존적 존재를 거치면서 질병 체험이라는 현상이 발현되는데, 그것은 생의학의 관점에서는 파악하기 어려운 것이다. 질병 체험은 오로지 서사를 통해서만 드러나게 된다.

그러므로 질병은 이야기를 낳는다. 인간이 이야기를 통해 삶에 의미와 질서를 부여한다면, 질병을 앓는 인간 또한 이야기를 통해 질병의 체험적 의미를 이해하고 그에 의해 변화된 삶의 질서를 찾으려고 노력할 것이다. 그런 점에서 질병은 삶의 이야기를 변형시키는 존재이다. 물론 환자의 질병이 너무 위중하거나 통증이 극심하여 이야기를 할 수 없을 때는 질병에 서사적 질서를 부여할 수가 없다. 이럴 때는 오히려 침묵과 몸짓이 이야기를 대신한다. 하지만 질병으로 우리의 몸과 자아가 스스로를 표현할 수 없을 만큼 심각한 손상을 입은 경우를 제외하고는, 우리는 질병으로 인해 변화된 자아와 몸과 삶에 대해서 이야기하고 싶어진다. 처음 병원을 찾았을 때나 병실에 누워있을 때, 힘겨운 재활 치료를 받아야 할 때처럼 질병의 경과를 겪어나가는 과정에서, 우리는 질병을 삶에 의미 있는 존재로 변형시켜야만 결국 그것을 극복해 나갈 수 있다. 그리고 이런 극복의 과정은 이야기를 통하지 않고서는 다른 출구를 찾을 수 없을 것이다.

질병에 대한 나의 첫 번째 경험은 단절된 충격의 연속이었고, 내가 첫 번째로 하고 싶었던 것은 그것을 하나의 이야기로 만들어 통제하려고 시도한 것이었다. 응급 상황에서 우리는 언제나 이야기를 만들어낸다. 우리는 마치 재앙을 가둬두려는 듯이 벌어진 일들을 기술한다. 사람들이 내가 아프다는 것을 듣게 된다면, 그들은 자신들의 고유한 질병 이야기를 나에게 수도 없이 보내올 것이다. 이야기하기는 질병에 대한 자연스러운 반응처럼 보인다.[41]

문학평론가인 브로야드(A. Broyard, 1920-1990)는 전립선암에 걸렸다는 사실을 알았을 때 이야기를 통해 그 충격을 정리하려고 노력하는 것 외에 다른 것은 할 수 없었다고 고백한다. 질병에 맞닥뜨렸을 때 우리 안에 숨겨져 있던 이야기 본능은 자연스럽게 발휘된다. 이제 우리는 이야기에서 질병의 의미를 발견하고 그것을 삶의 영역으로 자연스럽게 통합시킬 수 있도록 서로의 이야기를 북돋아주고 사려 깊게 듣는 일을 해야만 한다.

5. 나오는 말

　서사는 인간의 근원적인 존재 양식 중 하나이다. 질병에 걸린 환자는 서사를 통해 자신의 고통을 정리하고 극복하며, 그 경험을 타인과 나누고 싶어 한다. 환자들의 서사는 질병 경험을 육화된 언어로 풀어 놓는 체험적 서사이다. 질병체험서사를 통해 우리는 질병이 한 인간에게 어떤 체험적 의미를 남기게 되는 지 파악할 수 있다. 하지만 현대의학에서는 이런 체험적 서사를 위한 자리가 존재하지 않는다. 의료인들은 생의학적 세계관에 근거하여 관찰하고 추론한 사실을 객관적이고 논리적인 언어로 풀어 놓는 관습적인 서사만을 중요시 할 뿐이다. 환자들 또한 자신의 체험적 서사보다는 권위 있는 의학적 서사에 기대고 있다.[42] 현대의학이 풀어야 할 과제가 바로 여기에 있다. 지금까지 현대의학이 환자들의 서사는 무시하면서 의학적 서사만을 강조해왔다면, 미래의 의학은 환자들의 질병체험서사를 어떻게 의학 체계내로 끌어들일 수 있을지 고민해야 한다. 질병체험서사는 총체적 인간으로서의 환자의 고통에 다가갈

---

41) Broyard, A.(1992:19-20)
42) Frank, A.(1995)/ 최은경 옮김(2013:45-46)

수 있는 통로이자, 임상에 대한 실천적 지혜가 전해지는 교육의 장이 될 수 있기 때문이다. 의료인들은 질병체험서사를 통해 기존의 생의학적 시선으로는 포섭하지 못했던 인간의 실존적 고통, 숨겨진 욕망과 절망, 미래에 대한 희망과 같은 주관성의 영역에 다가갈 수 있다. 환자들 또한 질병체험서사를 통해 미처 깨닫지 못했던 질병의 의미를 발견할 수 있다. 질병은 오로지 서사를 통해서만 삶이라는 총체적 기획 속에서 자리 잡을 수 있다.

그러므로 질병은 이야기를 낳는다. 질병은 이야기를 통해 삶에서 의미를 갖게 된다. 현대의학이 질병체험서사가 품고 있는 가능성을 깨닫지 못하고 질병을 삶과 분리시키려는 노력을 할수록, 오늘날 직면하고 있는 패러다임의 위기는 더욱더 심화될 수밖에 없을 것이다.

참고문헌

강춘남 외(2002), 「햇빛 냄새」, 아침이슬.

대한암협회 편(2005), 「암을 이겨낸 사람들」, 랜덤하우스.

레프 톨스토이, 고일 옮김(2005), 「이반 일리치의 죽음」, 작가정신.

이규연, 박승일(2009), 「눈으로 희망을 쓰다」, 웅진 지식하우스.

전범석(2009), 「나는 서있다」, 예담.

전수림(2009), 「엄마를 사고 싶다」, 문학관.

정경욱(2009), 「행복한 배달부」, 상상나무.

허성진(2000), 「내가 앓고 있는 파킨슨씨병」, 대일.

홍순길(2010), 「암에 걸린 어느 대학교수의 행복이야기」, 공감IN.

Cassell, E. J.(1994)/ 강신익 옮김(2002), 「고통 받는 환자와 인간에게서 멀어진 의사를 위하여(The Nature of Suffering and the Goals of Medicine)」, 코기토.

Frank, A.(1995)/ 최은경 옮김(2013), 「몸의 증언(The Wounded Storyteller)」, 갈무리.

Gadamer, H. G.(1993)/ 이유선 옮김(2002), 「철학자 가다머 현대의학을 말하다 (Über die Verborgenheit der Gesundheit)」, 몸과 마음.

Herman, J.(1997)/ 최현정 옮김(2007), 「트라우마(Trauma and Recovery)」, 플래닛.

Lupton, D.(2003)/ 김정선 옮김(2009), 「의료문화의 사회학(Medicine as Culture)」, 한울.

MacIntyre A.(1984)/ 이진우 옮김(2003), 「덕의 상실(After Virture)」, 문예출판사.

Sacks, O.(1984)/ 조석현 옮김(2006), 「아내를 모자로 착각한 남자(The Man Who Mistook His Wife for a Hat)」, 이마고.

Sacks, O.(1991)/ 한창호(2006), 「나는 침대에서 내 다리를 주웠다(A Leg to Stand On)」, 소소.

Wulff, H. R. et al(1986)/ 이호영·이종찬 옮김(1999), 「의학철학(Philosophy of Medicine)」, 아르케.

Brody, H.(2003), *Stories of Sickness*, Oxford: Oxford University Press.

Broyard, A.(1992), *Intoxicated by My Illness*, New York: Ballantine Books.

Marcum, J. A.(2004), *"Biomechanical and Phenomenological Models of the Body, the Meaning of Illness and Quality of Care"*, Medicine, Health Care and Philosophy 7.

Marcum, J. A.(2008), *An Introductory Philosophy of Medicine; Humanizing Modern Medicine*, New York: Springer.

Toombs, S. K.(1993), *The Meaning of Illness*, Dordrecht: Kluwer Academic Publishers.

* 이 글은 아래의 논문을 이 책의 기획과 형식에 따라 수정, 가필한 것임을 밝힌다.
황임경(2010), "질병체험과 서사", 「의철학연구」(한국의철학학회) 10.

제3부

언어학과 내러티브 연구의 전망

개인 경험 이야기에 대한 내러티브 연구의 실제
― 국내 질적 연구의 학제적 논의를 중심으로

이정은

1. 들어가는 말

이야기에 대한 학술적 관심은 인간의 의사소통과 언어의 사용 및 문화에 대한 연구 주제로서 오랜 전통을 갖는다. 인간은 스스로에게, 또 다른 이들에게 자신을 설명하기 위해 경험을 이야기하면서 자신을 구성하게 되며, 경험의 재구성 과정 속에서 그에 대한 해석과 의미화를 이루어내기 때문이다. 또한 이야기는 경험의 단순한 재현과 사실의 전달이 아니라 이야기 화자의 삶에 대한 인식을 반영하며, 서로 다른 시간과 공간의 경험들을 관통하는, 이야기 화자의 삶의 통찰을 보여주는 것이기도 하다. 이처럼 '의사소통 차원의 복합 활동으로서 이야기'는 '내러티브'로 일컬어지며, 인문학을 비롯하여 인간을 이해하고자 하는 여러 분야에서 주목을 받으며 다양한 연구 지형을 형성해 오고 있다. 또한 현재 인문학의 인식론적 패러다임의 전환[1]이 내러티브를 언어학, 문학, 철학, 인류학, 사회학

---

1) Bruner는 인간의 지식의 본질로서 전제되는 두 가지 종류의 사고 양식으로 내러티브적

등 인문학 제반 분야뿐만 아니라, 자연과학 분야에까지 이르는 학제적 연구의 중심에 위치시키면서, 내러티브는 인간의 사고와 경험 세계에 대한 본질적 이해를 위한 대안적인 연구 패러다임으로 부상하게 되었다.

　최근 국내에서 내러티브를 둘러싼 학제적이고 통섭적인 연구에 관심이 높아지고 있는 것은 이러한 연구의 흐름을 반영하는 것이라고 하겠다. 국내의 언어 연구 분야에서는 아직 내러티브 연구에 대한 가치나 그 개념에 대한 인식이 널리 알려져 있지 않지만 인문학, 교육학, 사회과학, 간호학, 사회복지 등 여러 분야에서는 이미 새로운 대안 연구로서의 중요성이 널리 제기되고 있다. 사실 내러티브는 삶의 어디에서나 존재하는 의사소통의 산물이기에 각 영역에서 주목하는 경험의 이야기들이 곧 내러티브이며, 이것을 각 연구영역에서 필요로 하는 개념과 이론들을 통해 분석하고 해석적 논의를 수행하는 것이다. 이런 연유로 내러티브 연구에는 배타적이고 지배적인 하나의 방법론이 있는 것이 아니라, 연구 목적과 연구대상에 따라 다양한 연구 형태가 존재하게 된다.

　따라서 이 글에서는 특정 한 분야의 내러티브 연구를 논의하기보다는, 내러티브 연구로서 '개인 경험 이야기하기'가 국내에서 어떻게 연구되고 있으며, '이야기'가 연구 자원으로서 활용되는 양상을 살펴보고자 한다. 내러티브 연구를 이해하는 데 이러한 접근을 시도하는 이유는, 우선 국내에서는 내러티브 집중적인 연구 지형이 뚜렷하지 않고 그 연구 영역과 범위의 경계가 모호하여, 연구도구로서 개인 경험 이야기를 활용한 질적 연구들 속에서 내러티브 연구가 함께 논의되고 있기 때문이다. 그러므로 이 글에서는 국내 내러티브 연구의 실제를 파악하는 작업을, 내러티브가

　　사고와 패러다임적 사고를 제안하며, 내러티브 사고는 인간의 삶의 요구를 반영하는 경험 세계를 이해하는 것으로 보았다. 강현석 외 공역(2005)에서 Bruner의 이야기의 가치에 대한 생각을 살펴볼 수 있으며, 강현석 외 공역(2011)에서 Bruno 관련 논의들은 이러한 인식의 전환이 내러티브 연구와 어떻게 관련지어지는지 설명해 주고 있다.

주목받기 이전부터 질적 연구에서 면담을 통해 수행되는 이야기 말하기를 살펴보는 것에서 시작할 것이며, 이로써 국내 내러티브 연구의 논의 지형을 살펴보겠다. 그리고 다른 한편으로는 다양한 분야에서 연구되는 내러티브의 실제를 파악함으로써, '이야기'를 통한 인문언어학의 학제적 협력 연구 가능성을 탐색하고자 한다. 이처럼 개인 경험 이야기를 둘러싼 제반 연구들을 포괄적으로 살핌으로써, 이야기의 언어학적 연구가 인문학적 연구 과제를 수행하는 데 어떤 가치를 지니며, 어떻게 학제적 연구로 도입될 수 있을지 그 접점을 찾고 그 연구의 전망에 대해서도 논의해 볼 수 있을 것이다.

2. 내러티브와 질적 연구에서 개인 경험 이야기의 가치

내러티브란 무엇인가에 대한 정의와 관점은 다양하다. 그 중에 국내 내러티브 연구자들에게 널리 알려진 몇 가지를 소개한다면, 내러티브를 인간의 앎의 방식의 하나로서 경험을 조직하며 이해하고 지식을 구성하는 것으로 보는 Brunr(1990)의 견해와, 내러티브를 질적연구의 연구방법의 하나로 보고 있는 Clandinin(ed.)(2007)[2]의 견해를 우선 꼽을 수 있겠다. 그리고 여기에 내러티브란 어떤 텍스트나 담론에 부여된 용어일수도 있고, 아니면 개인들이 진술한 이야기에 특정한 차원에 초점을 맞추면서 질적 연구 접근의 맥락 안에서 사용되는 텍스트일 수도 있다고 보는, Polking-horne(1995)의 그 개념적 이해에 유용한 견해로 견주어 볼 수 있다.

이러한 정의들에 드러나듯이, 내러티브 개념이 모호하고 불확실한 것은, 내러티브를 통해 인식론의 차원을 지칭하기도 하고 연구방법론을

---

[2] Clandinin(ed.)(2007)은 인간 경험에 대한 이야기 말하기 방식을 빌어 특정 대상을 연구하는 내러티브 탐구 모형을 세웠다.

지칭하기도 하며, 때로는 의사소통의 형식이나 텍스트의 유형을 말하기도 하기 때문이다. 이것은 내러티브, 즉 이야기를 말하는 활동을 통해, 일관성이 없어 보이는 과거의 일들이 상황과 관련지어지며 조직화되어 특정 이야기가 만들어지게 되고, 그 이야기에는 이야기 화자의 경험에 대한 인식과 관점들이 투영되며, 인간은 그 이야기를 나눔으로써 다른 사람과 서로를 이해하고 경험에 새로운 의미를 부여할 수 있기 때문이다. 그리고 내러티브가 파악되기 어려운 또 다른 이유는, 인간의 이야기는 장르나 형식, 문화, 역사를 초월하여 세상 어디에나 존재한다는 점에서 비롯된다. 내러티브 범위에는, 구술 내러티브로서 과거 사건의 기술, 설명적 보고, 개인 경험의 일화, 전문적인 믿음이나 실천, 구술사 등이 있고, 문어 내러티브로 구어 내러티브의 전사나 요약, 일지, 저널 등이 포함되며, 문화 양식으로서 춤, 시, 민속학적인 픽션이나 판타지, 영화에 이르기까지 이 모두가 포함될 수 있다.(Cortazzi, 2001)

내러티브의 이와 같은 편재성(ubiquity)과 다양한 존재 양식은 객관적인 이론의 지식에서 인간의 경험에 대한 탐구로 가는 '내러티브 전환(narrative turn)'을 가져오게 한 동인이기도 하다. 그러므로 내러티브 연구를 이해하기 위해서는 '내러티브 전환'으로 일컬어지는 연구 패러다임의 새로운 인식에 대해 먼저 살펴보는 것이 필요하다.

   (1) 내러티브의 네 가지 전환(Clandinin, 2007)
      ㄱ. 연구자와 대상 간의 관계의 변화: 객관적 입장을 떠나 해석과 의미의 이해에 초점
      ㄴ. 숫자에서 담화로의 자료 전환: 경험의 관계적 차원이 드러남
      ㄷ. 일반적인 것으로부터 특수한 것으로: 상황맥락 하에서의 설명의 힘
      ㄹ. 인식의 경계 허물기: 세계 인식의 단일한 방식에서 경험 인식의 다양한 방식의 이해

(1)의 내러티브의 전환들은, Bruner가 패러다임 인식이라고 했던 객관적이고 분석적인 이론의 지식을 중시하던 것에서 인간 지식으로서 개인 경험이 가치를 인정받게 됨을 의미하는 것이다. 그런데 이러한 인식의 전환을 공유하며 수행되는 내러티브 연구는 그 유형과 방법을 명확하게 규정하기 어렵다. 그래서 내러티브 연구들은 그 적용 분야의 다양성만큼이나 다양한 유형으로 존재하고, 각 분야들에서 나름의 접근들이 적용해 여러 가지 분석적 방법들을 사용한다. 사실 내러티브가 질적 연구에서 그 가치를 발하는 것은 이와 같은 면모에서 비롯된 것이기도 하다.

국내에서 내러티브 연구로 흔히 부르는 것은 현장의 응용 연구 분야에서 Clandinin의 내러티브 탐구나 질적 연구의 방법론의 하나로서 내러티브를 지칭하는 것이다. 한국어교육, 교육학을 비롯해 현장의 응용 연구 분야들에서 주목받고 있는 Clandinin과 Connelly의 교사 내러티브 연구는, 분석적이고 과학적인 지식 대신, 교사의 삶의 이야기가 개인의 실천적 지식을 규명해주는 유용한 수단이라고 보는 것으로서, 내러티브 인식의 전환의 분명한 예를 보여주는 연구이다. 이것은, Clandinin이 교사의 자서전적인 이야기를 통해 교수 활동에 대한 중요한 연구 성과를 거둠으로써 이것이 '내러티브 탐구'로 발전하게 된 것이라고 한다(강현석 외 공역 2011). 한편 Creswell(2007)은[3] 내러티브를 질적 연구의 구체적인 유형으로 간주하였다. 즉, 소수의 연구 대상을 연구하는 데 초점을 두고, 그들의 이야기를 수집함으로써 자료를 모으며 개별적인 경험들을 보고하고, 연구자가 이러한 경험들의 의미를 분석하고 이해하는 절차들을 수행하는 것으로서 보았다. 그는 내러티브를 연대기적으로 연결된 하나의 사건/행동 또는 일련의 사건/행동들에 대한 이야기를 제공하는 음성

---

3) Creswell(2007)은 질적연구를 대표하는 다섯가지 접근으로 내러티브 연구, 현상학적 연구, 근거이론 연구, 문화기술지 연구, 사례 연구를 제시하고, 이들 각각의 접근들이 보여주는 관점의 차이, 자료 수집, 분석과 재현, 글쓰기 등을 비교해 설명한다.

또는 문서 텍스트로서 정의하기도 한다.

보통 질적 연구에서 연구방법론으로서 말하는 '내러티브 탐구'는 다른 현상을 설명하기 위해 이야기를 들여다본다. 즉, 이야기는 인간의 인식과 자아의 반영이므로, '누가, 무엇에 대하여 이야기하고, 무엇을 보는가'를 밝히기 위해, 개인의 이야기를 그들의 경험과 문화, 역사적 맥락에 놓고 분석하고 이해하여, 연구자가 이해할 수 있는 틀로 다시 이야기하는 것이다. 이와 달리 언어 연구자를 비롯한 '내러티브 분석'에서는 '이야기' 자체에 관심을 갖고, 의사소통 과정에서 이야기가 '어떻게' 구성되고 이야기를 통해 사람들이 무엇을 행하는지를 살펴보려고 하여, 그 지향점에서 차이를 보인다(Freeman, 2003; Bamberg, 2006; Georgakopoulou, 2006). 내러티브가 질적 연구와 밀접한 관련을 맺게 되는 또 다른 이유는 질적 연구의 방법으로서 가장 기본이 되는 면담(interview)이 바로 '말하기'라는 것이다. 특히 구조화되지 않은 면담은 연구자와 연구대상자 간의 하나의 의사소통 사건이라고 볼 수 있으므로, '이야기 말하기'로서 내러티브 연구와 마찬가지로 '경험의 이야기'가 질적 연구에서 중요한 가치를 갖게 되기 때문이다.

3. 질적 연구에 나타나는 개인 경험 이야기의 실제
　- 국내 연구의 학제적 동향과 이야기 연구의 양상을 중심으로

3.1 질적 연구의 학제적 동향

최근 국내에서 한국어교육, 교육학, 사회복지, 간호학 등 응용 연구 분야를 중심으로 현장 연구에 내러티브 연구가 도입되는 배경에는, 이상에서 살펴본 내러티브의 특성과 지향점들이 인간 연구의 대안적 연구

모델로서의 가능성을 보여주지 때문이다. 즉, 내러티브 연구가 새로운 현상이나 연구 대상을 밝히는 데 유용한 통찰력을 보여줄 수 있고, 기존의 연구틀로서는 밝히기 어려운 문제들의 탐구를 가능하게 해주는 대안적 연구가 될 수 있기 때문일 것이다. 하지만 앞서 밝힌 바와 같이 내러티브의 편재성(ubiquity)과 그 개념의 모호함으로 인해 다른 연구방법론에 비해 그 연구 지형의 경계가 불확실한 것이 사실이다. 그러므로 이 장에서는 구체적인 연구 자료를 지칭하는 것에서부터 인식의 패러다임에 이르기까지 광범위한 내러티브를 모두 살펴보기보다는, 국내의 '질적 연구'로 포괄되는 개인 경험 이야기에 대한 일련의 특정 연구들을 살펴봄으로써, '경험 이야기'에 대한 실질적인 연구 경향과 내용을 파악하고 그 연구 가치를 확인해 보겠다. 특히 '이주, 결혼이주여성, 외국인, 다문화 가정 등' 우리 사회에 질적 변화를 대표하는 주제어를 둘러싼, 여러 분야의 논의들에서 등장하는 경험 이야기 자료들이 연구된 것을 논의 대상으로 하여, 개인 경험 이야기에 대한 학제적인 응용 연구의 실제를 밝힐 것이다.

우선, 이 글에서 검토한, 개인 경험 이야기에 대한 국내 질적 연구들의 수집 과정을 소개하겠다. 특정 경험 이야기의 다양한 차원들을 살펴보기 위하여 연구 범위와 주제를 다음과 같이 정하고, 이것을 검색어로 지정하여 RISS와 DBPIA에서 연구 논문을 수집하였다.

(2) 특정 경험 이야기에 대한 질적 연구 한정하기(기본 검색어)
　　ㄱ. 외국인, 결혼이주여성, 한국어 학습자, 유학생, 교사
　　ㄴ. 질적 연구, 내러티브, 경험, 사례
　　ㄷ. 이주, 이민, 다문화, 다문화 가정, 적응

위 (2)에서 검색어 ㄱ은 연구대상에 대한 것으로서, 이들의 개인 경험

이야기가 질적 연구로서 어떻게 전개되고 있는지 살펴보기 위하여 선정한 검색어이다. '외국인, 결혼이주여성'은 최근 우리 사회의 질적 변화를 가져오는 대표적인 새 구성원이라고 할 수 있고, '한국어 학습자, 유학생, 교사'는 한국어 교육의 현장에서 대표적인 질적 연구 대상으로 꼽힌다. 또한 '한국어 학습자'와 '유학생'의 경우, 어학연수와 유학을 목적으로 국내에 장기 체류하는 외국인이기에 이들의 사회문화 적응의 문제가 관심의 대상이 되고 있기 때문에 선정하였다. 그리고 교사는 이들과 상호작용하고 관계를 맺는 주체로서 중요한 연구 대상이기에 함께 선정하였다. 이와 같이 한국 사회의 다문화를 이해하기 위해서 질적인 통찰이 질적인 통찰이 필요한 연구 대상자들을 선정함으로써 이들의 개인 경험 이야기를 둘러싼 연구들을 찾을 수 있도록 하였다. (2)의 ㄷ은 ㄱ과 연결되는 검색어들로 연구대상자의 특성을 규정하는데 영향을 미치거나 연구대상들에 대한 논의 범주와 관련되는 항목들이다. ㄴ은 연구방법론에 대한 것으로서, 개인 경험 이야기를 연구의 원천 자료로 사용하는 질적 연구들에서 가장 포괄적으로 사용되는 용어들을 선정하였다.

여기에서 잠시 내러티브 연구와 관련해 핵심 표현으로 등장할 만한 단어임에도 불구하고 제외된 몇 개의 단어들과 이를 핵심어로 하는 연구 주제의 경향들을 살펴보겠다. 내러티브 연구에서 등장할 만한 대표적인 표현으로 '이야기'를 꼽을 수 있는데, 이를 제외시킨 이유는, 이 말이 내러티브 연구에서 연구방법론이나 자료의 차원을 나타내는 대표적인 말임에도 불구하고, 국내 연구에서는 '이야기'가 언어 능력, 이야기 말하기 능력에 대한 연구에서 주로 등장하기 때문이다. 따라서 현장에 대한 질적 연구들을 살펴보기에는 적절하지 않았기 때문에 제외하였다. 또한 우리 사회의 질적인 변화를 초래한 '이주노동자' 역시 주요 검색어가 될 만하지만, 이것으로 검색하는 경우 개인 경험에 대한 이야기를 직접 조사한 연구보다는 인권 문제, 법률적 문제, 사회 정책에 대한 거시적 차원의 논의들이 중심을 이루고 있어서, 검색어로는 따로 지정하지 않았다.4)

위 검색어로 1차 검색을 한 후, 여기에서 양적 연구방법5)이 중심이 된 논문들은 제외시켰다. 그래서 추출한 논문들의 참고문헌 중 경험 이야기를 가지고 연구한 다른 질적 연구들을 추가하여 최종 목록을 작성한 결과, 개인 경험 이야기에 대한 연구로 박사학위 논문 20편6), 석사학위 논문 54편, 학술지 게재 논문 105편을 수집할 수 있었다. 이 중에서 가장 주목 받는 연구 영역은 '다문화 가정'이었는데, 연구대상별로 보면 '결혼이주여성'이 94편(학위논문 39편, 연구논문 55편)으로 가장 많은 연구가 진행되었고, 이어서 다문화 가정의 자녀7)'가 31편(학위논문 14편, 연구논문 17편)으로 주목을 받고 있음을 볼 수 있었다. 이 글에서는 서로 다른 분야 간 논의를 비교하기 위해서, 전공 분야와 방법론, 자료의 수집과 분석 방식, 자료의 제시가 상세한 학위 논문을 중심으로 이야기 연구의 양상을 검토하겠다.8) 검토 대상이 된 논문들의 연구 분야와 주제를 살펴본 결과는 다음과 같다.

(3) 연구 분야
사회복지, 아동복지, 가정관리학, 여성학, 한국학9), 심리학, 인류학,

---

4) 이러한 검색 결과로 이주노동자에 관한 4편의 논문이 나왔지만, 이들의 경우는 개인 경험 이야기를 자료로 연구한 논문들이었으나 일단 본 논의에서는 제외하였다.
5) 예를 들어 설문조사를 통한 통계 연구들은 목록에서 제외시켰다.
6) 목록상 20편이었으나 2편은 원문 비공개로 논문을 볼 수 없었기 때문에 논의에서는 제외하였다.
7) '다문화 가족(가정)', '다문화 가족 2세', '다문화 가정 자녀' 등으로 부르는 말은 '국제결혼', '혼혈아' 등에서 오는 차별적이고 부정적 이미지 해소를 위해 널리 쓰이고 있는 것이다.(이승민, 2013:14)
8) 학술지 게재 논문은 전체 동향에 대한 통계적 개관에서만 활용하였다.
9) 한국학의 경우 협동 과정으로서 세부 전공으로 한국어교육이나 사회문화 분야의 논문

사회학, 신문방송학(언론 커뮤니케이션), 교육학(교육사회, 교육 심리, 교육과정, 교사 등), 유아교육, 특수 교육, 평생교육, 간호학, 한국어정책, 국어교육, 한국어교육, 사회언어학, 담화연구(내러티브 분석)

(4) 연구 현상에 대한 주요 주제어[10]
적응(적응 과정, 문화 적응, 사회 적응, 직업 적응, 교직 적응, 학교생활 적응), 경험(교육 경험, 학습 경험, 결혼생활 경험, 양육 경험, 국적취득 경험), 갈등(부부 갈등, 가족 갈등), 이주, 정체성, (심층)면담

위에 제시된 분야들은 통해 알 수 있듯이, (2)의 ㄱ에 제시한 연구대상자들이 이주를 통해 한국 생활을 하면서, 한국 사회의 구성원으로서나 학교 생활의 구성원으로서 자리 잡을 때 발생하는 문제들은 일반적이지 않기 때문에, 그들의 개인 경험 이야기를 통해 문제에 대한 질적인 고찰을 해야 한다. 그리고 이야기 과정에서 그들의 문제 현상에 대한 인식과 사회심리적 차원들이 드러날 것이므로, 그 연구 결과가 새롭게 발견하는 통찰들은 사회적, 정책적 방안을 세울 수 있는 새로운 가설의 기초가 될 수 있다.

다문화 가정에 대한 질적 연구 논문들이 증가와 연구 영역의 다양화는 2000년대 중반 이후부터 살펴볼 수 있다. 이러한 연구 추이는, 그 당시 한국 사회에 1990년에는 1.2%에 불과하던 국제결혼이 점차 증가하여 2004년에는 11.2%에 이르고 2005년에 13.5%에 이르는 큰 변화가 있었고, 이 때 한국인 남성과 외국인 여성의 결혼이 국제결혼의 70%을 차지했다는 사실[11]과 밀접한 관련을 가진다. (3), (4)에서 보여주듯이 2000년

들이 있다.
10) 주제어를 내세우지 않은 경우도 있고, 국문요약에 기재된 주제어의 경우 개별적이고 구체적인 것이 많아서, 이것과 제목에서 드러나는 핵심어를 같이 살펴본 것이다.
11) 통계청의 혼인 통계 보고(2012년 기준).

대 중반 이후에 다문화 가정을 중심으로 꾸준히 질적 연구가 수행되었고, 다문화 가정의 자녀들이 성장함에 따라, 그들 가정 내에서의 문제 양상들이 주요 사회화 문제로서 주목받게 되면서, 그들의 정체성 문제에서부터 교육과 사회 정책에 이르기까지 다양한 연구 영역에서 관심을 갖게 된다. 그리고 여기에 일부 외국인 유학생에 대한 질적 연구가 함께 등장하는 것을 볼 수 있는데, 이것은 국내에 장기체류 외국인으로서 외국인 유학생이 증가하면서 대학교를 중심으로 그들의 적응에 대한 문제가 주목받기 시작했기 때문이다.

3.2 질적 연구에서 개인 경험 이야기 연구의 양상

이 절에서는 3.1에서 살펴본 학위 논문들이 개인 경험 이야기로써 어떤 연구를 진행하고 있는지에 대해서 살펴보겠다. 수집한 연구 논문들은 개인 경험 이야기를 바탕으로 질적 연구를 수행한 것들로서, 이 논문들의 연구 대상과 연구 주제의 양상, 방법론적 접근, 자료 수집의 방법과 종류, 분석과 논의의 접근 등을 검토해보았다. 박사 학위논문은 전공과 주제에 따른 연구 내용을 소개하고 개인 경험 이야기가 어떻게 활용되고 논의되었는지 살펴보고, 석사학위 논문은 박사 학위 논문과 비교해 연구 내용이나 자료 면에서 특이점이 발견되는 것들을 중심으로 일부를 여기에 소개하겠다. 우선 검색 결과에서 추출된 박사학위 논문은 20편인데 2006년에서 2013년 사이에 발표되었고, 그 전공을 살펴보면 '사회복지, 아동복지, 여성학, 교육학, 유아교육, 평생교육, 한국어교육, 담화분석, 신문방송학(언론 커뮤니케이션), 간호학' 등 다양한 영역에 걸쳐져 있다.

(5) 분야별 박사학위 논문
- 사회복지: 이영희(2010), 박미정(2011), 윤구원(2011), 전은희
     (2012), 이승민(2013), 최지영(2013)
- 아동복지: 정예리(2011), 민서정(2013)
- 여성학: 박홍주(2009), 이선형(2013)
- 교육학: 권미경(2006), 김민성(2012)
- 유아교육: 봉진영(2011)
- 평생교육: 김정민(2013)
- 간호학: 임현숙(2009), 한상영(2011)
- 신문방송학(언론 커뮤니케이션): 이현주(2011)
- 한국어교육: 민진영(2013), 프라스키니 니콜라(2012)
- 내러티브 분석(담화연구): 이정은(2010)

  우선 박사논문들에서 각 분야별로 조사한 개인 경험의 이야기가 대변
하는 목소리와 그 경험의 내용들을 검토하고 연구 자료로서 활용 양상을
개관해 보겠다.

  다문화 가정의 구성원들의 초기 적응의 문제에 대한 연구부터 살펴보
면, 교육학의 권미경(2006)은 결혼이주여성의 결혼 과정과 적응에 대한
경험 이야기를 관찰과 면담, 비공식적 대화, 현장노트 등을 통해 수집하
고, 이에 기반하여 다문화 사회의 교육문화 영역의 과제를 찾아냄으로써
문화 교육의 실천과 그에 대한 논의의 방향성을 밝힌다. 20편의 논문
중에서, 다문화 가정의 구성원들의 삶과 목소리를 반영하는 경험의 이야
기에 대한 집중적인 연구는, 주로 사회복지와 아동복지 분야에서 이루어
졌다. 사회복지는 사회적 변화와 삶의 질에 민감한 분야인 만큼 다문화
가정을 둘러싼 구성원들이 겪는 문제들이 논의의 중심이 된다. 다문화
가정을 이루는 두 주체로서 결혼이주여성과 한국인 남편 각각의 입장에
서 결혼과 관련해 겪는 문제들은 윤구원(2011)과, 이영희(2010)의 논의

를 통해 들을 수 있다. 윤구원(2011)은 20명의 결혼이주여성을 대상으로 심층 면담을 2차례씩 실시하여 결혼 과정과 한국 생활의 적응 경험의 실제를 밝히기 위해 경험 이야기를 조사하고 있는데, 우리 사회의 결혼이주여성을 이해하는 데 기초적인 범주들이 논의되고 있다. 이영희(2010)은 결혼이주여성에 비해 덜 주목받는, 국제결혼을 한 한국인 남편을 대상으로 한 질적 연구로서, 12명의 남편들에게 설문 조사와 심층 면담을 수행하고, 그들의 결혼에 대한 경험 이야기를 다시 개념화하고 범주화하여, 적응 과정에서 남편들이 보여주는 모습을 유형화하였다.

다문화 가정이 정착함에 따라 연구 주제는 부부의 문제에서 자녀의 문제로 초점이 옮겨지게 되었는데, 이승민(2013)은 결혼이주여성의 초등학생 자녀의 양육 경험에 초점을 맞춰 2-3회의 심층 면담을 통해 연구를 수행하여 그들의 '어머니'로서의 역할에 따른 경험을 탐구하였다. 전은희(2012)에서는 다문화 가정 자녀의 사회화와 차별의 문제에 주목하고, 초등학교에서의 참여 관찰을 기반으로 연구를 수행하였다. 이 연구는 다문화 가정 출신의 초등학생 9명과 교사 9명을 대상으로 면담을 수행하고 학부모와 장학사의 면담을 추가하여, 학교 생활에서 다문화 가정 자녀들에 대한 차이가 지각되는 방식과 이에 대한 경험의 이야기를 조사하였다. 박미정(2011)과 최지영(2013)은 다문화 가정의 갈등에 대하여 연구한 것으로서, 박미정(2011)은 국제 결혼 후 이혼이나 이혼 과정 중에 있는 결혼이주여성들 15명을 대상으로 심층 면담을 실시하여, 이혼 경험의 유형과 과정 및 상황 등을 밝히고 있다. 한편 최지영(2013)은 다문화 가정을 이룬 한국인 남편들이 겪는 경험으로서, 외국인 부인과 언어와 문화 차이를 비롯한 여러 가지 어려움들에 대한 이야기를 통해, 이들이 부부 갈등을 경험하는 양상을 밝히고, 그 과정에서 한국인 남편들이 갈등을 조정해 가는 방식을 알아보았다. 한편, 정예리(2011)은, 국제

결혼 후 이혼한 결혼이주여성이 그 자녀와 함께 정착하는 삶에 대해 연구하고 있는데, 3명의 필리핀 여성의 결혼 생활의 갈등 과정과, 그들이 이혼 후 자녀와 살아가는 데 현실적 어려움들을 밝히고 있다.

'사회복지 영역'에서 주목하는 개인 경험의 이야기를 종합해 보면, 다문화 가정의 구성원들의 개별 이야기와 그들의 관계 형성에 대한 문제로 크게 나눠볼 수 있겠다. 즉, 기본적으로 다문화 가정을 구성할 때 결혼이주여성이 정착하는 데에 초점을 두고, 초기 연구들은 언어와 문화 적응 과정의 경험을 밝히는 데 중점을 두었고, 점차 다문화 가정 내에서 벌어지는 구성원 간의 갈등이 야기시키는 삶의 굴곡과 이로 인한 사회적 차원의 문제로 그 논의 주제가 관계적 차원으로 확장되고 있다. 그리고 이러한 연구에 개인 경험 이야기를 도입함으로써, 다양한 현실에 처한 이주 외국인들의 경험 세계를 파악할 뿐만 아니라, 그들의 자녀가 한국 사회의 구성원으로 정착하는 과정의 문제들까지 밝힘으로써 다문화 가정에 대한 총체적인 경험 연구를 수행한다.

그런데 '사회복지'에서 '이주여성'은 다문화 가정을 중심으로 논의되는 반면, '여성학' 연구에서는 '결혼이주여성'과 '이주노동자'라는 각기 다른 주체로서 이들의 경험 이야기의 차원을 비교해 볼 수 있었다. 이선형(2013)은 10명의 결혼이주여성들의 사회적 인정에 대한 경험 이야기를 '어머니 되기'를 중심으로 살펴보는 반면, 박홍주(2009)는 1990년대 가사노동자로 들어오기 시작한 이주여성들의 노동 경험에 대한 이야기를 통해 이들의 노동 현실과 소외 문제를 다루었다. 21명의 이주여성과 그들의 고용주 8명, 기타 외국인 3명과의 심층면담을 통해 이야기를 수집하였다. 한편 유아교육의 봉진영(2011)과 간호학의 임현숙(2009), 한상영(2011)은 결혼이주여성의 양육 경험에 대한 이야기를 통해 질적 연구를 수행하였다. 봉진영(2011)은 8세 이하의 자녀를 둔 결혼이주여성

12명의 양육 경험과 다문화 가정 아이들을 가르치는 교사 10명의 교육 경험 이야기를 함께 조사하여 다문화 가정 2세들의 교육 방향에 대해 모색하고 있다. 임현숙(2009)는 결혼이주여성의 결혼 생활 중 임신과 출산의 경험이 그들의 삶에 미친 영향과 의미를 탐색하고 있으며, 한상영(2011)는 다문화 가정의 양육 경험이 결혼이주여성과 자녀, 가족들 간의 관계 속에서 이루어지는 문제들을 밝힌다.

아동복지 분야의 민서정(2013)과 평생교육 분야의 김정민 (2013)은 각기 다른 유형의 다문화 가정의 자녀의 이야기를 다룬다. 민서정(2013)이 결혼이주여성의 입장에서 자녀의 양육 경험이 그들에게 가져다주는 의미를 밝힘으로써 '어머니 되기'를 통한 사회화를 보여주는 것이라면, 김정민(2013)은 최근 재혼한 부모로 인해 이주하게 된 중도입국 청소년의 입장에서 겪는 사회화를 보여준다. 김정민(2013)은 고등학생인 4명의 중도입국 자녀들의 경험 이야기를 통해 그들이 두 언어와 문화 사이에서 정체성의 혼란을 겪는 문제를 밝히고, 대안학교 학습 경험이 이들에게 미치는 영향을 논의한다. 이현주(2011)은 결혼이주여성들이 다른 이주 여성들에 관한 텔레비전 다큐프로그램을 보고 그 내용과 자신의 삶을 비교해 이야기한 것을 연구함으로써 다문화 가정에 대한 미디어 담론을 비판적으로 논의하였다.

지금까지 살펴본 연구들은 '다문화 가정'을 중심으로 이루어진 질적 연구들로서, 결혼이주여성을 비롯하여 한국인 남편과 자녀가, 한 가정 내 구성원으로서뿐만 아니라, 사회의 구성원이 되는 과정에서 그들이 경험하는 현실을 전한다. 다문화 가정 구성원들의 이야기는 그들이 처한 상황과 경험에 대한 인식과 사회심리적 태도들에 실체를 부여해 줌으로써, 다양한 분야에서 그들이 경험하는 다문화 사회를 알 수 있게 해준다. 개인의 이야기를 통해 이주 생활의 '적응'이나 '양육 경험' 등에서 무엇이 의미화되는지를 밝혀줌으로써 다문화 가정을 둘러싼 개인적, 사회적 문제들을 이해하게 해 주는 역할을 하는 것이다.

그런데, 이상에서 살펴본 바와 같이 다문화 가정 내의 개인 경험 이야기가 가장 주요한 연구 동향을 이끌고 있지만, 최근 내러티브 연구의 새로운 지형을 보여주는 몇 가지 연구들을 살펴보겠다. 민진영(2013)은 최근 장기거주외국인으로서 증가하고 있는 외국인 유학생의 학업 적응에 대한 내러티브를 탐구하고 있고, 김민성(2012)는 국제학교 초임 교사의 교직 적응 경험을 탐구함으로써, 개인의 직업 생활을 구성하는 의미들과 이것이 어떻게 경험의 실천지식이 되는지를 이야기를 통해 밝히고 있다. 이들의 연구는 최근 한국어교육이나 교육학 분야에서 지속적으로 탐구될 만한 연구주제들로 이에 대한 논의가 풍부해져야 할 것이다. 그리고 개인 경험 이야기를 정체성에 초점을 두고 논의한 것으로는 프리스티니 니콜라(2012)와 이정은(2010)이 있다. 한편 프리스티니 니콜라(2012) 해외의 한국어 비원어민 교사의 정체성과 정체성 형성 과정에 미치는 영향을 미치는 요소를, 경험 이야기에 대한 담화 연구를 토대로 탐구함으로써 언어 정체성과 직업 정체성에 대한 논의를 펼치고 있다. 이정은(2010)은 교포 2세가 면담에서 구성하는 내러티브를 분석하여 그들의 정체성 실현 양상과 정체성 구성 행위의 기제들의 의미화를 밝혀 이들의 혼성적 정체성을 탐구하는 것으로서 일반적인 질적 연구와 달리 담화연구에 중점을 두고 있다. 장기 거주 외국인으로서 유학생이나 교포, 비원어민과 같은, 한국인의 일반적인 범주화에서 벗어나는 개인들의 정체성에 대한 연구는, 결혼이주여성과는 또 다른 '한국어 사용의 소수자'에 대한 개인 경험 이야기로서 의의를 가질 수 있겠다.

한편, 석사학위 논문들의 경우 연구 주제나 논의 면에서 박사학위와 비슷한 연구 경향을 확인할 수 있었지만 연구대상자나 자료나 연구 수행상 특징적인 논의들이 있기에, 여기에서 그 특이점들을 간단히 소개하겠다. 먼저 자료 면에서 가치가 남다른 연구들을 살펴보면, 유영은(2007)의 경우 실제 상담 사례와 함께 심층면담을 통해 이야기를 수집하고, 사례분석에서 이주 결혼이주여성들의 생활 부적응의 공통 문제를 도출하고 있어 눈에 띄며, 공수연(2009)는 결혼한 지 평균 11년 이상 된 다문화 가정 15쌍의 심층 면담을 수행하여 이야기를 수집하였고, 이선애(2013)은 결혼한 지 9-14년 된 다양한 국적의 결혼이주여성의 이야기를 조사하였다. 참여관찰을 통해 이야기를 수집한 것이 돋보이는 연구들도 있는데 노미향(2009)는 연구자가 일곱 다문화 가정의 부모와 아이들을 개별 가정당 30~70시간 관찰하여 현장 기록을 작성하면서 부모 면담을 수행한 연구이고, 김은주(2009)는 참여 관찰과 일화 기록, 부모와 교사의 면담, 어린이집 문서 등 다차원 자료를 수집하여 연구를 수행하여 어린이집 영유아의 9명에 대한 일화와 대화 자료를 제시하고 있으며, 김선경(2006)은 연구자가 초등학교 6학년 다문화 가정 아이들을 7개월여 수업에서 관찰하고, 면담, 학부모 면담, 일기 등을 통해 구어와 문어 내러티브 자료를 수집하여 연구하였다.

외국인 연구자가 자신과 동일한 국적의 결혼이주여성들의 결혼생활에 대한 면담을 실시한 질적 연구들도 눈에 띈다. 왕천(2010)은 중국인(한족과 조선족) 10명의 가족갈등에 대해 연구하였고, 잉흐볼드 차즈랄(2011)은 몽골인 9명의 내러티브를 수집하였으며, 바타르자우 뭉흐자르갈(2011)은 연애 결혼한 몽골인 10명에 대한 한국 문화 적응을 연구하였다. 곽계요(2013)은 한국기업에서 일하는 중국 한족 근로자 5명의 일터학습에 대해 중국어로 면담을 수행하여 번역한 이야기를 구성한 것이 특이하다. 그리고 윤란(2012)는 장애 자녀를 둔 결혼이주여성이 자녀의 재활프로그램 수행동안 면담을 실시한 연구로서 이야기 상황이 남다르고, 주성희(2013)는 장애 자녀를 둔 7명의 결혼이주여성의 면담과 반성적 저널, 문자메시지, 메신저, 전화 등 다양한 이야기를 수집하여 연구자 일기와 함께 살펴보고 있다. 연구 대상이나 자료 면에서 새로운 시도들도 있는데, 이윤실(2009)에는 다문화 가정 유치원생 30명에게 상상적 내러티브[12])를 수집하여 일반 가정의 유아 30명과 비교하고 있다. 임희정(2012)은 부인이 베트남인 다문화가정의 아버지들의 양육 경험에 대한 이야기를 모아 논의를 하고 있고, 장은경(2013)은 다문화가정 남편 입장에서의 부부갈등 경험에 대한 이야기를 수집하였다. 박현숙(2012)는 결혼이주여성의 자녀에 대한 모어 교육과 가정 내 이중언어 사용에 대한 이야기를 다루고 있어 연구주제 면에서 특징을 보이고, 황연순(2009)은 평생학습 프로그램에 참여한 여성 결혼이민자들을 대상으로 사회문화 적응 경험을 조사하였으며, 김난수(2013)는 국제결혼중개업체를 통해 한국남성과 결혼한 이주여성들로 연구대상을 구체화하여 그들의 적응 과정 경험에 대한 이야기를 수집하였다. 그리고 김명숙(2010)은 유치원 교사 내러티브를 통해 다문화 가정 아이들을 돌보기 경험에서 교사들의 인식과 실천 양상을 살펴보았다. 질적 연구에서 개인 경험 이야기는 연구대상자의 특성, 연구자와의 상호작용, 면담의 상황 등 다양한 요인에 영향을 받으므로, 이때의 이야기가 갖는 자료적 가치는 남다르다.

이 연구에서 선정하여 검토한 전체 학위논문들에서 '내러티브 연구'로서 정체성을 지향하는 연구는 박사학위논문 6편과 석사학위논문 12편이었다. 내러티브를 지향하는 이 연구들의 경우, 경험의 연대기의 시간성과 면담에서 펼쳐지는 이야기 전개를 함께 고려하여 개인별 이야기를 일관성 있게 구성하고 질적 연구 방법론을 비롯한 다른 분석틀을 도입해 해석적 논의를 펼친다는 점에서 다른 논문들과 차별성을 보였다. '내러

---

12) 아이들에게 이야기의 첫 장면을 제시한 후에 이어서 이야기를 하게 한다.

티브 연구'를 표방하는 석사논문의 경우 대개 수집한 이야기를 개인별, 주제별 이야기 구성하는데 그치고 있는데, 결혼이주여성의 적응 경험에 대한 최상미(2013), 장동훈(2013), 잉히볼드 차즈랄(2011), 양육 경험에 대한 주성희(2013), 임희정(2012), 다문화 가정의 이중언어 교육에 대한 김선경(2012), 유학생의 학교생활과 교실경험이 2편 다문화 자녀의 학교 생활에 대한 김라영(2012), 정지윤(2011), 유아 내러티브 발달에 대한 이옥래(2011), 유치원 교사의 다문화 교육 경험에 대한 김명숙(2010)의 연구가 있다.

내러티브 연구 박사논문들은 그 분석의 특이성들에 주목할 만하다. 이선형(2013)은 결혼이주여성의 '모성'에 대한 구술생애사를 연구하였는데, 인터뷰를 녹취한 대화 자료를 근거이론과 서사분석을 이용해 분석하고, 구술 구조형에 따른 분류와 주제에 따른 연구자의 해석적 논의를 진행하여 체계적인 분석과 깊이있는 내러티브 의미화 작업을 수행하였다. 민서정(2013)과 김민성(2012)는 각각 결혼이주여성의 양육 경험과 국제학교 초임교사의 교직적응에 대해 개인별 이야기 구성과 주제별 논의를 전개하였다. 민진영(2013)은 주제화 분석을 정교화하고 있으며, 영역분석과 분류분석을 도입하였다. 이현주(2011)은 결혼이주여성에 대한 방송 시청 후 이야기를, 방송이야기의 매체 분석의 인물, 갈등, 관계 유형을 토대로 분석하였다. 앞선 연구들이 내러티브 탐구를 지향하는 데 비해, 이정은(2010)은 담화연구 이론을 도입한 내러티브 분석에 중점을 둔 연구로서 교포2세들의 사회심리변화에 따른 내러티브 정체성에 대하여 논의하였다.

4. 개인 경험 이야기의 분석 문제
- 질적 연구의 이론적 접근과 면담 이야기에 대하여

　3장에서 살펴본 연구들은 한정적인 연구들에 불과하지만 국내의 질적
연구에서 개인 경험 이야기를 연구 수행의 도구와 자원으로 활용하는
양상들을 대략적으로 보여준다. 개인 경험 이야기는 연구하고자 하는
현상에 대한 개인의 인식이나 사회심리를 발현시키기 위한 것이며 이야
기에 대한 분석은 그 현상에 대해 설명할 수 있게 해준다. 이 때 면담을
통해 이야기를 구성하는 과정도 중요하고, 이것을 다시 분석하여 연구의
해석적 결과를 이끄는 작업 역시 중요하다. 일반 학술논문에서는 면담에
서의 이야기 구성 과정이나 이야기 분석의 방법론이나 분석 과정이 상세
하지 않은 경우가 많은데, 내러티브를 비롯하여 개인 경험 이야기의
논의를 심화시키고, 연구를 발전시키기 위해서 가장 먼저 살펴봐야 할
것이 바로 내러티브 분석의 문제일 것이다. 질적 연구에서 자료의 분석은
이야기를 의미 있는 진술로 묶거나 진술에 이름을 붙이는 작업(코딩)과
이를 광범위한 범주나 주제로 묶어 다양한 양식으로 보여주고 비교한다.
앞서 살펴본 국내의 논문들에서는 코딩 작업 후에 연구자의 이야기를
구성하면서, 개인 경험 이야기의 진술들을 인용하는 방식이 가장 많이
나타났다. 이 절에서는 경험 이야기의 이러한 수집과 분석과 관련해
질적 연구의 주요 접근들을 개관해 보고, 면담 이야기의 분석과 관련한
몇 가지 문제들에 대해 논의해 보고자 한다.
　앞서 살펴본 국내 연구들 모두 기본적으로는 면담을 통해 이야기를
구성한다는 점에서는 공통점을 갖는다. 하지만, 질적 연구에서 널리
알려진 내러티브 연구13), 현상학적 연구, 근거이론연구, 문화기술지 연

---

13) 신경림 외(2008)에서는 내러티브 탐구로 지칭하고 있으며, 이 때 내러티브는 현상(연
　구대상)인 동시에 연구 방법임을 밝힌다. '내러티브'는 연구될 구조화도니 경험을 의미

구, 사례 연구의 다섯 가지 접근들에 근거해 자료의 수집과 분석을 수행하고 있다. 이 다섯 가지 접근들에 대한 선택은 개인적 관심, 여러 초점들의 선택, 대표적인 학문적 지향의 선택 등에서 비롯되는 것이라고 할 수 있다. 각 질적 연구들의 기원을 살피면, 내러티브는 인문학과 사회학에서 기원을 찾을 수 있고, 현상학은 심리학과 철학에서, 근거이론은 사회학에서, 문화기술지는 인류학과 사회학에서, 사례 연구는 인문사회 과학과 평가 연구 같은 응용 분야에서 비롯되었다. 이중에서 특히 국내 한국어교육과 교육학에서 널리 받아들여지는 접근으로는 Clandinin과 Connelly(2000)의 교육적 견해를 받아들인 내러티브 연구를 꼽을 수 있으나, 모든 연구들은 연구자 개인에 따라 다양한 선택을 하고 있다.

질적 연구는 여러 가지 내러티브14) 자원들을 통해 하나의 이야기를 만들어가는 작업으로서, 연구자가 자료 수집과 분석의 과정들을 거쳐 이를 수행한다. 개인 경험 이야기의 분석의 문제를 논하기 위해서는 우선 질적 연구의 자료의 이러한 절차를 이해해야 한다. 따라서 우선, Cresswell(2007, 2nd)/조흥식 공역(2010)에서 소개하는 다섯 가지 접근을 자료의 수집과 분석 차원에서 살펴봄으로써 개인 경험 이야기 연구 과정에 대한 이해를 도모하겠다. 다섯 가지 모두 면담을 통해 개인 경험 이야기를 수집하지만 자료 수집 활동에서 이들 간의 유사점과 차이점을 다음과 같이 확인할 수 있다.

(6) 다섯 가지 접근의 자료 수집 활동의 차이(조흥식 공역, 2010:201)
  ㄱ. 자료의 형태
  ㄴ. 자료 수집의 단위

하고, 또한 그 연구를 위한 탐구의 형태를 의미한다.
14) 이 때의 내러티브는 경험에 대한 이야기말하기로서, 더 넓게 지칭하는 것으로서, 다섯 가지 접근법 중의 내러티브 탐구에 국한시켜 사용한 것이 아니다.

ㄷ. 현장 이슈에 대해 논의하는 양

ㄹ. 자료 수집의 침투성 정도

자료 형태면에서, 사례 연구와 내러티브의 경우 연구자는 심층 사례 혹은 이야기된 경험을 만들기 위해 여러 형태의 자료를 사용하고, 근거 이론과 현상학의 경우 연구자들은 주로 면담에 의존하며. 문화기술지 연구자들은 참여관찰과 면담의 중요성을 강조하지만, 앞서 언급한 바와 같이 다양한 정보원을 사용할 수도 있다고 한다.15) 자료 수집의 단위는 내러티브 연구자, 현상학자, 근거이론 연구자들은 개인을 연구하는데, 사례 연구의 경우 사건, 혹은 활동, 조직에 참여하는 개인들의 집단을 연구한다. 연구 현장에서 발생하는 문제(권력의 불균형, 객관성의 강제 등)에 대해서는, 문화기술지 연구자들은 광범위하게 이에 대해 작성하지만, 내러티브 연구자들은 면담을 어떻게 실행할 것인가에 더 관심을 둔다고 한다. 그리고 자료 수집에서 개인적인 내러티브, 장기간 현장에 체류하는 문화 기술지 등에 비해 현상학 연구와 근거 이론 연구는 면담의 수행이 덜 침투적이라고 한다. 수집 이후에 이와 같은 각각의 접근들이 수행하는 개인 경험 이야기 분석을 이해하기 위해 그 코딩16) 내용도 간단한 살펴보겠다.

(7) 질적 연구에서 자료 분석의 다섯 가지 접근(조흥식 공역, 2010:236-238)

　　ㄱ. 내러티브 연구: 이야기에서 연대기(출현, 사건), 플롯(인물, 장소, 문제, 행위, 해결), 공간(상호작용, 지속성, 상황), 주제

　　ㄴ. 현상학 연구: 현상의 본질에서 판단 중지 혹은 개인적 괄호 치

---

15) 질적 연구에서 실제로는 자료 혼합이 이루어지지만, 자료 수집의 이러한 패턴은 일반 적으로 받아들여진다고 한다.

16) 질적연구에서 코딩이란 자료를 의미있는 진술로 묶거나 진술에 이름을 붙이는 것을 말한다.

기, 의미 있는 진술, 의미 단위, 원문 토대의 기술, 구조적 기술

ㄷ. 근거 이론: 이론 기술이나 시각적 모델로서 개방코딩 범주화, 축코딩 범주화(인과적 조건, 중재적 맥락, 전략, 결과), 선택 코딩의 범주화(이야기 윤곽, 가설들), 조건적 메트릭스

ㄹ. 문화 기술지: 문화 공유 집단의 문화적 초상으로서 이론적 렌즈, 문화에 대한 기술, 주제에 대한 분석, 현장 이슈, 해석

ㅁ. 사례 연구: 사례에 대한 심층적 그림에서 사례 맥락, 사례 기술, 사례 내 주제 분석, 사례 간 주제 분석(유사점, 차이점) 주장과 일반화

앞서 살펴본 논문들에서 각 접근 방법들의 적용을 보면, 근거 이론과 현상학 연구는 자료 분석의 절차를 가장 상세하게 설명하고 의미 있는 진술과 의미 단위를 중심으로 범주화와 구조화(도표, 시각적 모형 등)가 행하는 데 비해, 내러티브 연구는 구조화 과정이 자세히 드러나지 않으며, 문화 기술지 연구와 사례 연구는 주제 분석이 중심을 이루고 있어 면담 내용을 진술문 형식으로 제시하거나 연구자가 구성한 이야기로 제시하는 경우가 많았다.[17] 엄격하게 이러한 절차와 방법론적 차이를 지키려고 노력하는 연구자도 있으나, 논문에 연구자가 내러티브 연구와 문화기술지, 사례 연구 등을 명확히 밝히지 않거나, 이를 밝혔음에도 불구하고 자료의 분석 과정이나 이야기의 제시 방식에 있어 차별성이 잘 드러나지 않는 경우도 있었다.

(8) 질적 사례 분석 방법에 대한 서술의 예

구체적으로 본 연구는 녹음된 자료를 모두 녹취하여 원자료화한 후 녹취록을 3~5회 읽고 행간 분석을 실시하였다. 각각의 사례에 나타난

---

[17] 연구대상자의 독백적 이야기 구성이 많지만 경우에 따라서는 면담의 대화문으로 제시되기도 한다.

부부갈등의 결정적 사건, 전개 과정, 대처 방법의 3가지 범주화를 통해 이에 관련된 주요 주제를 도출하였다. 이어서 전체 사례에서 공통적으로 나타나는 중심 주제를 범주화하였다. … 이러한 분석과정을 통하여 각 사례별로 세부적인 영역별로 개념을 유목화하여 원자료를 축약하는 코딩을 실시하였다. 다시 의미 있는 개념들을 공통된 주제별로 분류하고, 주제를 다범주화하여 명명하였다...(장은경, 2013:18)

(8)은 한 연구자가 분석 절차에 대해 정리한 것인데, 이것은 논문들에서 가장 흔하게 나타나는 분석 방법에 대한 기술의 예로서, 질적 연구 방법론에 대한 이론서의 지침을 따라 주제와 내용적 분석의 접근을 하는 일반적인 경우를 보여준다. 그런데 이렇게 연구자가 주제, 범주를 놓고 연구대상자들의 진술을 모아 이야기를 구성할 경우, 면담에서 발생한 말하기 과정에서 이야기 화자가 보여주는 국부적 정체성과 의미화들이 간과될 수 있다. 예를 들어 면담의 이야기나 연구과정에서 수집한 이야기에서 맥락을 제거하고 연구자에게 의미 있는 진술을 설명의 근거로 사용한다면, 전혀 다른 의미를 드러낼 수 있고, 특정 맥락의 국부적 의미는 사라진다. 그리고 연구대상자에게 의미 있는 진술이 연구자에게 의미 없는 진술로 간과되고 있지 않은지 검토가 필요하다. 질적 연구에서 많은 연구자들이 이야기된 '무엇'을 분석하는 데에만 집중하는데, 이야기 화자가 면담에서 '어떻게' 이야기하고 있는가를 간과하면, 이로부터 발생하는 의미를 놓칠 수 있다. 그러므로 연구자들이 현상을 보고하고 설명하는 이야기로서가 아니라, '면담 내러티브'[18)가 갖는 특성들을 이해하면서 이야기하기의 의사소통적 차원을 이해하는 것도 중요하다.

Riessman(2005)은, 이야기 화자가 경험을 내러티브화한다는 것은 과

18) 질적 연구를 수행하기 위한 방법론(내러티브 탐구)가 아니라, 면담에서 참여자들이 이야기하고, 일상대화에서 다른 사람들과 이야기하는, 특정 상황 맥락에서 이야기 말하기를 포괄적으로 의미한다.

거의 행위를 보고하는 것에 불과한 것이 아니라 개인이 이 행위를 어떻게 이해하는가를 의미하는 것임을, 내러티브 분석에서 상기시켜 준다. 즉, 이야기 화자는 자신이 말하고자 하는 전체 경험에서 일부 특징적인 장면을 선택하거나, 여기에 다른 해석적인 요소를 첨가하기도 한다. 또한 면담 과정에서 이야기는 다른 식으로 수행될 수도 있는데 이것은 화자가 청자와의 상호작용 속에서 적극적으로 선택했음을 보여주는 것이다. 면담이 하나의 의사소통적 사건이고, 이야기 화자가 특정한 시간과 장소에서 관련되어진 경험들을 특별한 목적을 염두에 두고 청중에게 들려주는 것이라면, 면담에서 어떤 표현적인 필요에 의해 이야기 화자가 이러한 내러티브를 발생시키고 있는가를 살펴봐야 할 것이다.(박용익 역 2006, 이정은 2010)

누군가가 말한 것의 의미란 단지 내용(관념적)만을 말하지 않으며, 화자와 청자의 역할(대인적)이[19] 변화하는 상황에서 어떤 식으로 이야기 되었는가(텍스트적) 역시 중요하다. 언어의 의미는 이렇게 관념적, 대인적, 텍스트적인 세 차원 모두를 통해 전달되므로 결국 내러티브 분석은 이 세 차원 모두에서 의미를 파악하고 연결하며 연구하는 작업이 되어야 한다.(Riessman, 2005) 사실, 면담에서 이야기 화자는, 이야기 내용과 진술 표현에 대해 회의를 드러내거나 확신을 표명하는 등 입장을 드러내기 위해서 서술어나 부사의 사용할 수 있고, 사건에 대해 정보를 제공하거나, 느낌을 기술하고, 사물이나 사람뿐만 아니라, 상황과 행동을 평가하고 결정에 대해 설명하며 자신을 변호하기도 한다. 따라서 다양한 표현 형식들이 내러티브에 동원될 수 있다. 더 나아가 이야기 화자의 목소리의 표현 방식, 비언어적인 표현에서도 주관적인 감정과 정서적 개입을 보여줌으로써 발화의 의미를 해석하는 데 중요한 영향을

---

19) 개인 경험으로부터 내러티브를 구성하는 데 있어서 화자뿐만 아니라 청자, 기록자, 분석가와 기록을 읽는 독자 등의 반응 역시 중요한 비중을 차지한다.

끼치기도 한다.(박용익 역 2006)

　질적 연구 분석에서 발생하는 이러한 문제들에 대해, 내러티브 탐구자 Bamberg(2007)는 질적 연구자들이 경험이나 인간의 자아(self)의 반영으로서만 내러티브를 바라보는 관점이 연구의 한계를 야기시키고 있다고 비판하며, 오히려 '말하기(talk)' 자체로서 내러티브를 연구하고 그 함축 의미들을 찾을 것을 주장한 바 있다. 즉, 그는 내러티브를 이야기 화자의 독백이 아니라 사회적 행위로서 인식하고, 내러티브가 구성되는 맥락과의 관련들에 주목하는, 새로운 접근의 내러티브 연구가[20] 수행되어야 한다고 보았다. 그는 면담의 이야기화자들이 스스로에게 말하는 것과 상호작용 속에서 해석하고 이해하는 의미들을 파악할 수 있는 대안적 모델을 찾아야 한다고 주장하면서 언어사용과 담화 차원에서 수행되는 체계적인 '내러티브 분석'의 중요성을 제기하였다. 사회언어학, 대화분석, 담화분석 등 언어 연구자들에 의해 이루어지는 내러티브 분석은 이야기를 의사소통의 산출물로서 바라보기 때문에, 내러티브의 다양한 형식과 내러티브의 산출과 이해의 과정에서 벌어지는 다층적인 차원들에 대한 정교한 분석의 성과를 이끌어 낸다.[21] 그리고 이러한 분석의 결과물들은 의사소통 과정에서 내러티브가 어떻게 만들어지는가에 대한 다른 차원의 통찰력을 보여줌으로써 인간에 대한 경험에 대한 이해의 지평도 넓혀 줄 수 있다. 그러므로 국내 질적 연구에서도 '내러티브 분석'의 가치와 역할에 대한 재인식이 필요하다.

---

20) 질적 연구의 수행 과정에서 창출되는 이야기는 '처음-중간-끝'을 제대로 갖춘 전형적인 이야기보다는 이야기의 일부 또는 조각인 경우가 많고, 구어뿐만 아니라 다른 매체를 통해 한 이야기일 수도 있으며, 내러티브를 이해하는 데 이야기 화자의 인지, 상호작용, 문화적인 차원들이 고려되어야 한다.

21) Bamberg(2007)이 '말하기(talk)자체로서 내러티브 연구'라고 지칭한 언어 연구자들의 내러티브 분석의 이론과 발전에 대해서는 저자가 이 책의 다른 장에서 기술하고 있는 '내러티브 분석의 이론 동향' 편에 상세히 논의되고 있다.

5. 남은 과제

– 개인 경험 이야기에 대한 질적 연구와 인문언어학적 연구의 전망에 대하여

지금까지 국내의 질적 연구에서 개인 경험의 이야기를 자원으로 하여 수행하고 있는 연구의 실제를 두루 살펴보고, 연구 방법이나 관점에서 보완되어야 할 문제들을 짚어보았다. 개인 경험 이야기 연구 자료로서 모아지는 학제적인 연구 성과들을 거칠게 개관하면서, 해당 전공 분야에 대한 심화된 논의를 펼치는 데는 한계가 있었다. 하지만 우리 사회에서 주목하는 현상에 대해 다양한 영역에서 어떻게 접근하고 논의하는지를 비교함으로써, 연구 관점의 차이와 공유점을 확인함으로써 경험 이야기의 학제적 연구 가치를 재확인하고, 앞으로 질적 연구에서 분야 간 협력적 연구를 모색해야 할 과제를 탐색할 수 있었다.

이주, 결혼이주여성, 외국인, 다문화 가정 등 우리 사회에 질적 변화를 대표하는 주제어를 중심으로 개인 경험 이야기가 여러 분야에서 적극적으로 논의되고 있다는 것은, 기존의 일반적인 기준이나 범주들로는 파악할 수 없고, 해결하기 어려운 문제들이 우리 사회 곳곳에 놓여 있음을 말해주는 것이다. 그런데 연구 성과들을 통해 시간이 지남에 따라 새롭게 발생하는 문제들을 확인할 수도 있었지만, 다른 한 편으로는 몇 년 전에 논의된 문제가 여전히 비슷하게 논의되고 제자리걸음을 하고 있는 것을 볼 수 있었다. 특정 분야에서 논의되었던 연구 주제들이 다른 분야에서 논의될 때 앞선 연구 성과는 공유되지 않고 여러 분야의 논의가 여전히 초기 논의에 머물고 있는 경우가 많다. 국내 질적 연구에서는 각 분야 내에서만 독자적인 연구 접근과 방법론을 공유하고 있는데, 다문화 가정과 같이 전 사회적으로 공유된 문제의 경우 학제적 교류와 협력적 연구를 통해 각기 다른 분야의 연구들도 공유되고 발전적 논의를 위한 밑거름으로 활용되어야 할 것이다. 예를 들어 다문화 부부 갈등이나 자녀 양육 경험, 자녀들의 학교생활의 적응 등의 경험은 일회적으로 경험을 기술하는 데 그치지 말고, 사회 복지, 교육, 언어교육, 정책 등 여러 분야에 경험의 목소리를 전하고 공유해야 하며, 여러 연구의 성과들을 바탕으로 문제 해결에 나서야 할 것이다.

그리고 경험 이야기의 질적 연구에서 내러티브 분석의 정교화를 위해 언어 사용과 담화 연구의 성과들이 도입되어 정밀 분석이 이루어져야 한다. 이러한 분석 체계를 기반으로 정체성 형성이나 사회적 실천으로서 의미 연구, 이야기의 사회적 행위에 대한 연구를 적극적으로 수행하되, 거시 담론의 주제적 접근이 놓치는 미시적이고 담화적인 언어 사용의 연구, 의사소통적 기능에 대한 연구가 학제적으로 심화되어야 하겠다. 특정 맥락에서 상대방과 어떻게 이야기 하는지, 어떤 상황에서 왜 이야기를 시작하는지, 이야기의 의미화가 상호작용적 맥락이나 사회 문화적 맥락과 어떻게 관련되는지 등을 탐구함으로써 다문화를 둘러싼 사회문화적 의사소통 경험에 대한 이야기의 질적 연구 성과들이 학제적으로 교류될 수 있기를 기대해 본다.

참고문헌

〈본문의 이론적 논의들〉
강현석 외 공역(2011)「내러티브 탐구를 위한 연구방법론」, 경기도: 교육과학
　　사. (원저: Clandinin(ed.), 2007, *Handbook of Narrative Inquiry Mapping a Methodology*. Sage.)
강현석·이자현 역(2005). 「브루너 교육의 문화」, 서울: 교육과학사 (원저: Bruner(1996) *The Culture of Education*, Havard University Press

김두섭 역(2010), 「질적연구방법론」, 나남. (원저: J. Mason, 1996/2002(2nd), *Qualitative Researching*. Sage Publications.

박용익 역(2006), 「이야기분석-서사적 정체성의 재구성과 서사 인터뷰의 분석을 위한 이론과 방법론」. 서울: 역락. (원저: G. Lucius-Hoene and A. Deppermann, 2004(2nd), *Rekonstruction narrativer Identitaat—Ein Areitsbuchm Zur Analyse narrativer interviews*)

소경희 외 공역(2007), 「내러티브 탐구-교육에서의 질적 연구의 경험과 사례」, 경기도:교육과학사. (원저: Clandinin and Connelly(eds.), 2000, *Narrative Inquiry: Experience and Story in Qualitative Research*. John Whiley & Sons International Rights, Inc.)

신경림 외 공저(2008), 「질적 연구방법론」, 이화여자대학교출판부.

신재영 역(2006), 「참여관찰법」. 서울: 시그마프레스. (원서: J. P. Spradley, 1980, *Participant Observation*.)

조홍식 외 공역(2011), 「질적 연구 방법론-다섯 가지 접근」, 서울:학지사. (원저: J. W. Creswell, 2007, *Qualitative Inquiry and Research Design: Choosing Among Five Approaches, Thousand Oaks*, CA: Sage)

Bamberg, M.(2006), "Stories: Big or small: Why do we care?", *Narrative inquiry*, 16-2, 139-147.

Bamberg, M.(2007) *Narrative: State of the Art*. John Benjamins.

Bruner, J.(1990), *Acts of meaning*, 99-138. Havard University Press.

Cortazzi, M.(2001), Narrative Analysis in Ethnography, in Atkinson, Coffey, Delamont, Lofland and Lofland. *Handbook of Ethnography*, 384-394. SAGE.

Freeman, M.(2003), Identity and difference in narrative interaction, a commentary, *Narrative Inquiry* 13-2, 331-346.

Linde(1993), *Life story*, Oxford University Press.

Polkinghorne, D. E.(1988), *Narrative Knowing and Human Sciences*, State of University New York Press. (한국어판: 강현석 외 공역, 2010, 「내러티브, 인문과학을 만나다」, 서울:학지사.)

Riessman, C. K.(1993). *Narrative Analysis*, SAGE. (한국어판: 김원옥 외 공역,

2005, 「내러티브 분석」, 서울:군자출판사.)

〈질적 연구 학위논문〉
공수연(2009), 「결혼이주여성과 배우자의 적응과정에 대한 질적 연구」. 인하대
　　학교 석사학위논문.
곽계요(2013), 「중국인 사무직 근로자들의 다문화 일터 학습에 관한 질적 사례
　　연구 : 중국에 진출한 한국기업을 중심으로」. 연세대학교 석사학위논문.
권미경(2006), 「다문화사회의 교육문화 과제 탐색 : 여성결혼이민자의 체험에
　　관한 질적 연구」. 동아대학교 박사학위논문.
권주영(2010), 「내러티브 탐구를 통한 한국어 교실 경험 연구 : 러시아어권
　　학습자를 대상으로」. 한국외국어대학교석사학위논문.
김난수(2013), 「결혼이주여성 적응과정 경험에 관한 현상학적 연구 : 국제결혼
　　중개업체를 통해 한국남성과 결혼한 이주여성을 중심으로」. 숭실대학교
　　사회복지대학원 석사학위논문.
김명숙(2010), 「유치원 교사들의 다문화교육 경험에 대한 내러티브 탐구」. 전
　　북대학교 교육대학원 석사학위논문.
김민성(2012), 「국제학교 초임교사의 교직적응 경험에 대한 내러티브 탐구 :
　　한국어 교사를 중심으로」. 연세대학교 박사학위논문.
김선경(2012), 「다문화 가정 학생의 이중언어 교육 경험에 관한 내러티브 탐구」.
　　전북대학교 석사학위논문.
김은주(2009), 「다문화가정 자녀의 어린이집 생활에 관한 질적 연구」. 공주대
　　학교 석사학위논문.
김정민(2013), 「중도입국 다문화가정 청소년의 다문화 대안학교 학습경험 탐
　　색」. 단국대학교 박사학위논문.
민서정(2013), 「연애결혼 이민자 여성의 양육경험에 관한 내러티브 탐구」. 숙
　　명여자대학교 박사학위논문.
민진영(2013), 「외국인 유학생의 대학원 학업 적응에 관한 내러티브 탐구」.
　　연세대학교 박사학위논문.
바타르자우 뭉흐자르갈(2011), 「한국 남성과 연애결혼한 몽골 여성들의 한국

문화 적응 경험에 관한 연구」. 숭실대학교 석사학위논문.

박미정(2011), 「결혼이주여성 이혼 경험 연구」. 성균관대학교 박사학위논문.

박현숙(2012), 「결혼 이민 여성의 모어 육아 및 가정 내 이중언어 교육에 관한
질적 연구」. 이화여자대학교 교육대학원 석사학위논문.

박홍주(2009), 「이주여성 가사노동자의 경험을 통해 본 돌봄노동의 의미구성
과 변화」. 이화여자대학교 박사학위논문.

봉진영(2011), 「다문화 가정 어머니의 자녀양육과 교사의 교육경험에 대한 탐
구」. 성신여자대학교 박사학위논문.

왕천(2010), 「한국 남성과 연애 결혼한 중국여성의 가족 갈등에 관한 연구」.
한국외국어대학교 국제지역대학원 석사학위논문.

유영은(2007), 「결혼이주여성의 생활문화적응에 관한 사례연구와 지원방안 :
경기도 북부지역을 중심으로」. 명지대학교 석사학위논문.

윤구원(2011), 「여성결혼이민자의 한국생활 적응 경험에 관한 연구」. 서울기독
대학교 박사학위논문.

윤란(2012), 「다문화 가정 어머니의 장애자녀 양육 경험에 대한 질적 접근」.
강남대학교 석사학위논문.

이선애(2013), 「자녀를 초등학교에 보낼 때 중소도시 다문화가정 어머니가 겪
는 경험에 대한 질적 연구」. 경상대학교 석사학위논문.

이선형(2013), 「한국 결혼이주여성의 모성과 정체성 : 구술생애사 분석을 중심
으로」. 서울대학교 박사학위논문.

이승민(2013), 「다문화 여성의 초등학생 자녀 양육 경험에 관한 질적 연구 :
상생과 행복을 위한 감인대의 삶」. 위덕대학교 박사학위논문.

이영희(2010),「국제결혼 한국남성의 결혼적응과정에 관한 질적 연구 : 경북지
역을 중심으로」. 대구대학교 박사학위논문.

이윤실(2009), 「다문화가정과 일반가정 유아의 상상적 내러티브 구조 및 주제」.
한국교원대학교 석사학위논문.

이정은(2010), 「교포의 내러티브 정체성 연구영어권 교포2세의 면담의 내러티
브 분석」. 연세대학교 박사학위논문.

이현주(2011), 「한국 텔레비전의 결혼이주여성 재현에 관한 연구 : <러브 인 아시

아>, <인간극장> 내러티브 분석을 중심으로」. 계명대학교 박사학위논문.

임현숙(2009), 「결혼이주 여성의 임신·출산을 통한 삶의 전환 체험」. 이화여자
    대학교 박사학위논문.

임희정(2012), 「다문화가정 아버지의 자녀양육 경험에 대한 내러티브 탐구 :
    베트남 결혼이주여성의 가정을 중심으로」. 부경대학교 석사학위논문.

잉히볼드 차츠랄(Enkhbold, Tsatsral)(2011), 「몽골 결혼이주여성의 삶에 대한
    내러티브 탐구」. 경북대학교 석사학위논문.

장은경(2013), 「다문화가정 남편의 부부갈등 경험에 대한 질적사례 연구」. 한
    북대학교 석사학위논문.

전은희(2012), 「국제결혼가정 아이들의 차이와 가시화에 대한 질적 연구 : 중소
    도시 초등학교 사례를 중심으로」. 서울대학교 박사학위논문.

정예리(2011), 「해체가족 여성결혼이민자와 그 자녀의 삶 : 필리핀 여성을 중심
    으로」. 중앙대학교 박사학위논문.

주성희(2013), 「다문화가정 어머니의 삶과 장애자녀 양육경험에 대한 내러티
    브 탐구」. 창원대학교 석사학위논문.

최란주(2010), 「결혼이주여성의 생애사 연구」. 계명대학교 석사학위논문.

최지영(2013), 「다문화가정 한국인 남편의 부부갈등 경험과정에 관한 질적 연
    구」. 충남대학교 박사학위논문.

프라스키니 니콜라(Fraschini, Nicola)(2012), 「한국어 비원어민 교사 정체성
    연구」, 고려대학교 대학원 박사학위논문.

한상영(2011), 「다문화가정 여성의 자녀 양육경험」. 중앙대학교 박사학위논문.

한정심(2010), 「여성결혼이민자의 학습경험에 대한 생애사 연구 : 울산광역시
    베트남 여성결혼이민자를 중심으로」. 부산대학교 석사학위논문.

한정애(2009), 「다문화가정 초등학생의 학교적응과정 분석」. 경성대학교 박사
    학위논문.

황연순(2009), 「여성 결혼이민자의 사회문화적응을 위한 평생학습 사례연구」.
    아주대학교 석사학위논문.

한국어교육에서의 내러티브 연구 동향과 상호 소통의
한국어교육 실천 가능성

한송화

1. 내러티브와 서사, 그리고 이야기

일반적으로 내러티브라고 하면, 아리스토텔레스 이후 서양의 서사 (narrative) 이론에서는 오랫동안 문학적 서사만을 서사로 간주해 왔으며 현대의 서사학에서도 초기에는 과거와 마찬가지로 좁은 의미인 문학적 서사만을 서사로 간주해 왔다. 그러나 현대에 이르러서는 내러티브를 Roland Barthes(1966)가 제시하는 바와 같이 '이야기를 제시하는 모든 것'이며, 인간의 한 부분을 이루는 것으로 본다. Roland Barthes(1966)에 따르면, 내러티브는 인간의 한 부분을 이루고 있으며, 인간 사회 어디에 나 시간과 장소 불문하고 항상 존재하며 그 형태와 구조가 가변적이고 다양하며, 인간은 의미와 그 표현으로 구성된 내러티브의 세계를 떠나서 는 살 수 없다고 하였다.

내러티브는 종종 '이야기'라고도 하는데, 박용익(2006:144-145)에서 는 '이야기'를 인간의 가장 원초적이고 보편적이며 또한 가장 널리 수행되는 의사소통의 유형 가운데 하나라고 하면서, 이야기가 흔히 내러티브, 구술사, 또는 서사라고도 불린다고 하였다. 이와 같이 박용익(2006)에서는 '이야기'란 통시적인 형식을 갖춘 언어적 표현 형태로서, 이야기를 하고 있는 시점 이전에 있었던 실제 또는 허구의 행위나 사건의 진행 과정을 담화 형식으로 재구성한 것으로 보고 있다.

'이야기'와 '내러티브'를 분리하기도 하는데, 서사학에서는 내러티브를 이야기(story)와 담화(discourse)로 구분하는 것이 보편적으로 채택되어 온 구분 방법이었다. Chatman(1978:9)에서도 내러티브의 '무엇'에 해당하는 부분을 이야기로, '어떻게'에 해당하는 부분을 '담화'로 정의하였다.(김정희, 2010:13. 재인용) 또 Cobley(2001, 윤혜준 역 2013:16)에서도 '이야기'란 묘사되는 총합이며, '내러티브'는 사건들을 보여주거나 말해주는 행위이자 이를 선택한 방식이라고 하여 하나의 '이야기'가 다양한 '내러티브'를 가질 수 있다고 하였다. 이러한 논의에서는 내용인 이야기와 표현 방식을 분리하고 이들 내용과 표현 방식을 모두 아우르는 것을 내러티브로 보고 있다.

특히 내러티브를 질적 연구방법의 하나로 받아들이는 연구자들은 이야기와 내러티브를 구분하여 사용하려고 한다. Connelly & Clandinin(1990:2)은 '이야기'는 구체적이고 일시적인 사건을 담고 있는 일화나 에피소드를 의미하며, '내러티브'는 보편성을 띠며 오랜 시간 동안 지속적으로 일어나는 구조화 가능한 형태의 의미 적재된 사건이나 발화를 가리킨다고 하였다(이승은, 2011:181. 재인용). Rankin(2002)에서는 내러티브를 이야기 혹은 결과물(product)로서의 내러티브와 사고 양상으로서의 내러티브, 소통으로서의 내러티브를 나누어 설명하고 있다[1]. 박민정(2006)

---

[1] 박민정(2006:35)에서는 이와 같은 세 가지의 내러티브는 내러티브를 서로 다른 방식으로 정의하고 있다기보다는 내러티브의 개념을 각기 강조점을 달리하여 설명하고 있는 것으로 보아야 할 것이라고 하면서, 내러티브 사고 양상을 통하여 이야기가 구성되며

에서는 내러티브의 개념을 단순히 이야기를 만드는 과정이나 그 과정의 결과물인 이야기를 언급하는 제한적 의미를 넘어서 내러티브를 생산하고 이해하고 해석하는 일, 그리고 내러티브 작품을 매개로 이루어지는 다양한 의식들 사이의 소통의 차원을 포괄적으로 검토해야 내러티브 개념에 대한 이해의 폭을 넓힐 수 있을 것이라고 하였다.

지금까지 보아 온 바와 같이 내러티브는 시간적 순서를 가진 일련의 이야기와 사건뿐만이 아니라 그것이 이야기되고 표현되는 방식, 그리고 그것이 수용되고 해석되는 방식까지를 말한다. 즉 내러티브란 사건의 진행 과정을 담화 형식으로 재구한 언어적 결과물과 함께 이들을 생산하고 이해하고 해석하는 다양한 사고 과정과 소통 과정까지를 아우르는 것이라고 할 수 있다. 그리고 인간은 내러티브를 통해 타인을 이해하고 내러티브를 통해 타인에게 자신을 전달하고, 이 세상을 배워 나가는 과정에서도 내러티브의 형태로 된 세계를 수용하고 학습해 나간다.

따라서 내러티브의 연구에서는 결과물로서의 내러티브만이 아니라 내러티브의 생산되는 방식과 수용되는 방식, 화자에 의해 생산되는 내러티브뿐만이 아니라 내러티브에서의 독자 혹은 청자의 역할과 화청자의 맥락적 공조 등에 모두 관심을 가진다. 이러한 내러티브에 대한 연구는 최근 문학, 역사학, 인류학, 예술, 신학, 철학, 언어학, 교육학 등 다양한 분야에서 활발히 이루어지고 있다. 특히 교육학에서 내러티브 관련 연구에 관심을 가지게 되면서 한국어 교육에서도 이와 관련한 다양한 측면의 연구물이 나오고 있다.

한국어교육에서도 내러티브를 서사, 이야기, 내러티브 등의 용어로

내러티브 사고 양상으로 수반된 이야기를 매개로 저자, 이야기 청중의 커뮤니케이션이 일어나며 세발자전거의 세 바퀴가 함께 굴러 갈 때 세발자전거가 작동하는 것처럼 이 세 가지 측면을 동시에 고려할 때 내러티브의 본질을 이해할 수 있을 것이라고 하고 있다.

언급하면서 다양한 연구들이 나오고 있다. '서사, 이야기'라는 용어는 일정한 구조를 가지는 시간적 순서에 의한 사건의 기술로 이루어진 결과물로서의 내러티브와 또 교수 학습의 소재로서의 내러티브를 언급할 때 사용하곤 했다. 또 '이야기하기' 또는 '스토리텔링'이라는 용어는 결과물과 교수 학습의 소재로서의 내러티브만이 아니라 이야기를 하는 행위와 소통에 초점을 둔 소통으로서의 내러티브를 언급할 때 사용하곤 했다. 그리고 사고 양식의 내러티브로서 연구 방법의 하나를 언급하거나, 교수 학습 방법으로서의 내러티브를 언급할 때는 '내러티브'라는 용어를 사용했다. 그러나 이들은 모두 본질적으로 동일한 것이며 각기 강조점이 다른 것이다. 따라서 이 글에서는 '서사, 이야기, 내러티브'라는 용어로 언급된 한국어교육에서의 연구물을 내러티브가 가지는 다양한 측면인 보편성, 담화, 문화, 경험이라는 키워드를 중심으로 각각 살펴보고자 한다. 그리고 한국어교육에서의 이러한 연구물들이 가지는 위치와 앞으로 한국어교육에 주는 시사점, 그리고 앞으로의 연구 전망과 학습자 중심의 상호 소통의 한국어교육에서의 실천 가능성에 대해 제안하고자 한다.

2. 내러티브와 한국어 교육

한국어교육에서 내러티브 연구는 '서사' 혹은 '이야기'에 대한 연구로 2000년대부터 나타나기 시작한다. 초기의 내러티브 연구는 주로 언어 습득 연구를 위해 학습자가 생산한 이야기나 서사 담화를 분석하거나 외국어로서의 한국어 교육에서 문학이나 문화 교육의 한 방편으로 서사를 활용한 교육이 주를 이루었다. 그리고 2000년대 중반에 들어오면서 이야기 능력이 언어 능력임을 강조하면서 '스토리텔링'이라는 용어와 함께 이를 교육적으로 활용하고자 한 연구들이 많이 나타났는데, 이와 관련한 연구는 2010년 이후 지금까지 지속적으로 활발하게 나오고 있다. 그리고 2010년 이후 한국어 학습자의 경험과 사고과정으로서의 내러티브에 주목하여 '내러티브' 내용을 탐구한다든지, 질적 연구 방법론의 하나로 '내러티브 탐구 방법론'을 사용하여 한국어 학습자를 탐구하는 연구들이 나오게 된다. 이러한 한국어 교육에서의 논의들을 상세히 살펴보도록 하겠다.

2.1. 이야기 담화 분석과 언어 습득

2000년대에 들어와 한국어교육에서는 학습자가 생산한 이야기 혹은 서사(narrative) 담화를 분석하여 학습자의 언어 학습 발달이나 습득을 연구하고 이를 한국어 교육에 활용하고자 하는 연구들이 나타났다[2]. 이러한 연구들에서는 한국어 학습자의 중간언어로서의 이야기 혹은 서사 담화의 특징을 파악함으로써 한국어 학습자의 언어 학습 및 습득 양상에 대한 시사점을 얻고 나아가 목표어인 한국어 담화에 근접하기 위한 교육적 접근 방법을 모색하고자 하였다.

한국어교육에서 이야기 혹은 서사 담화 분석은 중간언어 담화 가설 (Interlanguage Discourse Hypothesis)[3]의 검증을 위해 서사 담화에서의

---

2) 이하 이와 관련한 연구와 관련된 논의를 할 때는 연구자들이 선택한 용어를 존중하여 '내러티브'라는 용어를 사용하지 않고 '서사' 혹은 '이야기'라는 용어를 사용하도록 하겠다.

3) 담화가설(Discourse Hypothesis)은 서사 담화 구조에 나타나는 전경과 배경을 구분하기 위하여 시제상을 다르게 사용하는 것이 일반적 현상인데, 순차성을 가지는 전경의 사건들은 주로 과거시제로 표시되고, 배경은 과거완료, 과거, 현재, 미래, 미래완료 등 다양한 시제로 표시된다는 것이다. 그리고 제2언어 학습자의 경우, 이러한 보편적 서사 구조의 특성으로 인해 전경의 과거시제, 배경의 현재시제와 진행상을 먼저 사용할 것으로 예측된다는 것이다.

시제상 형태소 사용 양상4)을 분석한 연구들과 중간언어적 관점에서 한국어 학습자가 산출한 이야기 담화를 분석한 연구, 그리고 한국어 학습자의 이야기 구술 능력을 분석한 연구들이 있었다.

먼저 중간언어 담화 가설을 검증하기 위해 한국어 학습자가 생산한 서사 담화를 분석한 논문들에서는 '내러티브'라는 용어보다는 '서사 담화'라는 용어를 선택하고 있다. 왜냐하면 이들 논문에서는 묘사(description)와 대립되는 개념으로서의 '서사(narrative)'라는 용어가 지닌 '시간적 흐름과 사건의 진행'과 시제상의 상관관계를 보고자 했기 때문이다. 이와 같이 제2언어 습득과 관련하여 시제상 형태소의 사용 양상과 서사 구조(narrative structure)와의 연관성을 다룬 논의로는 박선희(2010, 2011), 박수진(2010, 2012), 전탁(2012, 2013), 최은정(2011), 심은지(2011), 김지혜(2011) 등의 논의가 있다.

박선희(2011)에서는 중국인 한국어 학습자의 서사 담화를 분석하였는데, 한국어의 구조적 특성으로 서구어와는 다소 다른 정보 구조를 가질 수는 있으나, 학습자의 서사 담화 분석 결과 담화분석 가설과 일치하는 결과가 나타났으며, 학습자의 숙달도에 따른 차이는 나타나지 않았음을 밝히고 있다. 박수진(2010, 2012)에서는 모어 화자와 한국어 학습자의 서사 담화를 비개인적 서사(Impersonal narratives)와 개인적 서사(Personal narratives)로 구분하여, 각각에서 정보 구조와 이야기 구조를 비교하고, 한국어 학습자가 모어 화자에 비해 시제 전환을 통한 서술자의 의도와 정보의 지위를 표현하지 못하고 있다고 하였다. 전탁(2012, 2013)에서도 개인적 서사와 비개인적 서사에서의 중국인 학습자의 시제상의 사용 양상을 살폈는데, 이에서는 학습자의 한국어 숙달도가 높아질수록 서사에서의 시상 사용 양상이 담화 가설에 부합하고 있었다고 하였다.

---

4) 이들 논문들에서 '시제상'이라는 용어를 선택함은 한국어에서 '시제'와 '시상'을 합한 모든 형태소의 사용 양상을 살피고 있기 때문이다.

최은정(2011, 2012)에서는 이야기 다시 쓰기 과제를 통해 일본인 한국어 학습자와 한국어 모어 화자의 서사 담화에서의 담화 구성과 시제 사용 양상을 살펴보았는데, 학습자들은 전경과 배경을 구분하기 위해 시제의 사용에 차이를 보였으며 숙달도에 따른 차이는 나타나지 않았다고 하였다. 심은지(2011)에서는 기존 담화구조가설 연구가 주로 서사 담화 내에서도 이야기 재구성 방식의 유도된 담화 맥락에서만 논의를 진행하였다고 비판하면서, 일기와 기행문이라는 다른 서사 장르에서의 시제의 사용 양상을 살피고 있는데, 한국어 학습자와 모어 화자의 쓰기 담화에서 양자 모두 담화구조가설에 부합했으며, 숙달도나 장르 간 차이는 나타나지 않았다고 하였다.

다음은 '이야기'라는 용어를 선택하여 한국어 학습자의 한국어 습득 양상을 고찰한 연구들이 있다. 이들 연구에서 '이야기'라는 용어를 선택하고 '이야기' 담화 자료를 연구 대상으로 삼은 것은, '이야기'가 '대화'와는 달리 화자가 혼자 화제를 지속하고 전환, 마무리하여 담화 전체의 일관성을 유지하는 노력을 보이는 담화 유형이기 때문에 학습자의 문법성과 담화의 일관성, 결속성 등을 적절히 살필 수 있기 때문이었다. 이와 같은 목적으로 이야기 담화를 분석한 논의로는 오대환(2001)[5], 박신영(2003), 정보영(2004), 한혜미(2005), 박신영(2003), 이석란 외(2012) 등이 있다.

오대환(2001)은 문어와 구어 이야기에서의 정도성의 차이를 논의한 연구로 학습자가 시차를 두고 생산하는 이야기가 좀 더 글말적 특성을 가지게 되어 더 맥락 분리적이고 텍스트 통합적인 노력을 하고 있다고 하였다. 그리고 이야기가 반복되면 텍스트 내적 통합성을 띠는 이야기가 되어 더 계획적이고 전체 내용 중심의 서술이 이루어진다고 하였다. 정보영(2004)에서는 모어 화자와 한국어 학습자의 이야기 담화를 분석

---

5) 오대환(2001)에서는 '이야기'라는 용어가 아닌 '내러티브'라는 용어를 선택하여 논의하고 있다.

하였는데, 학습자들이 모어 화자와 동일하게 조사 선택과 담화 제약을 잘 이해하고 있었으며, 이야기 전체의 일관성과 통일성에 기여할 수 있도록 담화 화제를 표시하고 있었으나, 모어 화자와 달리 화제 연속성의 인식 정도는 약했다고 하였다. 한혜미(2005)에서도 이야기 담화에서 한국어 학습자의 담화 표지 사용 양상을 살폈는데, 한국어 학습자는 모어 화자에 비해 담화 표지를 더 많이 사용하기는 하지만, 담화 표지를 적절하고 다양하게 사용하지 못하고 있었다고 하였다.

박신영(2003)에서는 아동의 언어습득과 관련하여, 한국어와 영어의 이중언어 사용 아동의 이야기 담화에서의 문법 사용 양상을 살폈는데, 단일언어 사용 아동에 비해 이중언어 사용 아동의 조사와 어미 산출 빈도와 다양성이 모두 낮게 나타났으며, 오류율이 훨씬 높았다고 하였다. 이석란 외(2012)도 이중언어 사용 아동의 언어 습득을 연구하였는데, 한국 아동과 베트남 이주노동자 자녀가 산출한 이야기 담화의 구조적 복합도, 문장 확대, 담화적 응집도, 통사적 오류를 분석하여, 이주노동자 자녀가 한국 아동에 비해 숙달도가 다소 낮았고, 이주노동자 집단 내에서는 독서량이 숙달도와 상관관계가 있음을 밝혔다.

다음으로는 학습자의 이야기 구술 즉 스토리텔링 담화를 분석한 연구들이 있다. 이러한 논의에서는 기존의 '이야기'가 아닌 '이야기 구술' 혹은 '스토리텔링'이라는 용어를 선택하여 논의하고 있는데, 이는 '이야기'의 사건의 순서에 따른 진행 방식과 '구술, 이야기하기'의 언어 능력적 측면을 강조하기 위해 이러한 용어를 선택하고 있다. 따라서 이들 논의에서는 학습자의 이야기 담화를 분석함으로써 학습자의 이야기 담화 구성 능력을 살피는 것을 목적으로 하고 있다. 이와 같이 스토리텔링 담화 자료를 분석한 연구로는 신동일 외(2008), 지현숙(2008), 지현숙 외(2012), 김지혜(2011, 2012) 등이 있다.

먼저 신동일 외(2008)은 스토리텔링 과업을 이용하여 한국어와 영어의 스토리텔링 구사 능력의 상호 상관성을 탐색하였는데, 스토리텔링 구사 능력이 제1언어든 제2언어든 의식적인 교육에 영향을 받는다는 점을 밝혔다. 지현숙(2008)에서는 고급 학습자 대상의 개인적 이야기 구술과 동화 구술을 분석하였는데, 한국어 고급 학습자들이 숙달도에 비해 이야기 구술 능력이 부족하며, 이야기를 구조화하거나 인물이나 상황을 구체적으로 묘사하거나 비유법을 사용하는 능력이 낮고 이야기의 내용에 대한 평가나 문화적 표현 능력이 부재하다고 하였다. 그리고 지현숙 외(2012)에서는 경험 이야기와 이야기 만들기의 두 이야기 구술 과제에서의 구어 수행 능력을 분석하여 두 스토리텔링 담화의 차이를 밝히고 있다. 김지혜(2011)에서도 한국어 학습자의 스토리텔링 자료를 분석하여 한국어 학습자의 이야기 구조의 특징과 이야기 구성상의 문제점, 숙달도에 따른 이야기 구성 능력의 차이를 살피고 있다. 그리고 김지혜(2012)에서는 한국어 학습자의 과제별 이야기 구성 능력의 차이를 알아보기 위해 세 가지의 다른 스토리텔링 과제를 선정하여 이들의 이야기 구성 능력과 결속성, 일관성 등을 살피고, 다른 과제에 비해 이야기 창작하기 과제가 학습자들에게는 수행하기 어려운 과제임을 밝혔다.

지금까지 살펴본 바와 같이 한국어교육에서의 내러티브 담화 분석은 학습자의 중간언어와 언어 습득 양상의 고찰, 그리고 담화 분석을 통한 한국어 교육에의 적용과 활용 가능성을 위해 이루어졌다. 그러나 내러티브 담화 분석이 묘사나 대화와는 대립적 개념으로서의 서사, 이야기의 담화 분석에 그쳐, 좁은 의미의 내러티브 담화를 분석에 한정되어 있다. 또한 학습자의 언어 능력을 파악하기 위해 내러티브 담화 분석을 함에 있어서, 문법이나 담화 표지, 이야기 구조 등 다양한 분석 기준에 따라

분석하고 있기는 하나 아직까지는 학습자의 지엽적인 언어 능력만을
살피고 있으며 학습자의 전반적인 이야기 구성 능력과 담화 구성 능력,
학습자 내러티브의 담화적 특성의 파악에는 한계를 드러내고 있다. 그리
고 내러티브 담화 분석이 아직까지는 모어 화자와의 비교 분석에만 그치
고 있으며, 모어 화자와의 담화적 차이의 원인 규명이나 이들의 교육적
활용과 관련한 연구는 아직 활발히 이루어지지 않고 있다.

2.2. 내러티브의 보편성과 언어 학습

내러티브나 이야기를 언급할 때 항상 빠지지 않고 언급되는 것은 서사
혹은 내러티브의 보편편재성이다. 즉 인간이 다른 사람과의 교류에 있어
서 가장 먼저 접하는 것이 이야기이고 이야기의 방식은 도처에 산재해
있다는 것이다. 그리고 이야기에는 보편적으로 존재하는 전형적인 구조
가 있다. Carrell(1984)에 따르면, 텍스트들은 각기 나름의 관습적 구조를
가지는데 ESL/EFL 독자들은 이러한 이야기 구조에 대한 스키마가 있으
며 이야기를 이해할 때 이러한 이야기 구조를 이용한다는 것이다. 한국어
교육에서도 이야기, 혹은 서사가 가지는 보편적인 이야기 문법(story
grammar)[6]이라는 구조적 패턴을 한국어 교수학습에 활용하고자 하는
연구들이 있다. 이러한 연구들로는 이승희(2005), 오지혜(2008), 신필여
(2010), 윤영(2008, 2011) 등이 있다.

먼저 이승희(2005)에서는 이야기가 배경, 계기가 되는 사건, 내적 갈
등, 시도, 결과, 반응의 6범주로 이루어져 있다는 Stein and Glan의 이야기
문법에 근거해 한국어 교재에 수록된 이야기를 분석하여 그 구조를 순차
구조와 인과 구조, 복합 구조로 나누고 학습자의 이야기 형식 스키마를

---

6) 다양한 이야기에는 구조적으로 전형적인 유형이 존재하는데 이러한 이야기의 구조적
   특성을 이야기 문법이라고 한다.

활성화할 수 있는 전략을 제시하고 있다. 그리고 이러한 전략을 활용한 교수 방안을 적용한 후 실험을 통해 그 효용성을 검증하였다. 오지혜(2008)에서는 이야기 문법을 활용한 쓰기 교육을 제안하고 있다. 이에 따르면 이야기 문법 구조를 담화 분석의 틀로 하여 한국어 학습자들의 이야기 담화 구조를 분석하여7), 한국어 학습기간이 2년 이상인 학습자와 1년 이하의 학습자 간에 담화 구성 형태 및 특성에 있어서 확연한 차이를 보이고 있었음을 밝혔으며, 이를 바탕으로 이야기 쓰기 교육의 원리를 선택성, 조직성, 추론 및 정교화의 세 가지 측면에서 제시하였다. 신필여(2010)에서도 이야기의 구조가 읽기 교육에 중요한 역할을 한다는 기본 전제를 기반으로, 서사적 텍스트를 제재로 하여 이야기 문법을 기반으로 한 이야기 조직자를 활용하여 읽기 수업을 하는 방안을 제안하고 있다8). 윤영(2008, 2011)에서는 영화와 소설의 공통의 서사 구조인 이야기 요소와 담론 요소를 실제 수업에서 활용할 수 있는 방안을 제시하고 한국어 교육에 활용할 소설과 영화 목록을 제시하고 이의 교수 학습 방법을 제안하고 있다.

지금까지 보아 온 바와 같이 이들 연구들은 이야기가 가지는 보편적 구조 즉 이야기 문법이 쓰기나 읽기 등의 이야기 생산이나 이해에 효율적임을 주장하고 이를 활용한 수업 방안의 제시나 수업의 효용성을 검증하고자 했다.

---

7) 이에서 분석한 것은 ①이야기 내의 일화 및 사건 수, ②이야기 문법 구조의 체계성, ③각각의 일화 내의 구조, ④ 일화 또는 사건들 간의 연결 관계의 네 가지 측면을 분석하고 있다.

8) 이에서 서사적 텍스트를 제재로 삼음은 서사적 텍스트가 독자가 공유하고 있는 세상 지식에 호소하기에 다른 텍스트의 유형보다 이해하고 생각해 내기 쉽기 때문이라고 하였다.

2.3. 이야기하기와 언어 능력

앞서도 설명했듯이 인간의 교류 방식 중 가장 먼저 접하는 것이 이야기이다. 즉 인간은 이야기하는 존재이고 모든 인간은 이야기하는 능력을 가지고 있으며, 이야기는 모든 사회의 모든 층위에서 다양한 형태로 존재한다. 인간은 자신의 느낌, 생각, 감정, 지식을 타인에게 '이야기'하는데 이러한 이야기하기는 문자가 생기기 이전부터 누구나 즐기던 문화 행위였다. 이러한 '이야기하기' 능력은 언어를 도구로 하여 의사소통하는 인간만이 가진 독특하고 탁월한 능력이며 이야기하기 능력의 발달은 곧 언어 능력의 발달이 된다. 이야기하기 즉 스토리텔링의 외국어 학습에서의 효용성에 대해서 G. Ellis & Brewster(1991)에서는 외국어와 외국어 학습에 대한 흥미와 긍정적 태도에 도움을 주며, 사회적 경험을 공유하게 하고, 다양한 언어에 노출시킴으로써 언어 능력을 풍부하게 하고 사고의 폭을 넓혀준다고 하였다9).

한국어 교육에서도 이러한 스토리텔링의 언어교육에서의 효용성을 토대로 말하기나 쓰기, 혹은 문법 능력 등 언어 능력의 향상을 위한 스토리텔링 활용 방안을 제안한 논문들이 있다. 이러한 연구로는 이인화 (2007), 김성지(2010), 곽새롬(2012), 문란희(2013), 김지혜(2010), 이채 원(2011) 등이 있다.

---

9) 스토리텔링이란 등장인물과 배경이 있는 어떤 사건을 시간의 흐름에 따라 진술하는 방식을 말한다. 이야기의 내용이 되는 부분을 '스토리'라고 할 수 있으며 사건을 진술하는 형식을 '텔링' 즉 담화라고 할 수 있다. 따라서 스토리텔링은 스토리와 담화, 그리고 스토리가 담화로 변해가는 과정까지를 모두 포함하는 개념이다. 이렇게 보면 내러티브 (narrative)를 서사와 담론으로 구분하였던 것과 유사하다고도 볼 수 있다. 그리고 스토리텔링에서는 청자, 그리고 다양한 매체를 통한 이야기하기 방식의 변화 등도 모두 포괄하고 있다. 지현숙(2008:348)에서는 스토리텔링을 '이야기 구술'로 번역하고 이를 '인간이 가지고 있는 생각, 느낌, 감정 등을 구어로 전달하는 의사소통 방식'이라고 정의하였다. 이야기 구술이란 구조를 가진 이야기이자 내용을 가진 이야기를 청자에게 전달하는 구어의 한 형태라고 보았다.

이인화(2007)에서는 스토리텔링이 통합적 언어 능력의 향상에 효율적임을 강조하면서 이를 활용한 수업 모형과 수업 자료의 제작 원리를 소개하고 이를 실제 수업에 적용하고 평가하고 있다. 김성지(2010)에서는 한국어 모국어 화자와 한국어 학습자의 이야기 구성을 비교하여 그 특징을 살펴보고 스토리텔링을 활용한 수업이 한국어 학습자의 이야기 구성 능력 향상에 미치는 영향을 분석하고 있다. 곽새롬(2012)에서도 스토리텔링을 활용한 새로운 말하기 교육 방안을 모색하여 한국어교육에 도입했으며 유창성과 이야기 구성력에서의 효과를 입증하고 있다. 그리고 문란희(2013)에서도 스토리텔링 프로그램 활동을 통하여 다문화 가정 아동의 이야기 구성능력 발달에 미치는 영향을 살펴보았는데, 실험 결과 이야기 구조화와 평균 발화길이 등에서 의미 있는 향상이 있었다고 보고하였다.

이와 같이 스토리텔링이 언어 능력 특히 말하기 능력의 신장에 효과적임을 주장하거나 입증하는 논문 외에도 문법 활용 능력의 신장에도 효과적임을 보여 주는 논문이 있다. 그 하나로 김지혜(2010)에서는 간접 인용 표현과 같은 문법 항목을 자신이 경험한 일을 보다 생동감 있게 전달하기 위한 전략으로 사용하기 위해서는 전체 이야기 구조 안에서 이 문법 항목을 적절히 사용하는 연습이 꼭 필요한데, 스토리텔링을 활용하여 간접 인용 표현에 대한 다양한 연습 활동 및 의사소통과제를 제시할 수 있다고 하였다. 또 이채원(2011)에서는 스토리텔링을 통한 문법 교육의 학습 효과를 가정하고 기존 한국어교재의 분석, 기타 스토리텔링을 활용한 교육용 교재를 분석하여 스토리텔링을 구현한 문법 교재 개발 방안을 제안하고 있다.

그리고 언어 능력의 향상을 위한 스토리텔링의 소재로서 전래동화, 문학 작품, 광고 등을 활용하여 이를 교육에 적용시킨 연구들이 있는데,

전소현(2011), 서평(2012), 장용수(2009, 2012ㄱ, 2012ㄴ), 오은엽(2013), 유경희(2010), 유현정(2011), 강현주(2012) 등의 연구가 이러한 연구들이다. 전소현(2011)에서는 스토리텔링이 듣기와 말하기 능력 향상에 효율적임을 주장하면서 듣기와 말하기 통합 교수 학습 방안으로서 전래동화인 흥부와 놀부를 활용한 수업 방안을 구성하여 제안하고 있으며, 서평(2012)에서도 중국인 한국어 학습자의 말하기 능력과 이야기 구성력의 향상을 위해 전래동화를 활용한 스토리텔링 교수 방안을 제안하고 그 효과를 입증하였다. 장용수(2009, 2012ㄱ, 2012ㄴ)에서는 그간 문학을 활용한 한국어교육의 방식들이 의사소통의 관점에서 접근하지 않은 논의가 대부분이어서 실제 한국어교육 현장에서 활용도가 낮았음을 비판하면서 개인적 경험을 확장하고 의사소통 능력을 신장시키는 것을 목표로 하는 이야기의 활용 조건과 교재나 학습자, 교수자를 중심으로 하는 이야기를 활용한 한국어교육 방안과 이러한 수업의 효과와 효용성을 살피고 있다. 오은엽(2013)도 전래동화 스토리텔링을 활용한 수업모형과 활동을 모색해 본 연구로, 실제 한 교육기관에서 이루어지고 있는 초급학습자 대상의 스토리텔링을 활용한 수업의 모형과 활동을 소개하고 있는데, 이를 통해 학습자들은 언어적 신장은 물론 목표 언어의 문화와 자국의 문화를 비교, 대조할 수 있는 안목도 가질 수 있을 것이라고 하고 있다. 유경희(2010)에서는 스토리텔링의 장점을 살려 학습자들의 흥미를 유발하며 학습효과를 살릴 수 있도록 인터넷 동화를 선택하여 스토리텔링을 활용한 한국어 교육 방안을 제시하였으며, 유현정(2011)에서는 다큐멘터리의 서사적 특성을 고찰하고 스토리텔링과 다큐멘터리를 한국어교육 분야에서 활용한 실제 수업 모형을 제시하고 있다. 또 강현주(2012)에서는 광고가 가지는 스토리에 중점을 두고 광고의 스토리를 활용한 구체적인 교육 방안을 제시하였다.

지금까지 논의한 바와 같이 이들 연구에서는 모든 인간이 가진 이야기하기 능력과 이러한 이야기하기가 궁극적으로는 언어 능력의 기반이며 이야기 능력의 함양이 언어 능력의 함양을 담보할 수 있다는 전제 하에 이야기를 활용한 교수 방안을 제안하거나 이야기 능력의 함양이 언어 능력의 신장을 가져올 수 있다는 것을 검증하고 있다.

2.4. 내러티브와 문화 이해

Roland Barthes(1966)에서는 내러티브가 인간의 한 부분을 이루고 있으며, 인간 사회 어디에나 시간과 장소 불문하고 항상 존재하며 그 형태와 구조가 가변적이고 다양하며, 인간은 의미와 그 표현으로 구성된 내러티브의 세계를 떠나서는 살 수 없다고 하였다. 이러한 내러티브의 보편편재성은 외국인 학습자가 한국어 학습 과정에서 겪게 되는 낯설음과 어려움을 완화시켜 줄 수 있는 하나의 방안이 되기도 한다. 따라서 내러티브를 활용한 교수 학습은 학습자의 언어 학습의 바탕이 되는 문화 이해에 효율적 방안이 될 수 있다[10].

이와 관련하여 먼저 내러티브의 문화 간 유사성을 활용한 교육 방안을 제안한 연구들이 있다. 이러한 연구로서 김동환(2009)에서는 인간의 보편적 능력인 서사 능력을 기반으로 언어능력과 문화능력의 함양을 위해, 학습자가 경험했거나 유사 경험했을 것으로 볼 수 있는 모국어 텍스트를 토대 텍스트로 삼아 그것과 '보편적 서사 모티프의 공유' 관계에 있는

---

10) 한국어교육에서의 문화 교육을 위해 설화, 전래동화, 소설, 시 등의 문학이나 영화, 텔레비전 드라마 등 다양한 소재를 활용한 교육 방안에 대한 많은 연구물들이 있다. 그러나 다수의 논문이 언어와 문화에 대한 이해나 학습자의 흥미를 높이기 위한 목적으로 이들을 매체로 한 수업을 제안하고 있으므로 본고에서와 같이 문학의 내러티브 혹은 서사적 특성을 근간으로 교육 방안을 제안하고 있는 본고에서의 논문들과는 목적 면에서 상이하므로 이 글에서는 이들을 모두 상세히 다루지는 않았다.

한국어 텍스트를 교수 학습하는 방안을 제안하고 있다. 또 종선(2009)에서는 관용구의 이해와 흥미를 위해 그 배경이 되는 서사에 대한 이해가 필요하다고 하면서, 서사를 중심으로 관용표현(사자성어와 속담)을 분석하고 이에 대한 교육 방안을 제안하고 있다. 류소옥(2010)에서는 설화를 중심으로 한국과 중국의 서사적 유사성과 한국 서사의 특수성을 도출해내고 이를 효과적으로 교육할 방안을 구안하고 있다. 이들 연구에서는 내러티브 활용 교육이 문화 간의 낯설음 현상을 완화시킬 것이라는 논의를 직접적으로 하고 있지는 않으나 문화 간 서사적 유사성을 기반으로 한 교육 방안이 학습자의 언어 능력 향상과 흥미, 언어와 문화에 대한 이해에 효용성을 가진다는 공통된 논의를 하고 있다.

특히 다문화사회로 이행하고 있는 최근 한국의 사회적 경향을 반영하여 이러한 문화 보편적인 이야기 활용이 목표어의 문화에 적응하게 하는 데 효율적이라는 주장과 함께 스토리텔링 관련 연구들이 많이 나오고 있다. 이러한 연구로는 김영주(2008), 차인애(2009), 채영희 외(2010), 김화영(2012), 엄나영 외(2012), 김영순 외(2011) 등이 있다.

먼저 김영주(2008)에서는 다문화 및 재외동포 가정 아동의 한국어 발달에 도움이 되는 언어 교육 방법의 하나로서 개작한 한국 전래동화 스토리텔링을 활용한 한국어 교재 개발 방안을 제안하고 있다. 또 차인애(2009)에서도 문화교육의 한 방안으로 설화를 활용한 스토리텔링의 효용성을 주장하면서 그 일례로 <우렁각시>를 활용한 문화 교육 방법과 스토리텔링 지도 과정을 제안하고 있다. 채영희 외(2010)에서도 한국어 교재에 스토리텔링을 이용한 기능통합적 방법의 시도가 필요함을 밝히고 스토리텔링의 보편적 구조를 이용하여 한국어 교육 내용을 구성하는 방안을 논의하였다. 김화영(2012)에서도 전래동화의 문화적 교육의 효용성을 논의하면서 외국인들에게 우리 선조들의 삶의 방식과 사고의 방향을 이해시키고 그러한 토대위에 세워진 현재 우리의 삶도 파악할 수 있게 하는 방안으로서 전래동화의 스토리텔링을 활용한 한국어 교육 방안을 제안하고 있다.

이러한 논의들은 주로 목표 문화의 낯설음과 이질성을 극복하고 목표어의 문화 이해를 위해 목표어의 전래동화나 설화와 같은 이야기 문화를 활용한 교수 방안을 제안하고 있다. 그런데 이러한 범위를 넘어서서 간문화간 접근을 위한 학습자 자신의 자기 문화 스토리텔링을 활용한 교수 방안을 제안한 연구들이 있다. 이러한 연구로는 엄나영 외(2012), 김영순 외(2011) 등이 있다. 엄나영 외(2012)에서는 전래동화를 중심으로 한 '자기 문화 스토리텔링' 활용 교수-학습 방안을 마련하고 실제 5차시 수업을 통해 한국어 학습자의 말하기 능력 신장에 도움이 되는지를 알아보았는데, 인류의 보편적인 정서를 담고 있는 전래동화를 활용한 자기 문화 스토리텔링을 통해 학습자들은 자국의 문화와 목표 언어의 문화에 대해서 스스로 문화 간 비교·대조를 하였으며, 궁극적으로 말하기 능력을 신장시킬 수 있다고 하고 있다. 김영순 외(2011)에서는 다문화 교육의 목표인 문화 상호 이해를 위해서는 목표어 문화에 대한 이해뿐만이 아니라 자국 문화와의 비교를 통한 문화에 대한 상대주의적 관점의 함양과 자아정체성 확립이 필요하다는 가정 하에 결혼이주여성을 위한 자기문화 스토리텔링 표현 교육을 제안하였다.

지금까지 본 바와 같이 문화 이해를 목적으로 내러티브를 활용한 교육을 제안한 한국어교육에서의 논문들은 내러티브가 가진 보편 문화적 특성을 기반으로 목표어인 한국 문화의 이해를 위한 한국의 내러티브를 활용한다거나 한국어와 학습자 모어에서 유사한 서사적 모티프의 관계에 있는 내러티브를 활용한 연구들이 많았으며, 그 도구적 내러티브로서 전래동화나 설화를 자료로 삼고 있는 연구들이 많았음을 알 수 있다.

2.5. '삶'과 경험, 그리고 언어 학습

Connelly & Clandinnin(1990:7)에서는 인간은 이야기로 구성된 삶을 산다고 하였다. 즉 인간은 세상을 경험한 것을 이야기로 전하며, 인간의 기억은 내러티브 형태로 구축되며 경험에 대한 이해 역시도 내러티브를 거친다는 것이다. 따라서 이러한 내러티브는 인간이 만들어내고 드러내는 모든 형태의 의미 표현들 가운데서 들여다 볼 가치가 있으며, 일정한 패턴이나 구조로 구성이나 해석이 가능하다고 하였다. 또 MacIntyre(1985)에서도 내러티브가 인간의 삶을 이해하는 기본 원리이며, 인간은 이야기를 통해 자아를 구성한다고 하였다. 즉 내러티브는 인간의 사고와 의식, 인지, 정체성 등을 구성하는 주요 수단이 되며, 내러티브는 인간이 경험을 조직화하고 이해하며 지식을 구성하는 주요 사고 양식이라는 것이다. 이러한 점에서 사회문화적 맥락과 함께 개인의 경험을 이해하기 위해 내러티브는 탐구할 가치가 있다는 것이다[11]. 이와 같은 '내러티브 탐구'는 경험을 이해하기 위한 하나의 방법으로, 교수자와 학습자의 관계로 이루어지는 교육에서는 교수자와 학습자의 내러티브 탐구가 교수 학습 환경을 이해하는 지름길이 된다. 한국어교육에서도 내러티브 탐구 방법으로 학습자의 문화나 학업에 대한 적응을 살펴본 연구들이 있다. 이러한 연구로는 김대숙(2008), 권주영(2010), 이정은(2010), 김지훈 외(2011), 박세원(2012), 민진영(2013), Enkhbold Tsatsral(2010), 정예리(2011), 이성림 외(2013), 김선경(2012) 등의 연구가 있다.

---

11) Connelly and Clandinin(1990)에서는 '내러티브에 관한 탐구(inquiry into narrative)'와 '내러티브 탐구(narrative inquiry)'를 구분하고 있다. 전자는 연구자가 참여자의 '내러티브'의 내용을 탐구한다는 측면을 강조한 것인 반면, 후자는 연구자가 '내러티브' 방법을 사용하여 참여자를 탐구하는 측면을 강조한 것이다. 그러나 '내러티브'를 연구 대상으로 그 내용을 탐구하는 전자도 결국은 참여자를 탐구하고자 하는 목적이므로 결국 같은 것을 지칭하는 것이라고도 할 수 있다. 따라서 이 글에서는 이들을 특별히 구분하지 않았다.

김대숙(2008)에서는 내러티브 탐구 방법론의 방법론적 배경은 없었으나, 결혼이주여성들의 백일장 작품을 당사자들의 구비적 언술로 보고 이들의 이주 경험을 진술한 쓰기 자료를 대상으로 서사적 맥락을 분석했다는 점에서 내러티브 탐구 방법을 활용하였다고 볼 수 있다. 권주영(2010)에서는 학습자들의 교실 경험을 관찰하고 그것이 갖는 의미를 탐색하고자 하였는데, 연구자와 연구 참여자들과의 관계 속에서 생성된 현장 텍스트들을 토대로 하여, 한국어 교실은 학습자들이 언어와 문화를 접하는 곳으로서의 의미를 지니며 교실에서의 교사와의 경험이 이후 한국 생활에 대한 태도에까지 영향을 끼칠 수 있는 핵심적인 부분이라고 하였다. 이정은(2010)에서는 교포들의 면담 내러티브에서의 담화 양상과 언어적 기제를 분석하여 교포들의 정체성을 밝히고 있다.

급증하는 유학생과 다문화사회로의 진입은 이들에 대한 내러티브 탐구를 더욱 활발하게 하였는데, 김지훈 외(2011)에서는 대학원 유학생들에 대한 자서전적 글쓰기와 심층면접을 통해 한국 유학 선택, 한국으로의 도착 후 겪는 적응 과정과 문화적, 사회적, 개인적인 조건 변동에서 오는 경험에 대한 주관적 의미화를 분석하여, 한국 사회로의 유학이 개인의 진로와 삶의 기획에서 어떻게 의미화되는지, 한국에서의 다양한 경험과 대학생활에 대한 이들의 평가와 해석은 어떠한지를 심층적으로 분석하였다. 박세원(2012)도 외국인 유학생들의 대학생활 적응에 대한 내러티브 연구로, 외국인 유학생들의 한국 유학의 목적과 그 어려움에 대해 밝히고 있다. 민진영(2013)도 내러티브 탐구 방법을 사용하여 외국인 대학원생들의 학업 적응 경험의 의미를 탐색하고자 하였다. 그리고 Enkhbold Tsatsral(2010)에서는 몽골 결혼이주여성들의 삶이 어떠한가를 이해하기 위해, 정예리(2011)에서는 필리핀 결혼 이주 여성 중 새로운 삶을 만들어 가고 있는 해체가족 여성결혼이민자와 그 자녀의 경험을 내러티브 탐구 방법을 통해 분석하고 있다. 이성림 외(2013)에서도 결혼이주 여성의 수기를 대상으로 그들의 자기서사의 특성이 한국 사회 다문화 정책, 다문화 이데올로기와의 관련성 속에서 어떠한 양상으로 발현되었는지를 분석하고 이를 통해 결혼이주 여성 정체성 구성의 특성과 그 의의를 살피고 있다. 김선경(2012)는 내러티브 탐구 방법을 통해 다문화가정 학생들의 이중언어 교육 경험에 대해 분석하였는데, 다문화가정 학생들의 이중언어 교육 경험이 사회적 제약 속에서 학생들에게 다소 부정적으로 작용하기도 하고 실제로 언어 능력의 향상에는 한계가 있었으나 학교생활이나 교우관계, 학업성취도에 긍정적 영향을 주고 정서적 안정에 기여한 바 있다고 분석하였다.

이러한 내러티브 탐구 방법이 교수 학습 방법과 교육 과정에도 적용될 수 있는데 이러한 연구로는 강정숙(2013), 강순원(2011)의 연구가 있다. 강정숙(2013)에서는 학습자가 이야기를 분석, 탐색하는 과정을 통해 문제를 발견하고, 이를 해결해 가는 과정으로 이루어진 내러티브 탐구를 활용한 교육 과정을 제안하고 있다. 이러한 교육 과정 속에서 학습자는 내러티브 속에 담겨져 있는 의미를 비판적으로 분석하고, 문제 해결을 위한 새로운 의미를 생성해 보는 경험을 할 수 있으며 이러한 교육적 경험을 통해 문화에 대한 비판적 성찰과 정서 지능을 발달시킬 수 있다는 것이다. 강순원(2011)에서는 다문화 교사교육과 교사교육 과정에서 내러티브 탐구 방법을 활용하는 방안을 제안하고 있는데 이에서는 내러티브 탐구를 통해 교사 스스로의 지각과 자기 성찰, 반성(reflection)과 재검토가 이루어지고 이는 교사의 다문화적 소양을 높일 수 있는 방안이 될 수 있으며 동화주의적 다문화교사교육의 패러다임을 바꾸는 반차별 반편견 교육과정이 될 수 있다고 하고 있다.

다음으로, 학습자의 문제 해결이나 자아 정체성 확립을 위해 경험적 내러티브의 활용을 제안한 연구들이 있다. 이러한 연구에는 원진숙(2010), 함욱 외(2011), 강정숙(2013) 등이 있다. 원진숙(2010)에서는 결혼이주여성을 대상으로 자기 표현적 쓰기 경험이 이들의 쓰기 기능 및 자아 정체성 형성에 어떻게 기여하는지를 구체적인 사례를 통해 연구하고 있다. 함욱 외(2011)에서도 결혼이주여성의 정체성 형성을 위한 한국어 교육 방안을 모색하였는데, 이야기의 형성과정이 곧 인간의 형성과정이라는 의미에서 이야기 표현 교육의 필요성을 언급하면서 이야기 표현 교수·학습 프로그램의 실행 과정에서의 면담, 관찰, 표현 결과를 분석하여 이야기 표현을 통한 정체성의 구성과정은 어떠한지를 살펴보았다.

지금까지 살펴본 바와 같이 인간의 경험으로서의 내러티브와 관련해서는 내러티브 탐구를 통해 한국어 학습자의 경험과 삶의 의미를 분석하여 이를 한국어교육에 활용하고자 한다든지, 자아 정체성 형성에 내러티브가 어떻게 효율적으로 작동할 수 있는지, 내러티브 탐구가 실제로 교육과정에 어떻게 적용될 수 있는지 등에 대한 연구들이 이루어지고 있다.

3. 내러티브가 한국어교육에 가지는 함의와 교육적 실천 가능성

지금까지 담화와 보편성, 문화, 그리고 삶의 경험이라는 내러티브가 가지는 키워드를 중심으로 한국어교육에서의 내러티브 연구 현황을 살펴보았다. 내러티브 논의가 한국어교육에서 이루어진 것은 얼마 되지 않았으나 많은 논의들이 이루어져 왔으며 그러한 논의들이 지니는 의미 또한 적지 않다.

내러티브는 이야기 담화 양식이며 따라서 내러티브의 담화 분석은 내러티브를 생산하는 생산자의 담화 양식과 사고에 대한 분석이 될 수 있다. 그리고 외국어 혹은 제2언어로서의 한국어의 교수 학습에서 학습자의 내러티브 담화 분석은 학습자의 담화 양식과 사고에 대한 분석과 함께 언어 습득 및 교수 학습 상황의 진단과 평가에 유용한 도구가 될 수 있다. 사실 지금까지의 한국어 교육에서의 내러티브 담화 분석에서는 학습자의 중간언어와 언어 습득 양상, 학습자의 담화 구성 능력의 고찰, 이의 한국어 교육에의 적용과 활용 등 다양한 측면의 연구가 이루어져 왔다. 그러나 내러티브 담화 분석을 위한 자료로서 묘사나 대화와 대립적 개념으로서의 서사나 이야기의 담화를 분석하여, 좁은 의미의 내러티브 담화를 분석하는 데 그치고 있다. 즉 학습자가 생산하는 다양한 담화 유형의 삶과 경험에 대한 내러티브가 모두 그 분석 대상이 될 수 있으므로 내러티브 담화 분석의 지평을 좀 더 넓혀 나갈 필요가 있다. 또한 학습자의 언어 능력을 파악하기 위해 내러티브 담화 분석을 함에 있어서도, 문법이나 담화 표지, 이야기 구조 등 다양한 분석 기준에 따라 분석하고 있기는 하나 아직까지는 학습자의 단편적인 언어 능력만을 살피고 있으며 학습자의 이야기 구성 능력과 담화 구성 능력, 학습자 내러티브의 담화적 특성의 전반적인 파악은 이루어지 못하고 있다. 따라서 학습자의 내러티브에 보이는 이야기 구성이나 재구조화 능력 등 다양한 담화 능력을 파악할 필요가 있다.

또한 이제는 내러티브에 대한 관점도 '무엇을, 어떻게 이야기하는가?' 하는 구조주의 서사학의 이원론적 체계에서 스토리와 텍스트, 서술 (narration)이라는 세 층위로 보는 관점으로 바뀌면서 이야기를 만들어 내는 역동성에 주의를 돌리고 있다. 그리고 최근에는 일방향적인 화자,

청자(독자)와의 관계를 넘어서서 청자(독자)가 능동적으로 의미를 생성하는 상호성에 주목하고 있다. 이러한 점에서 사건의 진행 과정을 담화 형식으로 재구한 언어적 결과물인 내러티브와 함께 이들을 생산하고 이해하고 해석하는 다양한 사고 과정과 소통 과정의 내러티브까지에 관심을 기울여야 할 것이다. 따라서 한국어교육에서도 내러티브를 다룰 때 내러티브의 역동성을 주목하고 내러티브 생산자와 수용자 간의 상호 이해와 해석 과정의 분석도 이루어져야 할 것이다.

이러한 관점은 스토리텔링과 관련한 한국어교육에서의 연구에서도 그러하다. 스토리텔링에서는 이야기하는 행위의 상호작용성에 주목한다[12]. 즉 이야기를 생성하고 변형, 재창조하고 향유하며 유통시키는 전 과정이 스토리텔링이다. 따라서 스토리텔링은 상호작용적 소통성과 참여적 개방성을 지니고 있다. 지금까지 한국어교육에서의 스토리텔링에 대한 연구는 학습자의 흥미와 학습 효과를 높이는 전략으로 스토리텔링을 활용하여 다양한 수업 모델을 개발하는 데 집중되어 있었다. 이와 관련하여 박진(2013:542)에서도 교육 분야의 스토리텔링 관련 연구가 교수법과 수업 기술 등 교수자의 스토리텔링 전략에 치우쳐 있다는 한계를 지적하면서 스토리텔링의 기능적 효율적 측면 외에도 '내러티브 사고'에 바탕을 둔 스토리텔링의 교육적 함의에 더욱 관심을 기울여야 한다고 하였다. 즉 교수자 중심의 교재나 자료 개발, 혹은 교수자 중심의 수업 모델의 개발이 아니라 학습자 중심의 상호적이고 참여적인 수업 모델과 교육 자료 개발이 이루어져야 한다. 또한 학습자의 삶이나 문화와 결합된 이야기하기는 자아 정체성의 확립과 외국어 혹은 제2언어 교육에

---

12) 박진(2013:528)에서는 스토리텔링은 시공간적 현장성, 상호작용적 소통성, 참여적 개 방성을 지닌 담화 양식과 그 같은 이야기하기의 장(field)를 지칭하는 개념이라고 하였 다. 즉 스토리텔링은 현재가 강조되며 화자와 청자의 상호작용, 그리고 그 상호작용 속에서 다양한 이야기가 산출되는 개방성을 강조하고 있다고 한다.

서의 문화적 적응과 언어 향상을 모두 성취할 수 있는 수단이 될 수 있을 것이다. 따라서 이러한 학습자의 경험에 주목한 이야기하기를 활용한 교육과정과 교수 모델의 개발이 이루어져야 할 것이다. 이는 이전의 권위적이고 지배적인 담론을 해체하는 탈근대담론들의 흐름 속에서, 권위적 전문가에 의해 전달되는 담론이 아닌 개인들의 삶에서 나오는 이야기, 개인이 자기 목소리로 하는 자신의 이야기에 주목하게 된 흐름과도 통하는 것이라 할 수 있다. Bruner(1990)에서도 내러티브가 세계에 대한 우리의 경험과 지식을 조직하거나 서로간의 의사소통과 학습에 있어서 가장 보편적이면서도 자연스럽고 손쉬우며 강력한 형식 가운데 하나라고 하면서, 사람은 누구나 자신의 문화적 배경과 개인적인 과거 경험을 가지고 말할 수 있는 이야기의 소재를 충분히 가지고 있다고 하였다. 즉 인간은 자신의 경험을 이야기로 전하고 상호적으로 자신들의 삶에서 이야기를 새롭게 재구성해 나간다. 그리고 경험 이야기를 통해 자기를 표현하고 이것이 자아 정체성 형성에도 기여한다. 특히 제2언어로서 한국어를 학습하는 것은 목표 문화인 한국 문화에 적응하는 과정이며 이는 한 사회의 구성원으로 목표 사회에 스스로 자리매김하고 자아 정체성을 형성하는 과정이라고 할 수 있다. 이러한 점에서 삶과 경험에 대한 이야기는 최근 다문화 사회에서의 결혼이주여성이나 다문화 가정 자녀, 그리고 정체성을 혼란을 겪는 교포 및 교포 2,3세 자녀들의 문화 적응과 정체성 확립, 그리고 한국어 학습과 습득을 위한 활용 방안이 될 수 있을 것이다.

결론적으로, 인간은 내러티브를 통해 타인을 이해하고 내러티브를 통해 타인에게 자신을 전달하고, 이 세상을 배워 나가는 과정에서도 내러티브의 형태로 된 세계를 수용하고 학습해 나간다. 이는 외국어 혹은 제2언어로서의 한국어 교수 학습에서도 그대로 적용될 수 있다.

학습자가 세상을 이해하고 배워가는 방식인 내러티브가 바로 학습자가 쉽게 다가갈 수 있는 교수 학습 방식이며, 학습의 흥미를 높일 수 있고 실재성도 높은 교육 내용을 담보할 수 있다는 것이다. 그리고 이를 활용한 교수 방안 및 교육 과정 설계, 교육 자료의 개발이 이루어질 때 학습자의 다양성과 참여성, 상호작용성이 중심을 이루는 학습자 중심의 교육이 이루어질 수 있을 것이다.

참고문헌

강순원(2011), "다문화 교사교육에 있어서 내러티브 탐구가 지니는 의미", 「국제이해교육연구」(한국국제이해교육학회) 6-2, 1-30.

강이화·김화영·김대현(2008), "중국 유학생들의 대학 생활 적응 경험에 관한 연구", 「교육사상 연구」(한국교육사상연구회) 21-3, 65-88.

강정숙(2013), 「내러티브를 활용한 비판적 다문화 교수-학습 프로그램 개발」, 한국교원대학교 대학원 석사논문.

강현석(2008), "Bruner의 내러티브 논의에 기초한 교육문화학의 장르에 관한 학제적 연구", 「교육철학」(한국교육철학회) 36, 1-40.

강현석(2013), "듀이와 브루너의 교육이론에서 내러티브의 가치 탐구: 통합의 관점에서", 「교육철학」(한국교육철학회) 50, 139-169.

강현주(2012), 「스토리텔링 광고를 활용한 한국어 교수 학습 방안」, 한양대학교 교육대학원 석사학위논문.

고창수(2009), "스토리텔링 기법을 응용한 설득 글쓰기 전략", 「우리어문연구」(우리어문학회) 33, 453-468.

곽새롬(2012), 「스토리텔링을 활용한 수준별 말하기 교육의 유창성 및 이야기 구성력 향상 효과 연구」, 고려대학교 교육대학원 석사학위논문.

권주영(2010), 「내러티브 탐구를 통한 한국어 교실 경험 연구: 러시아권 학습자를 대상으로」, 한국외국어대학교 대학원 석사논문.

김대숙(2008), "결혼이주여성의 자기체험서사에 관한 연구", 「국어국문학」(국어국문학회) 149, 259-287.

김동환(2009), "서사 모티프의 문화 간 이야기화 양상과 한국어교육", 「국어교육」(국어교육학회) 35, 189-212.

김민성(2012), 「국제학교 초임교사의 교직적응 경험에 대한 내러티브 탐구」, 연세대학교 대학원 박사논문.

김선경(2012), 「다문화 가정 학생의 이중언어 교육 경험에 관한 내러티브 탐구」, 전북대학교 교육대학원 석사논문.

김성지(2010), 「스토리텔링 수업을 통한 한국어 학습자의 이야기 구성 능력 향상 연구」, 경희대학교 대학원 석사학위 논문.

김영순·허숙·응웬뚜언어잉(2011), "언어, 교육: 결혼이주여성의 자기문화 스토리텔링 활용 표현교육 사례 연구". 비교문화연구(경희대학교 비교문화연구소) 25, 695-721.

김영주(2008), "전래동화 스토리텔링을 활용한 한국어 교육 방안—다문화 및 재외동포 가정 아동을 대상으로", 「새국어교육」(한국국어교육학회) 80, 97-124.

김정희(2010), 「스토리텔링 이론과 실제」, 인간사랑.

김지혜(2010), "그림 보고 말하기를 통한 한국어 학습자의 간접 인용 표현 교육 연구", 「동남어문논집」(동남어문학회) 30, 359-381.

김지혜(2011), "한국어 학습자의 이야기 구성 능력에 대한 연구", 「한국어교육」(국제한국어교육학회) 22-3, 77-97.

김지혜(2012), "한국어 학습자의 과제별 스토리텔링 수행 능력에 관한 소고", 「우리어문연구」(우리어문학회) 44, 361-388.

김지훈·이민경(2011), "외국인 유학생들의 한국유학 동기와 경험연구: 서울 A대학 석사 과정 학생들의 내러티브를 중심으로", 「동아연구」(서강대학교 동아연구소) 61, 73-101.

김화영(2012), 「스토리텔링을 활용한 한국어 교육 방안 연구: 전래동화를 중심으로」, 선문대학교 교육대학원 석사학위논문.

류소옥(2010), 「바리데기를 통한 서사 중심 한국어 교육 연구」, 건국대학교 대학원 석사학위논문.

류수열 외(2007), 「스토리텔링의 이해」, 글누림.

문란희(2013), 「다문화가정 아동의 스토리텔링을 활용한 이야기 구성능력 향
　　상 연구: 몽골 아동을 대상으로」, 숭실대학교 교육대학원 석사학위논문.

민진영(2013), 「외국인 유학생의 대학원 학업 적응에 관한 내러티브 탐구」,
　　연세대학교 대학원 박사논문.

박민정(2006), "내러티브란 무엇인가? 이야기 만들기, 의미 구성, 커뮤니케이
　　션의 해석학적 순환", 「아시아교육연구」7-4, 22-47.

박선희(2011), "한국어 학습자의 서사담화에 나타난 시제상 사용 연구", 「국제
　　한국어교육학회 제 35차 국내 춘계학술대회 논문집」, 315-327.

박세원(2012), 「외국인 유학생의 대학생활 적응에 관한 내러티브 연구: 경북대
　　학교를 중심으로」, 경북대학교 대학원 석사논문.

박수진(2010), "한국어 학습자의 서사 담화 유형에 따른 전경, 배경 구분 기준
　　과 그 양상 연구", 「이중언어학」(이중언어학회) 44, 193-216.

박수진(2012), 「한국어 학습자의 서사 담화 연구: 담화 구조와 시제 사용을
　　중심으로」, 영남대학교 대학원 박사학위논문.

박신영(2003), 「이야기회상과제를 통한 영어-한국어 이중언어사용 아동의 조
　　사와 어말어미 사용분석」, 이화여자대학교 대학원 석사학위논문.

박용익(2006), "이야기란 무엇인가?", 「텍스트언어학」(한국텍스트언어학회)
　　20, 143-163.

박용익(2012), "질적 연구와 텍스트언어학", 「텍스트언어학」(한국텍스트언어
　　학회) 32, 123-145.

박진(2013), "스토리텔링 연구의 동향과 사회문화적 실천의 가능성", 「어문학」
　　(한국어문학회) 122, 527-552.

서평(2012), 「스토리텔링을 활용한 한국어 말하기 능력 향상 연구」, 동국대학
　　교 석사학위논문.

소경희(2004), "교사 양성 교육과정에 있어서 내러티브 탐구의 함의", 「교육학
　　연구」(한국교육학회) 42-4, 189-211.

송정란(2006), 「스토리텔링의 이해와 실제」, 문학아카데미신서.

신동일(2006), "말하기시험의 이야기 구성 과업연구", 「응용언어학」(한국응용
언어학회) 22-1, 23-48.

신동일·김나희·강석주(2008), "한국어와 영어 스토리텔링 구사 능력의 비교탐
색 연구", 「이중언어학」(이중언어학회) 38, 207-234.

신필여(2010), "이야기 구조를 활용한 한국어 읽기 교육 연구", 「시학과 언어학」
(시학과 언어학회) 18, 181-205.

심은지(2011), 「한국어 학습자 작문에 나타난 시제상 습득 연구: 담화구조가설
을 중심으로」, 이화여자대학교 국제대학원 석사논문.

엄나영·성은주(2012), "전래동화를 중심으로 한 '자기 문화 스토리텔링'활용
한국어 말하기 능력 신장 방안 연구", 「한국언어문화학」(국제한국언어문화
학회) 9-2, 179-210.

염지숙(2003), "교육 연구에서 내러티브 탐구의 개념, 절차 그리고 딜레마",
「교육인류학 연구」(한국교육인류학회), 6-1, 119-140.

염지숙(2006), "Narrative inquiry—a trend, issues, and possibilities", 「교육인류
학연구」(한국교육인류학회) 9-1, 99-122.

오대환(2001), "입말 내러티브 안에서의 입말/글말 연속체에 대한 연구: 한국어
학습자의 입말 내러티브를 대상으로", 「외국어로서의 한국어교육」(연세대
학교 한국어학당) 25, 271-302.

오은엽(2013), "스토리텔링을 활용한 문학교육 방안 연구—한국어 초급 학습
자를 대상으로 한 전래동화 수업을 중심으로", 「제23차 국제한국어교육학
회 학술대회논문집」, 537-549.

오지혜(2008), "이야기 문법을 활용한 한국어 고급 학습자의 이야기 쓰기 교육
연구", 「작문연구」(한국작문학회) 7, 275-305.

원진숙(2010), "삶을 주제로 한 자기 표현적 쓰기 경험이 이주 여성의 자아
정체성 형성에 미치는 영향에 관한 한국어 쓰기 교육 사례 연구", 「작문연
구」(한국작문학회) 11, 137-164.

유경희(2010), 「스토리텔링을 활용한 한국어 교육방법 방안 연구: 인터넷 동화
를 중심으로」, 선문대학교 교육대학원 석사학위논문.

유현정(2011), 「스토리텔링을 활용한 한국어 표현교육 방안 연구: 다큐멘터리

텍스트를 중심으로」, 한성대학교 대학원 석사학위논문.

육상효·박성수(2010), "스토리텔링을 통한 한국어 학습 콘텐츠 개발 연구—베트남 국제결혼 이주 여성을 중심으로", 「이중언어학」(이중언어학회) 42, 73-102.

윤영(2008), "영화를 활용한 소설 교수 학습 방안 연구", 「한국어교육」(국제한국어교육학회) 19-1, 131-171.

윤영(2011), 「한국어 교육에서 영화를 활용한 소설 교육 연구」, 연세대학교 대학원 박사논문.

이석란·탄티튀히엔·권미경(2012), "베트남 이주노동자 가정 자녀와 한국 가정 아동의 이야기 만들기에 나타난 통사적 숙달도 비교 연구—9세 아동을 중심으로", 「한국어교육」(국제한국어교육학회) 23-2, 215-245.

이성림·차희정(2013), "한국 내 결혼이주 여성의 다문화 체험과 정체성 구성: 결혼이주 여성 수기를 중심으로", 「한중인문학연구」(한중인문학회) 38, 163-186.

이승은(2011), "내러티브란 무엇인가?", 「교육비평」(교육비평사) 29, 181-189.

이승희(2005), 「한국어 교육에서의 이야기 읽기 교수 방안 연구」, 이화여자대학교 교육대학원 석사학위 논문.

이인화(2007), 「이야기를 활용한 한국어 수업 방안 연구」, 동국대학교 석사학위논문.

이채원(2011), 「스토리텔링을 활용한 한국어 문법 교재 개발 방안」, 충남대학교 교육대학원 석사논문.

이흔정(2003), 「내러티브 교육과정의 적용에 관한 연구」, 고려대학교 교육학과 박사학위논문.

임경순(2007), "스토리텔링과 언어문화교육", 「한국어문학연구」(한국외국어대학교 한국어문학연구회) 26.

장용수(2009), 「이야기 형식을 활용한 한국어 중급 교재 개발 방안 연구」, 군산대학교 석사학위논문.

장용수(2012a), "한국어교육에서 이야기를 활용하기 위한 전제조건 연구: 이야기의 개념과 교육적 가치를 중심으로", 「우리말교육현장연구」(우리말현장

교육학회) 6-1, 301-330.

장용수(2012b), "이야기를 활용한 한국어교재의 구성 방안", 「외국어로서의
　　한국어교육」(연세대학교 한국어학당) 37, 357-383.

전소현(2011), 「스토리텔링을 활용한 한국어 교육 방안 연구: '흥부와 놀부'를
　　중심으로」, 부산대학교 대학원 석사논문.

전탁(2012), "중국인 한국어 학습자의 개인적 서사와 비개인적 서사 작문에
　　나타난 시상 습득 연구: 담화가설을 중심으로", 「담화와 인지」(담화인지언
　　어학회) 19-3, 245-273.

전탁(2013), 「중국인 한국어 학습자의 서사 작문에 나타난 시상 습득 연구」,
　　영남대학교 대학원 박사학위논문.

정보영(2004), 「구어 이야기 담화에서 한국어 중급 학습자의 조사 '은/는', '이/
　　가' 사용: 일본어권, 영어권, 중국어권 학습자를 대상으로」, 이화여자대학
　　교 교육대학원 석사학위 논문.

정예리(2011), 「해체가족 여성결혼이민자와 그 자녀의 삶: 필리핀 여성을 중심
　　으로」, 중앙대학교 대학원 박사학위논문.

종선(2009), 「한중 관용표현의 의미에 대한 서사적 접근: 한국어교육과 관련하
　　여」, 건국대학교 대학원 석사학위논문.

주휘정(2010), "외국인 유학생의 국내대학 학습경험에 관한 질적 연구", 「교육
　　문제연구」(고려대학교 교육문제연구소) 36, 135-159.

지현숙(2008), "한국어 말하기 시험에서의 이야기 구술 과제 연구", 「어문연구
　　」(한국어문교육연구회) 36-3, 345-369.

지현숙·오승영(2012), "한국어 학습자의 이야기구술 수행 담화에 대한 중간언
　　어적 고찰", 「국어교육연구」(서울대학교 국어교육연구소) 29, 295-322.

차인애(2009), 「스토리텔링을 활용한 한국어 문화교육 방안 연구: <우렁각시>
　　설화를 중심으로」, 한국외국어대학교 교육대학원 석사학위논문.

채영희·이미지(2010), "스토리텔링 기법을 통한 한국어 교재 구성", 「동북아
　　문화연구」(동북아시아문화학회) 22, 109-121.

최선미(2008), "재한 중국 유학생의 학교생활과 사회생활 적응에 관한 연구",
　　「청소년복지연구」(한국청소년복지학회) 10-1, 115-138.

최선영(2012),「한국문학작품의 스토리텔링을 활용한 한국어 교수-학습 방안: 다문화가정 중학교 학생을 대상으로」, 인하대학교 교육대학원.

최예정·김성룡(2005),「스토리텔링과 내러티브」, 글누림.

최은정(2011),「일본인 학습자의 서사 담화에 나타난 시제와 상 습득 연구」, 이화여자대학교 국제대학원 석사논문.

최은정(2012), "일본인 한국어 학습자의 서사담화에 나타난 시제와 상 습득 연구",「외국어교육」(한국외국어교육학회) 19, 285-324.

한혜미(2005),「이야기체 담화에 나타나는 담화표지 사용양상 비교 분석: 영어권 고급 한국어 학습자와 한국어 모어화자를 대상으로」, 이화여자대학교 교육대학원 석사학위 논문.

함욱·김주영(2011), "이야기 표현을 통한 결혼이주여성의 한국어 교육 방안",「한국어교육」(국제한국어교육학회) 22-2, 351-373.

Bal, Mieke/ 한용환 역(1999),「서사란 무엇인가」, 문예출판사.

Clandinin, D. J. & Conelly, F. M./ 소경희 외 역(2007),「내러티브 탐구」, 교육과학사.

Cobley, P./ 윤혜준 역(2013),「내러티브」, 서울대학교 출판문화원.

Enkhbold, Tsatsral(2011),「몽골 결혼이주여성의 삶에 대한 내러티브 탐구」, 경북대학교 대학원 석사논문.

Genette, G./ 권영택 역(1992),「서사 담론(Narrative Discourse)」, 교보문고.

Lauitzen, C. & Jaeger, M./ 강현석 외 역(2007),「내러티브 교육과정의 이론과 실제」, 학이당.

Renkema, J./ 이원표 역(1997),「담화연구의 기초」, 한신문화사.

Stubbs, M./ 송영주 역(1993),「담화분석―자연언어의 사회언어학적 분석」, 한신문화사.

Barthes, R.(1966)/ Translated by Richard Miller(1974), *Introduction to structural analysis of narrative, Occasional paper, Center for contemporary Cultural Studies, University of Birmingham*, New York: Hill and Wang

Carrell, P.(1984), "The effect of rhetorical organization on ESL readers", in

TESOL Quarterly, 18, pp.441-469.

Chatman, S.(1978), *Story and Discourse: Narrative Structure in Fiction and Film*, New York: Cornell University Press.

Connelly, F. M. & Clandinin, D. J.(1990), "Stories of experience and narrative inquiry", in *Educational Researcher*, 19(5), pp.2-14.

Ellis, G. & Brewster, J.(1991), *The Storytelling Handbook for Primary Teachers*, New York: Penguin Book.

MacIntyre, A.(1985), *After virtue: A study in moral theory*, London: Duckworth.

Rankin, J.(2002), "What is Narrative: Ricoeur, Bakhtin, and Process Approaches", *Concrescence: The Australian Journal of Process Thought, 3*, pp.1-12.

Stein, N. & C. G, Glenn.(1979), "An analysis of story comprehension in elementary school children", *In New directions in discourse processing volume II Advanced in discourse process*, ed. by R. O. Freedle. Norwood, New Jersey: Ablex Publishing corporation.

* 이 글은 아래의 논문을 이 책의 기획과 형식에 따라 수정, 가필한 것임을 밝힌다.
한송화(2014), "한국어교육에서의 내러티브 연구 동향과 상호 소통의 한국어교육 실천 가능성"「언어사실과 관점」(연세대학교 언어정보연구원) 30.

구어 내러티브 말뭉치의 연구 동향

....

안의정

1. 들어가는 말

　이 연구는 내러티브 연구의 구어 장르적 접근을 위한 시도로, 구어 말뭉치를 기반으로 한 내러티브 자료 구축의 현황과 연구사례를 살펴보는 것을 목표로 한다. 그간 내러티브 연구는 질적 연구의 흐름 속에서 스토리텔링(storytelling)에 주목한 것이지만, 최근 말뭉치언어학이나 전산학적 담화분석에서는 양적 접근을 시도한 내러티브 연구물이 산출되고 있다(Rühlemann & O'Donnell, 2012). 본 연구는 그러한 내러티브 연구 중에서도 특히 구어 말뭉치를 기반으로 한 양적 연구의 방법론과 연구 동향을 정리하고자 한다. 따라서 본 연구는 구어 말뭉치의 양적 분석 연구와 내러티브 연구를 잇는 새로운 시도가 될 것이다.

　최근 국내 학계에서 내러티브 연구에 대한 관심이 고조되면서, 내러티브 연구는 언어학[1]과 문학뿐 아니라, 역사학과 철학, 교육학, 사회과학,

---

1) 언어학 분야의 연구에는 기호론, 사회적 행위로서의 언어행위론, 텍스트론, 서사론 연구 등이 있다(이은미, 2013:132).

신학, 문화학 등의 다양한 인문사회과학 분야에서 연구가 되고 있다. 본 연구는 언어학적 배경 속에서 구어 말뭉치를 기반으로 진행된 대규모 내러티브 자료 연구에 한정하여, 향후 인문언어학 사업단의 내러티브 연구를 확장하기 위한 기반 구축을 목표로 하고 있다.

먼저 2장에서는 이론적인 논의로 기존의 구어 말뭉치와 내러티브 자료의 관계를 정리하고, 구어 내러티브 말뭉치의 개념과 유형에 대해 정리해 보고자 한다. 이어 3장에서는 국내외 구어 내러티브 말뭉치의 구축 현황을 검토하여, 향후 인문언어학 사업단의 내러티브 자료 구축에 도움이 되고자 한다. 마지막으로 4장에서는 구어 내러티브 말뭉치의 연구사례로서 대화형 내러티브에서의 쉼(pause) 연구와 스토리텔링에서의 정형화된(formulaicity) 표현과 반복(repetition) 현상 연구 등을 중심으로 살펴보고자 한다.

2. 구어 내러티브 말뭉치의 개념과 유형

2장에서는 기존의 구어 말뭉치와 내러티브 자료의 관계를 밝히기 위해, 구어 내러티브 말뭉치의 개념을 정리하고 내러티브 말뭉치의 유형을 말뭉치언어학적 관점에서 살펴보고자 한다. 이러한 작업은 본문의 3장과 4장의 구성과 관련이 되는 부분이다.

내러티브란 "일련의 사건들을 하나의 완결된 이야기 형태로 조직화하여 전체적인 이야기에 비추어 각각의 개별적인 사건에 의미를 부여하는 구조[2]"로 정의되고 있다. 구어 내러티브 말뭉치는 이러한 내러티브의 구조를 가진 자료로 인터뷰 발화나 일상적인 대화 등과 같이 구어로

---

[2] Polkinghorne(1998), 박민정(2006:34)에서 재인용.

실현된 일정 규모 이상의 자료를 말한다.

그렇다면 구어 내러티브 말뭉치는 말뭉치언어학적 관점에서 어떻게 유형 분류를 할 수 있을까? 기존의 구어 말뭉치의 분류 체계를 중심으로 검토해 보자. 다음의 <표1>은 서상규 외(2013)에서 제시된 구어 텍스트의 분류 체계이다.

상호작용성	공공성	텍스트 유형	대면성/매체
1인 담화 (독백)	공적	강의, 강연, 발표, 설교, 식사(式辭), 자기소개, 업무보고, 업무프레젠테이션, 연설…	1. 대면 2. 전화 3. TV 4. 라디오
	사적	경험담말하기, 동화구연, 줄거리말하기, 전화음성메시지…	
2인 이상 담화 (대화)	공적	토론, 상담, 회의, 구매대화, 진료대화, 방송대화, 중계, 수업대화, 인터뷰, 면접…	
	사적	일상대화, 주제대화, 수업대화, 상담…	

〈표1〉 구어 텍스트 분류 체계

여기서 분류 기준으로 삼은 것은 상호작용성과 공공성, 대면성과 매체 등이다. 이 중에서 구어 내러티브의 영역 구분에 이용될 수 있는 것은 어떤 것이 있을까? 먼저 상호작용성은 내러티브 자료의 경우 인터뷰와 대화형 내러티브(conversational narrative)를 나누는 기준이 될 수 있으므로 그대로 수용할 수 있을 것이다. <표1>에서는 인터뷰를 2인 이상의 담화로 보았지만, 대부분의 인터뷰의 경우 대화의 형식이라기보다는 인터뷰어의 개입이 매우 제한된 상태로 진행된다. 따라서 1인 담화로 분류하고 대화 속에서 드러나는 내러티브와는 구별을 하는 것이 바람직하다. 물론 사업단의 결혼이주여성 내러티브 자료처럼 인터뷰어가 한국어가 아직 미숙한 결혼이주여성의 발화를 유도하기 위하여 인터뷰의

흐름에 적극적으로 개입하는 경우도 있지만 이는 예외적이고 특수한 현상으로 다루어야 할 것이다.[3)]

두 번째 공공성 역시 공식적인 인터뷰 형식인지 아니면 사적인 경험담을 이야기하는 것인지를 구별할 수 있게 해 준다. 대부분의 일상적인 사적 대화 속에서의 이야기는 사적인 내러티브로 구분이 될 것이다. 이는 계획성/비계획성의 특성과도 관련이 된다. 즉, 공식적인 인터뷰와 달리 특별히 계획되지 않은 상황에서 녹음이 되었다면 이 자료는 계획성을 지니지 않은 자료로 '자연 발생 내러티브(naturally occurring narratives)'가 될 것이다. 이러한 자료는 특정 화자를 만나 인터뷰를 미리 알리고 녹음한 내러티브와는 차이를 보일 것이다.

세 번째 대면성의 경우 인터뷰와 대화 모두 대면적 상황에서 진행이 되므로 구어 내러티브에서는 의미가 없는 특징이며, 매체의 경우도 특별한 목적이 아니라면 TV와 라디오 자료를 기본으로 하지 않으므로 중요한 특성은 되지 않는다.

마지막으로 위의 <표1>에는 없지만 경험의 서술이 1인칭인지 아니면 3인칭 기술인지에 관한 것이다. 이러한 특징은 역시 이야기 전개의 흐름에 중요한 역할을 할 수 있기 때문에 하나의 특징이 될 수 있을 것이다. 다만 이는 텍스트 전체에 나타난다기보다는 부분적으로 드러나므로 유형 분류에 적용은 할 수 없는 특징이다.

위와는 다른 측면에서 내러티브 자료를 구별할 수도 있을 것이다. 이는 주제별 유형 분류에 관한 것이다. 인문언어학 사업단의 말뭉치처럼 '이주와

---

3) Rühlemann & O'Donnell(2012:325-326)에서는 발화 참여자의 호응 정도나 양상, 역할에 따라 나래이터(인터뷰이)는 4가지로, 수신자(인터뷰어)는 2가지로 나누어 보았다. 이를 정리하면 다음과 같다.
   - 나래이터(4가지): PNU 수신자의 반응이 공유되지 않는 나래이터, PNS 청중의 반응을 받는 나래이터, PNP 주된 나래이터, PNC 승인된 공동 나래이터
   - 수신자(2가지) : PRR 반응하는 수신자, PRC 함께 만들어가는 수신자
   - 기타(2가지) : PX0 내러티브 역할이 없는 발화자, PXX 역할이 불분명한 발화자

정체성' 등과 같이 특정 주제로 자료를 구축한 경우에는 표시를 할 필요가 없지만, 경험담 내러티브의 경우 Rühlemann & O'Donnell(2012:322)에서 와 같은 주제별 기술이 표시된다면 자료를 이용하는 데에 도움이 될 것이다. 여기서 분류한 경험의 유형으로는 "개인적/일반적/꿈/꿈과 판타지의 중간/ 판타지/농담" 등과 같이 6개의 유형으로, 이는 영국국가말뭉치(BNC)의 내러티브 말뭉치(NC)의 유형 분류에 사용되었다.

3. 구어 내러티브 말뭉치의 구축 현황

3장에서는 국내외 구어 내러티브 말뭉치의 구축 현황을 검토하여, 향후 인문언어학 사업단의 내러티브 자료 구축에 도움이 되고자 한다. 구어 내러티브 말뭉치는 국내외 모두 그 종류가 많지 않은 실정이다. 여기서 살펴볼 구어 내러티브 말뭉치의 목록을 제시하면 다음과 같다.

(1) 국내외 주요 구어 내러티브 말뭉치[4]
- 인문언어학 사업단 말뭉치(일부)
- 영국국가말뭉치(BNC)의 내러티브 말뭉치(NC)
- Saarbrücken Corpus of Spoken English(SCoSE)

---

4) 여기서 선정하여 정리한 말뭉치는 구어 내러티브 중에서 말뭉치 기반 연구가 이루어진 자료에 한정하였다. 구어 내러티브 자료 중에서는 아카이브 형식으로 공개되어, 음성과 간략한 내용 전사만 공개된 것도 있고, 전문의 전사는 공개되어 있지 않고 음성과 함께 요약된 내용만 공개되는 자료들도 있다. 이와 같은 형태로 공개된 국내외 주요 내러티브 아카이브에는 다음과 같은 것들이 있다.
- 현대한국구술자료관(한국학중앙연구원)
- 한국구비문학대계(왕실도서관 장서각 디지털 아카이브)
- Uysal-Walker(Archive of Turkish Oral Narrative)
- Southwest Collection/Special Collections Library

3.1. 인문언어학 사업단 말뭉치[5]

먼저 연세대학교 인문언어학 사업단 말뭉치의 구성과 특징을 살펴보자. 연세대학교 인문언어학 사업단은 내러티브를 중심으로 근대 이후 한국인의 삶의 사건들을 구성하고 자기 정체성의 방법을 형성하며, 지식과 가치, 사회와 문화를 구성하는 원리를 언어 자료 분석을 중심으로 규명하고자 한다. 구체적으로는 내러티브에 나타난 현대 사회의 의사소통 양상 연구, 특히 교포 2세와 외국인 이주 여성과 같은 현대 사회의 이주민을 중심으로 연구를 진행하고자 한다. 즉 이주 내러티브와 정체성 연구, 내러티브 분석에서 나타나는 권력성과 사회성 연구, 기타 일반 구어와 비교되는 내러티브의 언어적 특성 연구 등을 연구 목표로 하고 있다. 이와 같은 연구는 문어와 구어, 근대와 현대, 다면자료 등 다양한 유형의 자료를 필요로 하는데, 본고에서는 이 중에서 구어 내러티브 말뭉치에 대한 논의만 정리하고자 한다. 이 말뭉치는 약 36만 어절로 구성되어 있는데 그 종류는 다음과 같다.

> (2) - 교포의 면담 내러티브(8만8천 어절)
> - 사적 독백(10만6천 어절)
> - 학습자 구어 내러티브 자료(12만8천 어절)
> - 자이니치 정대세 관련 방송 전사(4만3천 어절)
> ● 합계 : 약 36만5천 어절

교포의 면담 내러티브 자료는 총 13개 파일로 구성되어 있고, 해외 현지(LA)에서 녹음이 되었다. 이 자료에는 각 파일마다 녹음시간, 파일 용량, 연구 참여자(인원/특징), 인터뷰이의 정보, 면담에 대한 정보, 특이

---

5) 이 말뭉치에 대한 정보는 연세대학교 언어정보연구원의 "복합지식의 창출과 소통을 위한 인문언어학" 2단계 1차년도 보고서(2013년8월)를 참고하였다.

사항, 자료 공개 여부가 기록되어 있다. 인터뷰이의 정보에는 이름(가명)과 성별, 나이, 국적, 교포구분(세대별), 이민연도/미국거주기간 등이 기록되어 있고, 면담에 대한 정보에는 면담일, 면담 주제, 면담 배경 정보 등이 기록되어 있다. 면담의 주제로는 이주자 삶의 이야기와 현지에서의 한국어 사용, 언어문화에 대한 태도에 대한 이야기 등이 주로 수집되었다. 이 자료는 개인과 집단의 삶의 경험에 대한 담화적 실천과 정체성 구성의 실제를 탐구하기 위하여 구축되었는데, 이 자료를 통해서 재외동포의 이주의 경험과 이주자 정체성 구성에 대한 연구가 진행되었다.

사적 독백 자료는 모두 34개의 파일로 구성되어 있고, 첫사랑, 꿈, 인연, 우정, 취미 등 개인적이고 다양한 주제를 담고 있다. 헤더에는 녹음일과 사용언어, 발화자의 아이디와 성별, 연령, 직업 등이 간단하게 기록되어 있다.[6] 이 자료는 미리 알리고 녹음이 되었기 때문에 면담 내러티브 자료와 마찬가지로 [+계획성]의 특성을 가지고 있다.

학습자 구어 내러티브 자료는 99개 파일로 구성되어 있고, 학문 목적 학습자와 일반 목적 학습자 자료가 함께 구축이 되었다. 이는 중간언어 발화 자료로서 몽골인 8인과 중국인 12인의 한국어 학습자의 유도 발화이다.

자이니치 정대세 관련 방송 전사 자료는 매체에 표상된 자이니치 내러티브 분석 연구를 위한 르포, 다큐멘터리, 토크쇼 등 TV프로그램의 내러티브 자료 6파일로 구성되어 있다.

---

6) 이 자료는 내러티브 연구보다는 구어, 문어 통합 문법 기술을 위한 말뭉치의 부족한 영역을 보완하기 위해 구축되었다. 따라서 면담 내러티브 자료보다 발화자에 대한 정보가 간략하다.

3.2. 영국국가말뭉치의 내러티브 말뭉치(BNC-NC)[7]

영국국가말뭉치의 내러티브 말뭉치(이하 BNC-NC)는 성별, 나이, 사회적 계급 등 사회학적 요인이 균형을 갖춘 BNC 구어 말뭉치에서 추출되었으며, 추출 방법은 "say, think, go, ask, tell" 등의 동사에 태그를 부착한 후 자동으로 추출되었다.[8]

말뭉치의 크기는 총 143개의 파일에 531개의 내러티브가 담겨 있고, 전체 어절수는 14만9천이다. 그리고 약 600명의 발화자로 구성되어 있다고 한다. BNC-NC 말뭉치의 구성 성분의 구조는 다음의 (3)과 같이 되어 있고 이에 맞게 전체 텍스트가 태깅되어 있다.

(3) 내러티브 전 대화(CPR) - 33,001 어절
내러티브 발화-도입(CNI) - 13,745 어절
내러티브 발화-중간(CNM) - 51,096 어절
내러티브 발화-종결(CNF) - 10,622 어절
내러티브 후 대화(CPO)[9] - 37,696 어절

위 (3)의 구성성분에 따라 531개의 내러티브의 분량을 재구성해 보면 함께 기재한 어절수와 같다. 그리고 태깅된 말뭉치는 간단한 브라우징 도구가 함께 개발되었기 때문에 (3)의 구성 성분에 따른 내러티브 유형 검색이 가능하다. 내러티브 유형은 2장에서 거론된 "개인적/일반적/꿈/

---

7) 이 말뭉치에 대한 정보는 다음의 두 논문을 참고하였다. Rühlemann 외(2011), "Windows on the mind-Pauses in conversational narrative"와 Rühlemann & O'Donnell(2012), "Introducing a corpus of conversational stories. Construction and annotation of the Narrative Corpus"가 그것이다.
8) 21세기 세종계획의 구어 말뭉치 중에도 경험담 말하기, 상담 대화, 인터뷰 자료 등이 있는데, 이러한 영역만을 모아서 세종 구어 내러티브 말뭉치로 재구성할 수 있을 것이다.
9) 각각의 머리글자는 다음의 원문을 번역한 것이다. C: conversation, PR: pre, N: narrative,, I: initial, M: middle, F: final, PO: post 등.

꿈과 판타지의 중간/판타지/농담"의 6가지 유형을 다시 1인칭과 3인칭 시점으로 나눈 것이다.

3.3. Saarbrücken Corpus of Spoken English(SCoSE)[10]

SCoSE 말뭉치는 대화형 내러티브인데, 다음의 (4)와 같이 모두 8개의 부문으로 구성되어 있다.

> (4) 1: 완벽한 대화(Complete Conversations)
> 　　 2: 인디아나폴리스 인터뷰(Indianapolis Interview)
> 　　 3: 농담(Jokes)
> 　　 4: 실험 묘사(Drawing Experiment)
> 　　 5: 카젤 교실 담화(Kassel Classroom Discourse)
> 　　 6: 이야기(Stories)
> 　　 7: 런던 청소년 대화(London Teenage Talk)
> 　　 8: 음악가 대화(Musicians' Talk)

이 말뭉치에 대한 음성은 공개되어 있지 않고, 전사 규약과 함께 전사된 전문만을 내려받을 수 있게 되어 있다. 전사 단위는 다른 구어 말뭉치와 같이 억양 단위이며, 장면마다 소제목이 달려 있다.

4. 구어 내러티브 말뭉치의 연구사례

구어 내러티브 말뭉치의 연구사례로서 대화형 내러티브에서의 쉼

---

10) 이 말뭉치에 대한 정보는 http://www.uni-saarland.de/lehrstuhl/engling/scose.html(2014년 3월 확인)에 기재된 내용을 참고하였다.

(pause) 연구와 스토리텔링에서의 정형화된(formulaicity) 표현 연구, 스토리텔링에서의 반복(repetition) 현상 연구 등을 중심으로 살펴보고자 한다.

구어 내러티브는 다른 구어 텍스트들과 다른 양상을 보이는 장르이다. 즉 일상적이고 즉각적인 보통의 대화와 달리 내러티브는 발화자(나레이터)를 중심으로 진행되는 독백 형태이므로 마치 발화자에게 발화를 위한 무대가 주어지는 꼴이다. 그러므로 대화에서 나타나는 전형적인 말차례 현상이 보이지 않는다.[11] 따라서 말차례 구성이나 전체적인 텍스트 구성, 텍스트 응집성 등에 있어서 일반적인 구어 대화와 비교하여 연구가 이루어질 수 있다.

4.1. 쉼(pause) 연구[12]

쉼(pause)이란 발화에서 "말할이가 말을 할 때, 내쉬는 숨이 말할이의 표현적 필요에 의해 잠시 멈추는 상태[13]"로 정의되며, 발화가 일어나지 않았지만 의미 없는 요소가 아니라 일정한 담화적 기능을 하는 대화의 구성 성분으로 여겨지고 있다. 4.1에서는 Rühlemann 외(2011)의 연구를 정리하여 구어 내러티브 말뭉치를 기반으로 한 쉼(pause) 연구의 방법론에 대해 정리해 보고자 한다.

Rühlemann 외(2011)에서는 BNC-NC를 대상으로 하여 쉼에 대한 양적 분석을 시도하였다. 이 논문에서는 쉼이 스토리텔링에서의 인지적 과정을 이해하는 데 기여하며, 쉼의 유형과 내러티브의 구조를 함께 이해해야 한다고 말하고 있다. 여기서 말하는 내러티브의 구조는 앞서 3.2에서 설명한 내러티브 전 대화(CPR), 내러티브 발화(CNN), 내러티브

11) Miller, J. & Weinert, R.(1998), *Spontaneous Spoken Language*, Oxford. p. 18.
12) 이 부분은 Rühlemann 외(2011)의 내용을 정리한 것이다.
13) 임규홍, 1997:94, 양영하(2002:80)에서 재인용.

후 대화(CPO)를 말한다.

여기서 대상으로 삼은 쉼의 유형은 모두 4가지로 보통 'filled pause'로 불리는 'er, erm'과, 짧은쉼(5초 이하), 긴쉼(5초 이상)이 그것이다. 이 연구는 다음과 같은 두 가지 전제에서 출발하고 있는데, 첫 번째 전제는 쉼이 '생각의 단위'에 대한 신호라는 것과, 두번째 전제는 이야기는 대단히 복잡한 '생각의 단위'라는 점이다.

이 논문의 결과와 논의는 다음의 3가지 차원에서 정리가 될 수 있다. 먼저 4가지 쉼의 위치별 출현 빈도에 대한 양적 분석 결과이다. 빈도 분석 결과 긴쉼을 제외하면 모두 내러티브 전과 후보다는 내러티브 자체에서 더 많이 쓰인다는 점이다. 전체 내러티브 중에서도 '내러티브 발화-도입(CNI)'에서 가장 많이 나타난다. 이는 막 시작된 나레이션이 발화 계획과 관련하여 가장 어려운 순간이기 때문일 것이다. 긴쉼은 '내러티브 후 대화(CPO)'에서 가장 많이 나타나는데, 그 이유는 내러티브 대화에서는 발화자가 이야기에 더 집중하고 중요한 이야기를 하는 과정이기 때문이다.

둘째는 쉼과 함께 출현한 어휘적 결합에 대한 검토이다. 여기서는 고빈도 결합어 중에서도 "and, said, he/she" 등과의 결합에 대해 논의하였다. 이러한 어휘들과 쉼의 결합은 문법적인 현상의 분석차원에서도 중요하지만, 마지막 논의에 해당하는 내러티브 발화(CNN)에서의 담화적 결합과도 관련된 것이다.

4.2. 스토리텔링에서의 정형화된 표현 연구[14)

정형화된 표현과 4.3에서 다룰 반복 현상은 구어 말뭉치에서도 중요

---

14) 이 부분은 Norrick, N.(2000:48~57)의 내용을 정리한 것이다.

하게 다루어지는 현상이며, 내러티브에서는 특별한 구성적 역할을 담당하고 있다.

정형화된 표현(formulaic expressions)이란, "일상생활에서 '-는 게 아니라, 같은 경우에는, 그런 거 있잖아, 볼 수 있다' 등과 같이 관습적으로 함께 쓰이는 어휘와 형태소 꾸러미"(최준 외, 2010:164)를 말한다.[15]

스토리텔링에서의 정형화된 표현은 다음의 4가지로 나누어 살펴볼 수 있다.

(5) a. 정형화된, 이야기 시작 표현
　　 b. 정형화된, 이야기 마무리 표현
　　 c. 내러티브 구조에서의 비유적 공식
　　 d. 국지적으로 정형화된 표현

이야기의 시작, 마무리와 관련되는 정형화된 표현(또는 표지)은 대화형 내러티브 자료에서 찾아볼 수 있는데, 이들은 매우 공식화되어 있는 경향이 있다고 한다. 영어 말뭉치에서 찾아본 결과 "the most or first such and such in my life", "I remember the most embarrassing moment of my life happened then" 등과 같이 강조적 표현을 사용하면서 내러티브가 시작됨을 알리거나 내러티브를 시작하고 싶은 의도를 알리게 된다. 이야기를 마무리하는 단계에서도 이러한 현상은 공통적으로 나타난다고 한다. 이러한 표현들은 말뭉치의 분석을 통해서 좀더 유형화될 필요가 있다. 또 이러한 유형화는 "the leaf in the wind"와 같은 비유적 공식(표현)에서도 필요한 작업이다. 마지막의 국지적으로 정형화된 표현은 정형화되지 않은 구(표현)가 반복의 기제를 이용하여 정형화된 힘을 수반하는 것을 말한다.

---

15) Erman & Warren(2000)에서는 이러한 표현이 구어의 58.6%, 문어의 53.3%를 차지한다고 하였다.(최준 외(2010:164)에서 재인용)

4.3. 스토리텔링에서의 반복 현상 연구[16]

스토리텔링에서의 반복 현상은 그 형태와 기능에 따라 아래의 3가지로 나누어 살펴볼 수 있다.

(6) a. 도입부에서 바꾸어 말하기
    b. 중요 사건을 위한 병렬 구조
    c. 드라마틱한 효과를 위한 반복 표현

도입부에서 바꾸어 말하기는 잘못 출발을 보인 발화에서 규칙적으로 수반되는 현상이다. 그리고 중요 사건을 위한 병렬 구조란 의미적, 통사적, 음운적인 병렬 구조가 구어 내러티브에서 중요 사건을 강조하는 현상을 말한다. 예를 들어 "there's no"와 "there's nothing"과 같은 표현을 반복할 경우 의미적, 통사적 차원의 이중구조에서 반복 현상이 해석되고 강조의 효과를 보이는 것을 말한다. 드라마틱한 효과를 위한 반복 표현은 하나의 생각을 다른 단어로 다시 말하는 것을 가리키는데, 이러한 반복은 효과를 강조하고 다음의 대화로 이끄는 기능이 있다. 이렇게 다양한 기능을 하는 반복 표현과 같은 수사적 장치는 발화자의 태도를 드러내는 신호가 될 뿐만 아니라, 청자에게도 중요한 지침이 될 수 있다고 보고 있다.

5. 결론

이 연구는 내러티브 자료의 구어 장르적 접근을 위한 시도로, 구어

---

16) 이 부분은 Norrick, N.(2000:57-65)의 내용을 정리한 것이다.

말뭉치를 기반으로 한 내러티브 자료 구축의 현황과 연구사례를 살펴보는 것을 목적으로 한다. 먼저 2장에서는 이론적인 논의로 기존의 구어 말뭉치와 내러티브 자료의 관계를 정리하고, 구어 내러티브 말뭉치의 개념과 유형에 대해 정리해 보았다. 이어 3장에서는 국내외 구어 내러티브 말뭉치의 구축 현황을 검토하여, 향후 인문언어학 사업단의 내러티브 자료 구축에 도움이 되고자 하였다. 마지막으로 4장에서는 구어 내러티브 말뭉치의 연구 사례로서 대화형 내러티브에서의 4가지 쉼에 대한 연구 방법과 스토리텔링에서의 정형화된 표현과 반복 현상에 대한 이론적인 논의와 함께 연구 사례를 살펴보았다.

본 연구는 최근 많은 분야에서 개념, 자료, 방법론 등 다양한 각도에서 연구되는 내러티브에 대해 자료체로 접근한 새로운 시도였으며, 말뭉치 언어학적 관점의 분석을 시도했다는 점에서 의의가 있다. 특히 구어 내러티브 말뭉치에 대한 다양한 연구가 진행되고 있는 만큼 내러티브의 특성을 드러낼 수 있는 주석 요소를 보다 확장하여 연구할 필요가 있다.

마지막으로 특별히 내러티브 말뭉치로 명명되지 않았다 하더라도 내러티브 연구를 수행할 수 있는 구어 말뭉치들이 있다. Lancaster Speech, Thought and Writing Presentation Corpus가 그것인데, 내러티브 유형에 따라 12가지의 스타일 태그를 주석하였다. 이러한 주석은 구어 말뭉치에서도 매우 특별한 주석으로 내러티브의 유형을 중심으로 한 문체적 연구가 이루어질 수 있다.[17]

---

17) 이에 대한 자세한 정보는 Garside 외(1997:94~100)을 참고할 것.

참고문헌

김하수(2013), "이야기와 이야기하기—내러티브에 관한 이해", 「내러티브 구 성 전략과 소통」, 한국사회언어학회, 연세대 언어정보연구원 공동학술대회 자료집, 연세대 언어정보연구원, 3-11.

문화관광부(1998), 「21세기 세종계획 국어기초자료구축 보고서」, 문화관광부.

박민정(2006), "내러티브란 무엇인가?: 이야기 만들기, 의미구성, 커뮤니케이 션의 해석학적 순환", 「아시아교육연구」(아시아교육연구) 7-4, 27-47.

박용익(2006), "이야기란 무엇인가?", 「텍스트언어학」(한국텍스트언어학회) 20, 143-163.

서상규 외(2013), 「한국어 구어 말뭉치 연구」, 한국문화사.

양영하(2002), "구어담화에 나타난 '쉼'의 기능", 「담화와 인지」(담화인지 언어 학회), 9-2, 79-100.

언어정보연구원(2013), 「복합지식의 창출과 소통을 위한 인문언어학 보고서(2 단계 1차년도」, 연세대 언어정보연구원.

이은미(2013), "체험담 내러티브에서의 문말표현 '-것이다'에 대하여", 「한국 언어문화학」(국제한국언어문화학회), 10-1, 131-151.

이정은(2013), "이주자 정체성과 자리매김 분석", 「인문언어학, 내러티브 탐구 의 지형과 분석」, 제31회 연세대 언어정보연구원 학술대회 자료집, 연세대 언어정보연구원. 107-120.

최준·송현주·남길임(2010), "한국어의 정형화된 표현 연구", 「담화와 인지」 (담화인지언어학회) 17-2, 163-190.

현영희·남길임(2011), "담화 장르에 따른 삽입 표현의 사용 양상", 「한글」(한글 학회) 292, 55-85.

Baude, O./ 손현정, 손희연 역(2012), 「구어 말뭉치 실용 안내서」, 박이정.

Clandinin, D./ 강현석 외 역(2007), 「내러티브 탐구를 위한 연구방법론」, 교육 과학사.

Lucius-Hoene, G. & Deppermann, A., 박용익 역(2006), 「이야기 분석」, 역락.

Polkinghorne, D., 강현석 외 역(1988), 「내러티브, 인문과학을 만나다」, 학지사.

Abbott, H.(2008), *The Cambridge Introduction to Narrative*, Cambridge University Press.

Biber(1988), *Variation across Speech and Writing*, Cambridge University Press.

Eggins, S. & Slade, D.(1997), *Analysing Casual Conversation*, Continuum.

Garside, R., Leech, G., & McEnery, T.(1997), *Corpus Annotation-Linguistic Information from Computer Text Corpora*, Longman.

Johnstone, B.(2001), "Discourse Analysis and Narratives, in Schiffrin, D.", in Tannen, D. & Hamilton, H. ed., *The Handbook of Discourse Analysis*, Blackwell, pp.635-649.

Linde, C.(2001), "Narrative in Institutions, in Schiffrin, D.", in Tannen, D. & Hamilton, H. ed., *The Handbook of Discourse Analysis*, Blackwell, 518-535.

Miller, J. & Weinert, R.(1998), *Spontaneous Spoken Language*, Oxford.

Norrick, N.(2000), *Conversational Narrative: Storytelling in everyday talk*, John Benjamins Publishing Company.

Rühlemann, C.(2013), *Narrative in English Conversation-A Corpus Analysis of Storytelling*, Cambridge.

Rühlemann, C. & O'Donnell, M.(2012), "Introducing a corpus of conversational stories. Construction and annotation of the Narrative Corpus", in *Corpus Linguistics and Linguistic Theory 8-2*, pp.313-350.

Rühlemann, C., Bagoutdinov, A. & O'Donnell, M.(2011), "Windows on the mind-Pauses in conversational narrative", in *International Journal of Corpus Linguistics, 16-2*, pp.198-230.

저자소개
(차례순)

서상규	연세대학교 언어정보연구원 원장, HK사업단 단장. 국어 문법론, 국어 정보학 전공,『한국어 기본어휘 연구』(2013),『한국어 기본어휘 의미빈도 사전』(2014) 등의 저서와, 한국어 문법 연구, 말뭉치언어학과 국어정보학, 학습 사전 편찬, 한국어 기본어휘 등과 관련된 여러 논문을 발표했다.
이정은	연세대학교 언어정보연구원 HK연구교수. 내러티브 분석, 응용언어학 전공.「Language Attitude of English-Korean Bilinguals」(2013),「생애 이야기의 선택적 구성과 내러티브 정체성 연구」(2014) 외 다수의 논문을 발표했다.
손희연	연세대학교 언어정보연구원 HK연구교수. 사회언어학, 이중언어 사용론 전공.「상호적 내러티브 구성에서 드러나는 결혼이주여성의 서사적 정체성 연구」(2014) 외 다수의 논문을 발표했다.
정대성	연세대학교 언어정보연구원 HK연구교수. 정치·사회철학 전공.「헤겔」(그린비, 2014)」 등의 역서와「아도르노의 비판이론에서 '미메시스적 화해'와 주체의 자율성 연구」(2013) 외 다수의 논문을 발표했다.

구인모	연세대학교 언어정보연구원 HK교수. 한국근대문학, 비교문학비교문화전공. 「유성기의 시대, 유행시인의 탄생」(현실문화, 2013) 등의 저서, 「사실의 낭만화, 욕망의 펠럼시스트」(2013) 외 다수의 논문을 발표했다.
이양수	한양대학교 철학과 외래교수. 정치철학·윤리학 전공. 「롤스와 매킨타이어: 정의로운 삶의 조건」(김영사, 2007) 등의 저서, 「무엇이 정의인가」(마티, 2011) 등의 공저, 「정의의 한계」(멜론, 2012) 등의 번역서를 다수 발표했다.
이용기	한국교원대학교 역사교육과 교수. 한국근대사·사회사 전공. 「민중사를 다시 말한다」(역사비평사, 2013) 등 다수의 공저, 「일제시기 모범부락의 내면과 그 기억」(2010) 외 다수의 논문을 발표했다.
박 진	국민대학교 교양대학 교수. 한국현대문학·현대소설 전공. 「서사학과 텍스트 이론」(랜덤하우스 중앙, 2005) 등 다수의 저서, 평론집 「달아나는 텍스트들」(랜덤하우스코리아, 2008), 「스토리텔링 연구의 동향과 사회문화적 실천의 가능성」(2013) 외 다수의 논문을 발표했다.
황임경	제주대학교 의학전문대학원 의료인문학교실 교수. 공저 「인문의학: 고통! 사람과 세상을 만나다」(휴머니스트, 2008), 「생명윤리에서 서사(narrative)의 역할과 의의」(2011) 등 다수의 논문을 발표했다.
한송화	연세대학교 언어정보연구원 HK교수. 한국어교육·한국어 문법론 전공. 「인용문과 인용동사의 기능과 사용양상」(2013), 「외국어로서의 한국어교육에서의 문법교육방법론」(2009) 외 다수의 논문을 발표했다.
안의정	연세대학교 언어정보연구원 HK연구교수. 국어정보학·사전편찬학 전공. 「국어사전에서의 구어 어휘 선정과 기술 방안 연구」(한국문화사, 2009) 등의 저서와 공저, 「한국어 빈도사전 편찬을 위한 기초연구」(2012) 외 다수의 논문을 발표했다.